이것만 알아도
아마존 1등 한다

중소기업 해외진출전략 비즈니스 바이블
이것만 알아도 아마존 1등 한다
ⓒ이태목2022

초판 1쇄 인쇄 2022년 7월 10일
초판 1쇄 발행 2022년 7월 15일

지은이 이태목
펴낸이 정선모
디자인 가보경

펴낸곳 도서출판 SUN
등 록 제25100-2016-000022호. 2016년 3월 15일
주 소 서울시 노원구 덕릉로 94길 21. 205-102
전 화 010. 5213. 0476
이메일 44jsm@hanmail.net

값 15,000원
ISBN 979-11-88270-48-4 (13320)

Printed in KOREA
· 잘못된 책은 바꿔드립니다.
· 이 책은 저작권법에 따라 보호받는 저작물이므로 무단전제와 무단복제를 금지하며, 이 책의 전부 또는 일부 내용을 사용하려면 사전에 저작권자와 도서출판 SUN의 서면 동의를 받아야 합니다.

중소기업 해외진출전략 비즈니스 바이블

이것만 알아도 아마존 1등 한다

이태목 지음

o-SUN

프롤로그

아무나 할 수 있는 아마존 1등?

"제품 출시 1년 3개월 만에
Pico 프로젝터 판매부분 랭킹 1위(2016. 9. 1.)
아마존에서 가장 가지고 싶은 프로젝터 1위(2016. 9. 3.)"

아마존 1등은 얼마나 대단한 일인 걸까 | 아마존에서 판매를 하고 있는 기업들은 대부분 알고 있겠지만, 아마존에서는 카테고리별로 판매금액에 따라 순위를 결정해서 매 순간 Top100을 발표한다. 어떤 제품을 판매할 때 아마존 해당 분야의 카테고리에서 Top100에만 진입하면, 일단 성공적인 판매를 하고 있다고 할 수 있다. 그런데 2016년 9월 1일 나는 아마존의 소형 빔 프로젝터 카테고리에서 1등, 전체 빔 프로젝터 카테고리에서 2등에 랭크 되었다.

　그게 뭐, 무슨 대수냐고? 요즘엔 웬만하면 다 아마존 할 줄 아는 세상인데 왜 이것을 '경이로운 기록'이라면서 호들갑을 떠는 것이냐고 물어볼 것이다. 답은 이렇다.

> 보낸 사람: PicoProjector-Info <noreply+feedproxy@google.com>
> 날짜: 16/9/2 오전 12:22 (GMT+09:00)
> 받은 사람: jhyu@nate.com
> 제목: PicoProjector-Info - Information and news about pico and pocket projectors
>
> **PicoProjector-Info - Information and news about pico and pocket projectors**
>
> **Best selling pico-projector update (September 2016)**
>
> Posted: 01 Sep 2016 04:06 AM PDT
>
> Here's our monthly best-selling pico-projectors list for the beginning of September 2016. We're using data from Amazon.com, which seems to be selling the most wide range of pico projectors. This list does not include embedded modules in mobile phones or cameras.
>
> 1. UO Smart Beam Laser ($345)
> 2. RIF6 CUBE DLP Pico ($290)
> 3. Aaxa P1 ($103)
> 4. Sony MPCL1 ($349)
> 5. Mileagea Pico DLP ($269)
> 6. Amaz-Play Black-Silver Mobile Pico Projector ($279)
> 7. Aaxa P300 ($369)
> 8. Celluon PicoPro ($353)
> 9. Magnasonic LED Pocket Pico Video Projector ($169)
> 10. SK UO Smart Beam ($135)

아마존으로부터 받은 판매 1위 확인 메일

첫째, 내가 취급했던 유오 스마트 빔 레이저UO Smart Beam Laser, 이후 UO 빔는 빔 프로젝터 분야에서 엡손Epson, 소니Sony, LG, 네뷸라Nebula, 코닥Kodak, 캐논Canon 등 오랜 역사와 전통을 가진 수많은 기업들과 경쟁하고 있었다. 한국 기업으로는 LG전자가 이 분야에 독보적으로 시장을 점유하고 있었고, 중국 기업들은 무수히 많은 저가제품을 내놓으면서 미국시장을 공략 중이었다. 판매기업만도 수백 개가 있었다. 내가 2015년 말 처음 SKT의 UO 빔을 아마존 벤더Amazon Vendor로 등록했을 때 순위는 1,000등 이상으로 그 존재는 아주 미미한 상태였다. 내가 1등 하기 불과 9개월 전의 일이었다.

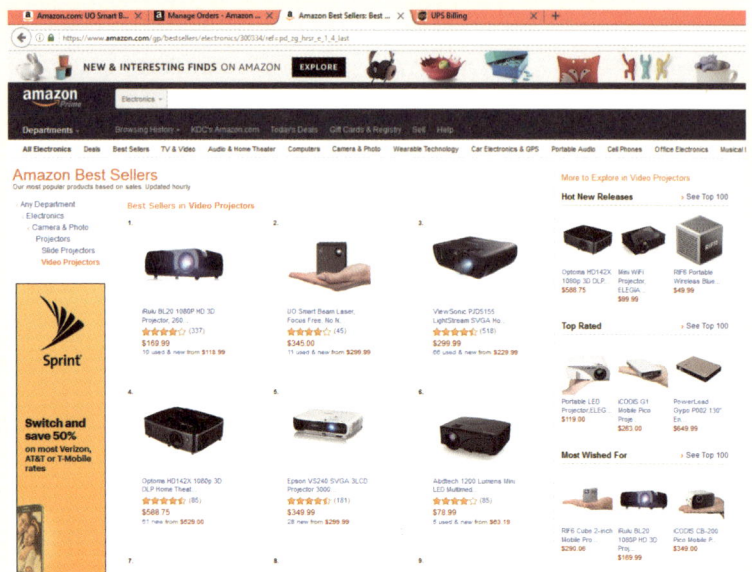

UO Smart Beam Laser 아마존 베스트 셀러 랭크 화면

　둘째, 내가 SKT의 파트너로서 UO 빔 사업을 하기 전, SKT에서는 수년 전부터 UO 스마트 빔 아트UO Smart Beam Art, UO 스마트 빔 블랙UO Smart Beam Black, UO 스마트 빔 IIUO Smart Beam II 등을 가지고 다른 파트너들과 함께 미국시장을 공략했지만 결과는 좋지 않았다. 괜찮은 미국 내 파트너를 만나지 못해서인지 아니면 제품이 좋지 못해서인지 이유는 정확하게 모르겠지만, SKT의 제품들은 미국 아마존이나, 오프라인시장에서 인지도는 거의 없었다. 아마존 랭킹의 경우, Top100 이내에 진입한 적은 한 번도 없다고 했다.

　셋째, 이렇게 브랜드 파워가 없는 제품을 시장에 출시하고 불과 1년 3개월, 아마존 벤더에 등록하고 겨우 9개월 만인 2016년 9월

1일, 소형부문에서 판매 1위를 기록했으며, 거의 동시에 미국에서 가장 가지고 싶은 프로젝터 1위를 차지하는 대기록을 세운 것이다.

그것도 매시간, 매일 판매순위가 바뀌는 아마존에서, 9월부터 거의 6개월 이상 Top10 내에서 왔다갔다하는 기록을 유지하고 있었다.

어떤가, 이 정도면 그 호들갑의 실체가 뭔지 감이 잡히지 않는가? 하지만 아직 멀었다.

나는 온라인 유통시장에서 아마존뿐만 아니라, 뉴에그Newegg.com,

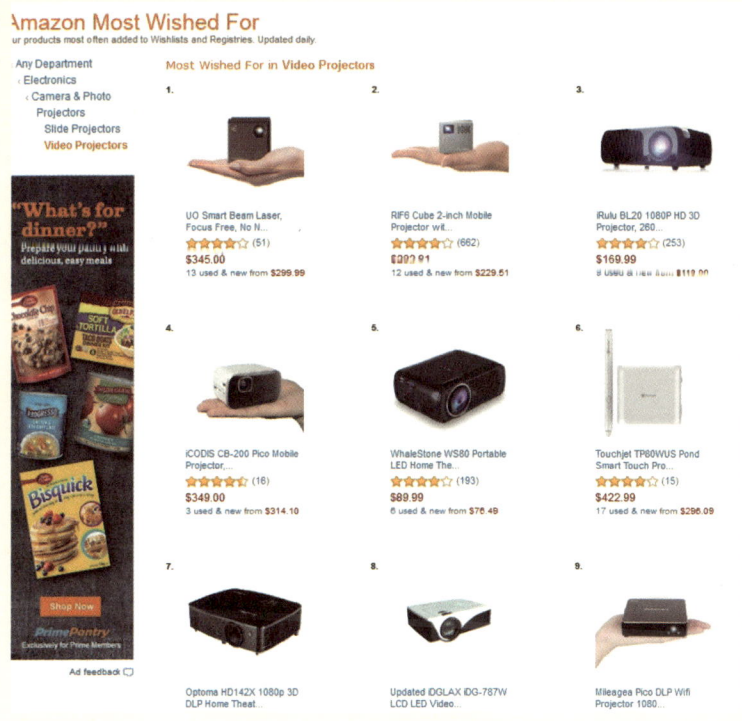

아마존 위시 리스트 1위에 랭크한 화면

KDC, SKT, 크레모텍이 시애틀 아마존 연구소 회의실에서 연구팀원들과 함께

팬시닷컴Fancy.com, 스택커머스닷컴StackCommerce.com, 모던룩스닷컴 Modernlooks.com, 터치오브모던TouchOfModern.com, 라쿠텐Rakuten.com, 이베이Ebay.com 등 20여 개의 온라인기업들과 협력하여 판매의 길을 열었다. 또 미국의 오프라인 유통시장에서도 불과 1~2년이라는 짧은 시간 내에 새미스 카메라Samys' Camera, 쿠라샤오Curacao, 비앤에이치B&H, 프라이스 일렉트로닉스Fry's Electronics, 브룩스톤Brook Stone, 스테이플스Staples, 월마트Walmart, 시어스Sears, 어번 아웃피터스Urban Outfitters, 유에스시 북스토어USC Bookstore 등 수십 개의 주요 오프라인 기업들과 거래를 성사시켰다.

이뿐만이 아니다. 미국에 이어 멕시코, 캐나다 북미지역은 물론, 영국, 독일, 프랑스, 스페인, 폴란드, 독일 등 유럽과 호주 그리고 두바이, 아랍에미리트UAE 등 중동과 일본, 홍콩, 싱가포르, 필리핀 등 아시아권에 걸쳐 30여 개국에 수출을 하는 등 활발하게 거래를 이어갔다.

또한, 아마존 연구소, 홀로그램 관련 연구소, 메디컬 장비 연구소 등 미국은 물론 독일 프라운호퍼 연구소와 같은 세계 최고의 연구 개발팀과 신제품 개발을 위해 시제품과 검사장비 등을 제공했다. 더불어 사업계획서 등을 작성하여 제공하며 미래 먹거리를 포획하기 위해 적극적인 노력을 펼쳤다.

이에 대한 성과로 아마존 개발팀과 아마존의 독자 신제품 개발을 위한 프로젝트에 참여하여 협력관계를 위한 기밀유지협약NDA을 체결했고, 수개월에 걸친 신제품 개발을 위한 사전협력을 추진했다.

그 결과 드디어 2018년 4월 12일, 당사인 KDC가 주관하여 시애틀 아마존 본사에서 SKT, 그레모텍과 함께 아마존 신제품 개발과 관련하여 회의를 가지기도 했다.

**미국 진출을 노리는
한국 중소기업,
가슴 뛰게 해주고 싶다**

이것이 이 책을 쓰게 된 핵심 동기다. 나는 증거이자 증인이다. 나는 처음 사업을 시작한 초보사업가로서, 그것도 미국시장에서 첫 사업을 진행하면서 많은 시행착오를 겪었다. 사업을 준비하는 과정에서도 숱한 시행착오를 겪었고, 사업을 진행하는 과정에서도 온라인시장, 오프라인시장 등에서 말도 못할 어려움에 부닥쳤다. 그럼에도 앞에서 언급한 것과 같이 짧은 기간 내에 큰 성과를 올렸다. 따라서, 나와 같이 미국에서 사업을 시작하거나 한국에서 미국으로 사업을 진출하고자 하는 한국의 많은 중소기업들은 나를 밟고 넘어갈 수 있다. 부디 나와 같은 어려움을 겪지 않고 미국시장에서 성과를 낼 수 있기를 진심으로 바란다.

미국에는 성공한 한인기업가들이 많이 있다. 그렇지만 안타깝게도 자신이 경험한 다양한 사안들을 정리하여 책으로 내놓거나 논문을 쓴 자료는 많지 않다. 일부 기업인들은 자신이 이룬 성과가 대단한 것도 아니고, 특별한 것이 없다고 생각하기도 한다. 어떤 이들은 기업의 노하우이기 때문에 공개를 꺼리는 경우도 있다. 또 기업이 아주 빠르게 성장하는 중이라 너무 바빠서 자신이 이루어 온 것들을 정리하고 책으로 쓸 시간을 할애하지 못한 것일 수도 있다.

반면, 나의 경우는 위에 예를 든 성공한 사업가들과는 달리 아주 빠르게, 매우 집중적으로, 극히 짧은 기간 내에 미국시장의 거의 모든 것을 겪어본 압축 파일과 같다. 즉 내가 미국에서 사업을 준비하는 과정에서부터 작은 성공을 하기까지 경험한 다양한 어려움과 노하우는 세상 어디에도 없다. 그렇기에 이 책이 미국에 진출하고자 하는 한국의 많은 중소기업인들에게 분명히 도움이 된다고 확신한다. 이것이 내가 보잘것없는 사업 경험을 가지고도 책을 쓰게 된 이유인 것이다.

비록 나의 사업 경험들이 미국에서 수년, 수십 년을 기업인으로 살아온 많은 기업인들에게는 '애송이' 기업가의 것으로 보일 수 있고, 미미한 것일 수도 있겠지만, 숨기거나 과장하지 않고 나의 경험을 공유하고자 한다.

다시 한번, 미국시장에 진출을 희망하는 한국의 중소기업인들에게 조금이라도 도움이 되고, 조그마한 아이디어라도 드릴 수 있다면 정말 좋겠다.

진짜 중소기업에 필요한 것이 무엇인지 실제 겪은 만큼 다 알려주고 싶다

삼성맨, 국회보좌관, 경기도 자문관, 경기도 북미사무소장에서 미국 사업가로의 변신을 통해 경험한 한국 중소기업을 위한 모든 것, 내 인생에서 터득한 맛깔난 중소기업 '황남 레시피'를 이 책에서 공개할 것이다.

나는 1984년 1월 삼성 공채 24기로 시작하여 삼성 22년, 국회의원 보좌관 1년 반, 경기도지사 투자유치자문관 2년, 경기도 북미사무소장으로 5년 반을 지냈다. 이 과정을 거치면서 나는 삼성맨으로서 기본을 닦았고, 공공부문의 역할을 익히게 되었다. 특히, 경기도 중소기업지원센터 소속으로 경기도 북미사무소장으로 미국에 파견되었을 때는 5만 개의 경기도 중소기업들의 미국 진출을 지원하는 것이 나의 주된 업무 중 하나였다.

나는 삼성에서 사회의 첫발을 디디면서 교육을 받아서인지, 원래 타고난 성격 탓인지 모르지만 주어진 역할을 대충하면서 시간을 죽이는 일에는 익숙하지 않았다. 국회에서 보좌관을 하면서도, 경기도 투자유치자문관을 하면서도 늘 나 자신보다는 국가와 국민이라는 대의를 위해 최선을 다했고, 나름대로 많은 실적을 남겼다고 생각했다. 하지만, 미국에서 중소기업들을 위해 내가 어떻게 해야 할지 정말 막막했다. 영어도 잘하는 편이 아니었고, 경기도의 도시와 미국 시티를 연결하는 부분은 어느 정도 하였으나, 경기도의 중소기업들을 미국의 기업들과 연결시켜 주는 것은 아주 제한적이라 마음이 무거웠다.

그러던 중에 하나의 사건이 발생했다. 나는 2010년 라스베이거스Las Vegas 에서 열리는 에이에스디 쇼ASD Show에 참가한 중소기업들을 지원하기 위해 코트라KOTRA 직원들과 함께 전시장을 찾아갔다. 마침 경기도에서 나온 중소기업들도 많이 있어, 나는 어떤 어려움이 있는지 들어 보고 지원해 줄 것이 있는지 알아보고자 했다.

나는 몇 개의 기업부스에 들러 회사 대표들, 실무자들과 인사를 나누었고, 어떤 도움이 필요한지 조사해 보았다. 대부분의 사장들은 "불편함이 별로 없다."거나 한두 가지 어려운 점을 요청하는 것이 기본이었다.

그런데 전시회에 참가했던 한 기업에서는 나에게 반문을 했다.

"죄송하지만, 소장님이 저희에게 무엇을 도와줄 수 있나요?"

순간 나는 무언가로 뒤통수를 세게 얻어맞는 느낌이 들었다. 정말 이들을 위해 무엇을 해줄 수 있는지 생각나지 않았다.

물론 주변의 한인식당, 호텔 등 편의시설, 통역자 아르바이트, 시장동향 등 할 말은 있었으나, 이런 것은 여행사에서도 이야기해 줄 수 있는 것들이었다. 정말 귀한 시간을 할애하여 출장을 나온 중소기업 사장들의 입장에서 생각하면, 그들이 필요로 하는 진짜 바이어, 진짜 시장상황, 진짜 미국시장 진출을 위한 노하우 등 내가 알고 있거나 연결해 줄 수 있는 것이 하나도 없었다. 나는 깃발만 들고 나보란 듯이 걸었을 뿐 낙타가 되어 주지는 못했던 것이다. 짐을 실어 주지도 못하고, 지친 다리를 대신해 걷지도, 오아시스로 안내하지도 못했다. 정말 큰 충격이었다.

그 충격은 내가 사업을 시작하게 된 동인이 되기도 했으며, 바로 이 책을 집필하게 된 직접적인 원인이라고 할 수 있을 것이다. 나는 그때나 지금이나 한국 중소기업에 구체적인 것, 실질적인 도움을 주고 싶은 마음 간절하다.

CONTENTS

04 **프롤로그** 아무나 할 수 있는 아마존 1등?

Part 1
'변함 없는' 60년, 공조직의 중소기업 수출지원 방식

철밥통을 깨면 수출시장에 무슨 일이 벌어질까
20 세상 좋아졌는데 왜 우리 중소기업만
28 경기도 북미사무소장, 당신 미쳤소?
32 수출 마케팅 대행사업의 예상 밖 활약상
38 도지사 바뀌면 중소기업은 수출 안 하나?

미국 기업인으로 새로운 도전에 나서다
43 중소기업 수출지원의 꿈, KDC로 다시 한번
46 세계 최초의 포커스 프리 레이저 빔 프로젝터
50 보여줄수록 사람들이 내 제품에 빠져든다면?
53 CES와 스페인 MWC가 맺어준 SKT·크레모텍과의 계약

'초짜' 미국 유통기업 사장이 경험한 단맛 쓴맛
58 첫걸음, 그래도 한인기업 파트너와 함께
61 데모 제품 들고 종횡무진 컨벤션 '도장깨기'
63 파트너 기업, 고객을 등 돌리게 한 첨단제품 '울렁증'

Part 2
미국 유통시장 체계, 무엇이 다르고 어떻게 공략할까

첫 번째 전략타깃: 오프라인 주류 도·소매기업을 잡아라

- 76 새미스 카메라 회장을 화장실에서 만난 사연
- 80 히스패닉계 거대시장, 쿠라샤오와 손잡다
- 82 미국 동부시장 뉴욕에서 겪은 이상한 '꺾기'
- 84 역주행 실화? 비앤에이치 매장 직원에서 본사 매니저까지
- 87 위닛, 미국 3대 전자제품 도매유통기업과의 만남
- 94 아마존 역직구 셀러는 어떻게 통제할까

두 번째 전략타깃: 오프라인 대형 소매기업을 잡아라

- 104 프라이스 일렉트로닉스로 보는 미국 대형 소매유통시장
- 114 월마트는 인내와 끈기를 요구한다
- 117 브룩스톤의 260개 오프라인 매장 vs. 온라인 판매
- 120 신개념 전시매장 베타에서 UO 빔을 뽐내다
- 124 미국의 수백 개 대학 북스토어를 뚫는 마스터키
- 126 스테이플스, 어번 아웃피터스, 시어스 등 수많은 오프라인기업

세 번째 전략타깃: 미국의 모세혈관 중소 온라인기업을 잡아라

- 131 터치오브모던과의 모던한 만남
- 142 스택커머스닷컴, 쉽지 않지만 오래간다
- 144 팬시닷컴, 연간 2만 달러짜리 마케팅의 허망함
- 146 뉴에그, 반품율 높으면 바로 퇴출
- 154 언비터블닷컴, 에임스온라인비즈 등 온라인 중소유통기업

CONTENTS

Part 3
마침내 아마존 1등, 끝이 아닌 시작이다

아마존 1등은 마케팅 종합성적표다
- 158 아마존 가격이 세계 표준인 이유
- 166 아마존에 리스팅하기 전 준비해야 할 것들
- 168 A+템플릿으로 핵심적이고 효과적으로 꾸미기
- 186 아마존에서 판매하는 세 가지 방법
- 192 아마존에서 광고하기

무조건 내 밥그릇, Buy Box를 사수하라
- 200 고객의 좋은 리뷰를 받아 내는 비법
- 205 셀러 랭킹100, 위시리스트에 올려라
- 210 고객은 C/S 천국, 셀러는 어쩌면 지옥
- 212 반품, 리퍼 제품 활용법과 알짜 팁
- 214 아마존 Top10의 뻔뻔한 비밀

마케팅 효과는 다양한 컨벤션 참가에서 나온다
- 224 CES, 세계 최대 전자제품 쇼
- 227 인포컴, 산업용 디스플레이 전시회
- 230 에이에스디 쇼, 생활용품 잡화전시회
- 235 루이빌 RV 트레이드 쇼, RV 차량 등 스포츠 레저 전시회
- 238 엔에이비, 방송장비 쇼
- 240 스플리 레콘 쇼, 쇼핑몰·백화점·공항 키오스크 판매
- 243 시네 기어 엑스포, 할리우드 영화제작 기술자들의 잔치
- 244 풀 쇼, 내추럴 푸드 쇼, 뷰티 쇼 등

Part 4
세계 1등 제품 들고 담대하게 도전하라

미국에서 해외시장 마케팅하는 방법
- 253 멕시코, 구매력 있는 고가시장으로
- 254 폴란드, 넘기 힘든 관세와 부가세 장벽
- 256 홍콩, No 관세·부가세!
- 257 영국, 유럽 최고의 시장
- 260 독일, 티-모바일 신뢰는 오래 간다
- 261 캐나다 아마존, 반품·리뷰 받기는 힘들어도
- 264 다양한 20여 개 해외 거래선

실력과 목표가 확실하면 길은 열린다
- 267 해머커 슐레머, 100년의 전통을 자랑하는 카탈로그
- 270 아마존 1등은 뉴욕매거진 광고가 공짜
- 272 카운티 페어와 길거리 데모의 슈퍼 효과
- 278 정부조달사업, 전문 에이전시한테 맡겨라
- 282 LA 킹스 스포츠 마케팅, 모든 것을 기회로 만들자

- 286 **에필로그** 사장님도 아마존 1등 할 수 있습니다!

Part 1

'변함 없는' 60년,
공조직의 중소기업
수출지원 방식

철밥통을 깨면 수출시장에 무슨 일이 벌어질까

세상 좋아졌는데 왜 우리 중소기업만

"대한민국은 '수출드라이브'에 목숨 건다". 무슨 말일까? 수출로 먹고 살고, 국가가 성장하는 나라라는 뜻이다. 우리나라는 좁은 국토에 자연자원은 빈약하고 인구밀도는 높다. 1970년대 이후 핵심 경제개발 정책이 '수출드라이브'에 쏠렸던 이유 중 하나였다. 따라서 기업인들의 자생적인 노력은 물론, 국가에서도 우리 기업들이 좀 더 활발하게 수출할 수 있도록 지원하는 것은 당연한 일이다.

우리나라의 기업을 대기업, 중소기업, 영세기업으로 나누면, 이제 대기업은 더 이상 국가의 지원이 필요 없다고 생각한다. 대기업은 스스로 할 수 있는 능력이 충분하고 알아서 할 수 있다. 한마디로 '다 컸다'. 다 큰 자식은 간섭하지 않고 가만히 내버려 두는 것이 상책이다.

그럼, 중소기업의 사정은 어떤가? 사실 대기업이나 중견기업에서 생각하는 것보다 체질이 아주 허약하다. 한국 내수시장 규모는 협소한데 경쟁은 워낙 극심하다. 활로를 모색해야 하고, 그로 인해 수출을 하지 않으면 안 되는 기업이 많게 된 것이다. 하지만 중소기업이 스스로 수출의 길을 열어 가는 것은 아주 어려운 일이다.

어떤 사람들은 인터넷으로 세상이 완전히 하나가 되었고, 손쉽게 정보 획득이 가능한데다 SNS를 조금만 잘 활용하면 중소기업도 많은 기회를 잡을 수 있다고 한다. 맞는 이야기이다. 하지만, 이렇게 세상이 완전히 하나가 되었기 때문에 중소기업과 대기업이 같은 링 위에 올라서 있게 됐다. 게다가 하나의 룰을 가지고 뛰어야 하는 상황이라면, 중소기업의 입장에서는 끔찍한 일이다. 체급이 다른 격투선수들의 대결은 아무리 '필살기'를 장착해도 승부는 기울게 마련이다.

따라서, 우리 중소기업들은 스스로 살길을 헤쳐 나가는 노력과 함께 국가의 다양한 지원을 필요로 한다. 지금까지 국가에서 중소기업을 위한 많은 노력을 해 온 것이 사실이다. 하지만, 좀 더 효과적이고 실질적인 지원이 필요할 때다.

과연 경기도 북미사무소장은 5만여 중소기업을 위해 무엇을 할 수 있는가?

우리나라는 중소기업부, 대한무역투자진흥공사KOTRA, 지방자치단체 등을 통해 중소기업들의 수출지원을 위해 다양한 방법으로 많은 노력을 하고 있다. 나 같은 경우도 그 한 사례였다. 지방자치단체인 경기도에서 경기도 중소기업들의 수출을 위해 대기업 출신인 나를 채용해서 미국으로 파견했던 것이다.

경기도에서 나를 채용하여 미국으로 파견한 목적은 세 가지였다.

> 첫째, 중소기업들의 수출길 여는 것을 돕는다.
> 둘째, 미국 투자자를 모집하여 한국 투자를 유치한다.
> 셋째, 경기도와 31개 도시를 미국의 주States와 시티에 연결, 협력관계를 조성한다.

이 미션 가운데 가장 중요한 것은 첫 번째인 경기도에 있는 5만여 개의 중소기업들이 좀 더 수출을 잘할 수 있도록 도와주라는 것이었다. 그렇다면 나는 이 미션들에 어떤 적합한 역량을 갖고 있었을까. 잠깐 되짚어보자.

나는 삼성에서 제품을 개발하는 연구원에서 생산을 관리하는 제조관리, 새로운 사업을 만드는 신규사업, 만든 제품을 판매하는 영업, 채용한 인력을 관리하는 인사·노사, 회사의 전반적인 지원업무를 하는 총무, 기업의 중요한 자산을 지키는 산업보안, 기업의 정책을 대외로 알리고 우호적인 협력을 만드는 홍보, 지속적인 성장을 위한 녹색경영 등 다양한 분야에서 정말 숱한 경험을 했다. 물론 각 분야에서 큰 성과를 내기도 했다.

국회에서는 과학기술정보통신위원회 위원장의 보좌관으로 근무하면서 과학분야, 정보통신, 게임산업, 콘텐츠산업, 사이버교육 등 정보통신과 관련된 분야의 중소기업인들과 만나 생각을 공유할 수 있는 기회를 가졌고, 국가조직과 기업조직과의 차이를 조금이나마 이해할 수 있었다.

경기도에서는 투자유치자문관으로 국가와 지역발전을 위해 유니버설 스튜디오, 레고랜드, 실내스키장 등 대형개발 투자유치사업을 진행했다. 또한, 미래의 먹거리를 위해 태양광, 풍력, 소수력, 지력, 수소전지 등 10개 이상의 신재생에너지 산업분야에도 적극적으로 참여하여 경기도에 녹색과를 신설하는 데 도움을 주기도 했다.

미국 현지의 경기도 북미사무소 소장으로서는 수십, 수백 명의 중소기입인들을 만나 어려움을 듣고, 경기도의 수많은 중소기업들을 방문하여 시설을 둘러보았다. 그런 과정에서 사장, 종업원들의 이야기, 중소기업이 절실하게 필요로 하는 것들이 무엇인지 어렴풋이나마 느낄 수 있었다.

솔직히 말하자면, 삼성과 국가조직에서의 다양한 경험에도 불구하고 경기도의 중소기업들이 미국으로 진출하는 것을 지원하는 데는 큰 도움이 되지 못했다. 나는 그런 사실이 너무 미안하고 무척이나 안타까웠다. 내가 미국유통에 대해 실질적으로 아는 것이 거의 없다는 것을 느꼈다.

바이어 초청, 통상촉진단 운영 등 해볼 건 다 했는데 주류기업 연결이나 수출실적은 제자리인 이유

2009년 9월, 미국 LA에서 경기도 북미사무소를 설립했다. 그리고 경기도 킨텍스에서 매년 개최되는 지페어G-Fair에 미국 바이어를 초청하여 경기도의 중소기업들과 수출상담을 할 수 있게 했다. 하지만 그 성과에 대해서는 사실 만족하기 어려웠다. 매년 지페어가 열릴 때면, 미국에서 기업을 운영하는 바이어들을 대상으로 항공료 일부 지원과 지페어 기간 동안 호텔 무료 제공 등 여러 편의를 제공하면서 한국 방문을 독려했다.

미국의 큰 주류기업의 주요 바이어의 경우, 호텔비용은 물론 항공료까지 전액 지원하는 것으로 바이어를 모집했다. 그러나 한국 방문을 원하는 미국 주류 유통기업의 구매자는 아주 미미했고, 방문하더라도 실제로 일어나는 수출실적은 좋지 않았다.

무엇보다 미국 주류기업 거래상Merchant들이 요구하는 제품의 종류나 품질 등 기본적인 조건을 만족시킬 수 없는 경우가 많았다. 또 기업신용등급, 품질인증, 제조안전시설, 개별 물류, 반품처리 방법, 대금 지급 방법, 보험 등 수출에 필요한 기본적인 준비도 부족했다.

우리가 익히 알고 있는 코스트코Costco, 월마트Walmart, 베스트바이BestBuy, 스테이플스Staples, 브룩스톤Brookstone, 디앤에이치D&H, 위닛Wynit, 인그램 마이크로Ingram Micro 등 수없이 많은 미국 기업들이 어떤 제품을 요구하는지, 요구조건이 무엇인지 나 자신부터 아는 것이 거의 없는 상태였다. 그냥 바이어 초청이라는 이름으로 이런저런 혜택을 제공하면서 데리고 가는 것에만 초점을 맞추었다. 이러니 바이어 한 명을 초대하는 것도 대단히 어려웠지만, 초대해 가도 큰 성과를 내지 못했다.

또, 멕시코의 멕시코시티에서 열리는 컨벤션에 한국우수상품전을 지원했으며, 2010년부터 라스베이거스 CES에 참석한 기업들을 지원하기도 했다. 그리고 경기도 통상촉진단으로 미국을 방문한 경기도 기업인들을 모시고 다니면서 미국에 있는 한인기업, 미국의 중소 주류기업들과 수출상담을 가졌으나, 실제적인 수출 성과로 이어지는 것은 별로 없었다. 이외에도 바이어 상담회, 여성기업통상촉진단(2012~ 2014), 성남시 시장개척단(2013. 8.)을 지원했다.

나는 열심히, 최선을 다해 일했지만 행사성 수출상담에 지나지 않는다는 생각이 머리에서 떠나지 않았다. 늘 아쉬움 속에서 우리 중소기업들의 소중한 시간과 돈만 낭비하는 것이 아닌가 하는 생각에 마음이 많이 아팠다.

미국의 중요한 주류기업의 주요 바이어들은 한국의 바이어상담 행사에 참여를 원치 않았고, 사실상 우리가 주선해 주었던 기업의 바이어는 미국에서 사업을 운영하는 한인바이어가 70~80%였다. 미국 주류 바이어도 10~20% 연결하기는 했지만, 거래가 성사되는 경우는 극히 낮았고, 주류 기업인 줄 알았지만, 규모 면에서나 여러 가지 측면에서 비주류의 중소기업이 많았다.

물론 소규모 이벤트 행사로 LA 한인축제에 중소기업들이 참가하여 상품을 판매하면서 일부는 연속적인 거래로 연결시키기도 했다. 또 미국 전역에 100개 가까운 대형마트를 운영하는 H-mart와 농식품특판전을 개최하여 미국에 있는 한인시장에 직접 판매하는 길을 열었다.

하지만 여전히 이것이 내가 미국에서 한국의 중소기업들을 위해 할 수 있는 최선인가를 생각하면 가슴이 답답했다.

어렵게 미국 대형 주류기업들과 연결했는데, 왜 거래는 거의 불가능했을까?

한국의 중소기업과 미국 주류기업들과의 거래가 어려운 것은 첫째, 시차나 언어 차이로 지속적인 커뮤니케이션이 원활하게 이루어지지 않는 문제가 있었다.

둘째, 커뮤니케이션은 잘 이루어졌지만 미국 주류기업들이 요구하는 조건을 거의 맞추지 못하는 것도 문제였다. 미국의 대형 주류기업들은 거래하려는 기업 Vendor들이 미국 내에서의 지사 총판 Exclusive Distributor 또는 미국법인을 운영하면서 제품을 보관하고 관리하는 창고 운영을 요구한다.

이것은 자신들의 기업에는 재고부담을 줄이고 물류비용은 공급하는 회사에서 부담하기를 원하기 때문이다. 미국의 대형 주류기업들은 자신들에게 납품하려는 기업들과 기본적인 협상이 완료되고 판매자Vendor 등록을 하면, 즉시 벤더들이 자신들의 EDIElectronic Data Interchange 시스템을 개설하게 한다. 그리고 모든 오더Order는 EDI를 통해서 발행한다.

만약에 100개의 매장을 가진 기업이라면, 한꺼번에 100개의 오더를 벤더에게 보내고, 벤더는 100개의 매장에 보낼 제품을 1개, 2개, 3개 식으로 포장하여 각각 발송해야 한다. 대부분 대형 주류기업들은 자신들의 창고에 벤더들의 납품 제품을 대량으로 보관하면서 각 매장으로 보내는 방식을 원하지 않는다.

셋째, 미국의 대형기업들은 거래할 기업의 신용상태 확인을 요구한다. 따라서 미국 내에 법인이 없고, 큰 기업과의 거래 경험이 없는 기업들은 첫발을 내딛기가 어렵다. 또 벤더의 제품에 문제가 발생했을 때를 대비한 책임보험Liability Insurance증서를 요구한다. 이는 한국에서 가입한 보험증서도 활용이 가능하므로 큰 장애가 되지는 않을 수 있다.

어쨌든 위에서 언급한 조건을 충분히 준비하지 못한 상태에서 미국 대형유통기업과 거래를 시도했기에 별다른 성과도, 의미도 없이 끝나는 경우가 많았다.

경기도 북미사무소장, 당신 미쳤소?

이 시점에서 다시 우리나라의 수출지원 정책 체계를 돌아보자.

정부의 중소기업부, 대한무역투자진흥공사 코트라KOTRA, 각 시도 지방자치단체 등에서는 중소기업들의 수출을 지원하기 위해 해외 지역별 현지 자체사무소를 연결하여 지사화사업이라는 것을 운영하고 있다. 지사화사업은 한국의 중소기업들이 중기부, 코트라, 지자체와 같은 기관의 해외사무소를 해당기업의 지사처럼 활용해 정보와 자료를 제공받을 수 있도록 한다는 정책이다.

독자들은 어떤 생각이 드는가. 솔깃한가? 조금 더 살펴보자.

한국의 중소기업이 지사화사업에 참여하기 위해서는 해외로 진출하고자 하는 지역을 선정하고, 중소기업부, 코트라, 지자체 해외사무소 등에 신청하면 된다. 각 해당 기관에서는 신청한 기업의 서류를 심사하여 일정 자격요건을 갖춘 기업이라고 판단되면 선정하고, 이때 기업은 선불로 1년 회비를 지불하고 지사화사업의 서비스를 받으면 된다.

나도 미국 LA에 사무소를 둔 경기도 북미사무소장으로서 2009년부터 2011년 3월까지 매년 15~20개 기업을 선정하여 지사화사업을 수행했다. 경기도 중소기업들 가운데 미국에 진출하거나 제품 수출을 원하는 기업들이 지사화사업을 신청하면, 기본적인 능력을 갖추었는지 점검하여 인가하였다. 일단, 지사화사업 인가를 받은 기업은 선불로 일정 금액을 지불하였고, 1년간 해당 기업에서 요청하는 서비스를 제공해 주었다.

사실 관건은 해당 기업이 지사화사업을 신청한 지역 사무소를 어떻게 활용하느냐였다. 수출과 관련된 정보를 획득하고 수출을 하는 데 도움이 될 수도 있고 전혀 안 될 수도 있었다. 우리는 매년 15~20개 정도의 지사화 기업을 선정하고 나름 적극적으로 지원했다. 하지만 지사화사업을 1년 반 정도 운영한 결과를 보면 이 사업을 통해 충분한 정보를 얻고 수출실적을 올린 기업은 거의 없었다.

왜 이런 결과가 나왔을까? 답은 간단했다. 나와 직원들은 실제적으로 수출이나 수입을 해 본 경험이 없었고, 수입과 수출에서 가장 중요한 바이어 발굴과 협상에 대한 프로세스를 진행해 본 경험이 없었다. 나 자신이 바이어를 구하고, 수출입 조건을 협상하고, 계약서를 작성하거나 인보이스를 발행하여 납품대금을 받아 본 경험이 전혀 없었다. 우리가 제공한 서비스는 항상 몇 퍼센트가 부족했다. 이 몇 퍼센트의 부족이 거래를 성사시키지 못하는 원인의 하나는 아닐까 하는 생각이 들었다.

나는 이 부족한 몇 퍼센트를 반드시 해결해야 된다고 생각했다. 그래서 경기도 중소기업종합지원센터의 지사화사업을 수출대행 사업으로 바꿔야 한다고 지속적으로 제안했다.

**유명무실한 해외 지사화사업,
해외 수출대행 사업으로 바꾸자!**

나는 지사화사업을 이용하는 기업들에 충분한 실적을 제공하지 못하는데도 연회비를 받는 것이 매우 미안했다. 특히, 공조직이 중소기업들을 대상으로 실적도 없으면서 연회비를 받는 것은 뭔가 불합리하다는 생각이 들었다.

그렇다면 기업이 서비스를 신청하면서 1년 회비를 내는 것이 아니라, 수출실적을 올렸을 때 수출한 금액의 일부를 수수료로 내는 것이 합리적이라는 생각이 들었다. 이러한 이유로 나는 지사화사업을 대체하는 수출대행 사업을 제안했다. 수출대행 사업은 실제로 현지 사무소에서 무역회사처럼 바이어를 발굴, 수출을 상담하여 수출실적을 냈을 때 수수료를 받도록 하자는 것이었다. 실제 수출이 되지 않으면 수수료는 없는 것이고, 수출이 크게 일어나면 많은 수수료를 내는 수익자 부담 원칙이 적용되는 구조였다.

기업들이 수출하기 위해서는 상당한 비용을 지불해야 하는데, 단지 수출대금에서 2%를 수수료로 지불하는 것은 공조직이 아니면 할 수 없는 것이었다. 공조직은 공공기관으로부터 예산으로 급여와 사무실 임대료 및 운영비용을 지급받으므로 이와 같이 운영하는 것은 가능한 일이었다.

내 계획은 현재의 무역관련 공공기관의 현지사무소를 과거 대기업의 무역상사 삼성물산, (주)대우, 현대상사들처럼 운영하여 중소기업을 지원하는 데 활용하자는 것이었다. 현실적으로 무역관련 공공기관의 현지사무소는 행정적인 업무비중이 대부분이라 실제적인 무역에는 참여하기도 어렵고, 제도적으로도 직접 수출상담이나 수출대금을 받거나, 송금할 수 없는 구조로 되어 있었다.

수출 실적을 냈을 때만 수수료를 받는 수출 마케팅 대행사업으로 전환되다

2012년 4월, 드디어 경기도 중소기업종합지원센터로부터 수출 마케팅 대행사업이라는 이름으로 승인을 받았다. 경기도 지사화사업을 해외 수출 마케팅 대행사업_{수출대금 송금 시 2% 성과급}으로 전환한 것이다. 참으로 어려운 결정이었다. 제안을 주도한 내 입장에서도 부담이 굉장히 컸다. 한 번도 수출이라는 것을 해 본 적 없고, 바이어와 직접 협상해 본 적도 없었다. 하지만, 중소기업들의 제품을 수출해 주겠다는 일념 하나로 일을 저질렀다.

우선 경기도 중소기업들의 신청을 받아 수출 가능성이 있는 10여 개 정도 기업을 선정하였다. 본 사업에 참여한 기업들의 제품은 프라이팬, 화장품 케이스, 화장품, 화장기기, 타일, 양초 등 아주 다양했다. 이 제품들이 경쟁사의 것과 다른 어떤 특성이 있는지 이해하는 것도 쉽지 않았다. 또한, 나는 물론 직원들조차 수출에 대한 경험이 전혀 없었고, 준비도 되어 있지 않았다. 인보이스 양식 하나 없었고, 거래대금을 받고 송금할 수 있는 은행계좌 하나도 없었.

하지만 우리에게는 열정이 있었다. 나는 기업을 선정하는 동시에 각 기업별로 제품을 구입할 가능성이 있는 미국 기업들을 발굴하기 시작했다. 또 각 기업별로 공략대상 기업을 선정했다. 직원들이 최선을 다해 노력해 주었고, 수출 마케팅 대행사업에 참여하였던 경기도 기업들도 샘플과 자료를 보내주며 분위기는 그야말로 '불타오르네'가 되었다. 이 덕분에 2012년 말까지 불과 8개월 만에 5~6개 기업에서 56만 8천 달러 수출실적을 올리는 쾌거를 거두었다.

수출 마케팅 대행사업의 예상 밖 활약상

**사업 착수 8개월 만에 수출실적 56만 8천 달러 달성
2013년 미국 아시안 아메리칸 엑스포를 공략하다**

큰 기업들이 보면, 이 수출실적은 아주 미미한 것일 수 있다. 하지만 우리는 이 작은 출발이 큰 결과를 낳을 것이라는 확신을 가졌다. 2013년부터 본격적으로 작은 컨벤션에 참여하여 부스를 만들고 직접 10여 개 회사의 제품을 판매하면서 바이어를 구하는 전략을 펼쳐 나가기 시작했다.

아시안 아메리칸 엑스포 Asian American Expo는 재미 중국인들의 축제로 LA에서 개최되는 한인축제에 비해 규모나 참가자 면에서 비교할 수 없을 정도로 엄청나다. 행사는 1월 둘째 주 LA 부근 포모나 Pomona 컨벤션 센터에서 3일 동안 개최된다. 이 짧은 기간 동안 수십만 명이 참여하여 전통적인 놀이와 공연을 즐기면서 직접 제품도

구매하는 장터가 열린다. 우리는 이 자리에서 제품을 직접 소매 판매하면서 바이어를 구했다.

이 행사에는 한국의 큰 식품기업들이 많이 참여하고 있었다. LA 한인축제에 관심이 있거나, 미국 주류기업으로 진출하기 위한 교두보를 마련하기 위해 미국의 아시아계부터 진출하고자 하는 기업이라면 관심을 가져볼 만한 행사다. 부스비용은 10×10 스퀘어피트에 1,500~2,000달러 정도이므로 크게 비싼 것은 아니지만, 영어보다는 중국어를 사용하는 경우가 훨씬 많으므로 중국어와 영어를 하는 임시직원을 채용하는 것이 효과적이다.

경기도 북미사무소는 2012년 참관 이후, 2013년부터 매년 부스를 가지고 참가하여 상품을 판매하는 한편 마케팅 및 바이어 구하기를 꾸준히 시행해 왔다. 내 제품을 판매하는 중국인 도매유통 바이어와 함께 참가할 경우에는 서로 경쟁을 하면서도 판매가격은 동일하게 유지하는 등 협력체계를 유지했고, 중국인 소매기업이 구매 상담을 하는 경우에는 중국인 도매유통 바이어에게 소개시켜 주기도 했다.

공조직 최초 ASD Show 제품 전시, 바이어와 수출 상담 실시

다음 단계는 한 걸음 더 전진했다. 우리는 2012년 사업에 참가한 10여 개 회사를 대신하여 2013년 3월, 라스베이거스 컨벤션 센터에서 개최한 세계적인 에이에스디 쇼 ASD Show 에 참가했

2013년 1월 18~20일 캘리포니아 포모나에서 개최된 아시안 아메리칸 엑스포에서

다. 경기도 북미사무소가 주관하여 직접 참여한 것으로 공조직이 기업을 대신하여 참여한 최초의 사건이었다. 당시 KBS LA특파원은 에이에스디 쇼 현장에서 바이어와 상담하는 모습, 그리고 본 전시에 제품을 보낸 경기도 기업을 찾아가 현장 취재하여 KBS 9시 뉴스에 방영했다.

경기도 북미사무소라는 공조직에서 기업을 대신하여 직접 해외 수출에 뛰어든 최초의 시도에 대한 바이어와 기업의 반응을 심층 취재하였고, 이러한 시도가 향후 어떻게 발전할 수 있을지 지켜보자고 보도했다.

우리는 컨벤션에 참여할 별도 예산이 없었으므로 비용 절감을 위해, 에이에스디 쇼에 부스 임대비용만 지불하고 인테리어는 모두 나와 직원들이 직접 꾸몄다. 그리고 운송비 절감을 위해 전시할 제품도 직접 차에 싣고 LA에서 라스베이거스로 운반했고, 전시할 도구만을 구입해서 전시장을 하나하나 꾸몄다. 10여 개 회사의 제품을 전시했고 바이어와 상담을 시작했다.

2009년 미국에 왔을 때부터 컨벤션에 참여했지만 많은 기업들이 엄청난 비용을 들이고도 성과를 잘 내지 못한다는 것이 몹시 안타까웠다. 컨벤션에 참여하기 위해 준비기간과 현지 출장기간, 그리고 귀국해서 만났던 바이어와의 연락 등 최소 2주 이상의 시간을 투자해야 하고, 항공료, 호텔비용, 통역사 등 엄청난 경비를 지출해야 한다. 국가 예산에서 지원하는 부분도 많이 있었지만, 기업의 입

2013년 3월 17~20일 라스베이거스 ASD Show 참가

장에서는 부담스러웠을 것이다.

한 컨벤션을 위해 기업이 2주라는 시간을 투자한다고 가정하면 1년을 50주로 계산할 경우, 1년의 4%라는 막대한 시간을 투자하는 것인데, 막상 컨벤션에 참여하고 나서 실적이 없다면 이는 엄청난 경영 손실이 아니고 무엇이겠는가.

여기서 수출 마케팅 대행사업의 장점을 다시 한번 확인해 보자.

> 첫째, 해당 기업이 직접 참여하지 못하는 곳은 대신 참가하고, 바이어를 상담하여 수출할 수 있도록 도울 수 있다. 이렇게 하면 중소기업 대신 뛰어 경영지원이 되며 손실을 줄일 수 있다.
>
> 둘째, 수출 마케팅 대행사업에 참여한 기업은 샘플과 자료 제공 정도만 하면 수출계약서나 인보이스를 받을 때까지 시간을 벌 수 있다. 경기도 사무소에서 수출 오더를 받는 과정에 협의를 요청하면, 이에 대한 응대만 하면 된다. 이후 경기도 사무소에서 기업을 대신하여 오더를 받으면, 사업에 참여한 기업은 경기도 사무소를 믿고 제품을 만들어 발송하면 끝난다.
>
> 셋째, 경기도 사무소에서 해외물류, 통관, 바이어에게 물품 전

> 달, 이후 대금을 받아 해당기업에 송금하면 된다. 대금을 해당기업에 송금할 때 2% 수수료를 공제하고 송금하면 해당 수출 건은 마무리되는 것이다. 수출한 기업은 수입한 기업의 기록정보를 가지고 있으므로 수출 마케팅 대행사업 기간인 1년이나 2년이 경과한 이후에도 미국 기업과 직접 접촉하여 수출협상 및 수출을 지속하면 된다.

어떤가? 이런 구조가 지속된다면 공공기관과 중소기업의 상생은 너무도 쉽지 않을까? 이제 기업은 서비스만 신청하면 되고, 경기도 북미사무소에서는 수출 마케팅 대행사업에 참여하겠다는 기업에 새롭게 시장을 개척하는 작업을 해주면 되는 것이다.

도지사 바뀌면 중소기업은 수출 안 하나?

사업 착수 8개월 만에 57만 달러, 2013년 150만 달러 수출 성과

이렇게 컨벤션에 참여하여 바이어를 구하고, 수출에 전념한 결과, 2013년 수출실적은 150만 달러를 넘어갔다. 2014년에는 200만 달러를 넘기겠다는 목표를 가지고 열심히 뛰고 있었다.

그런데 2014년 6월 경기도 지방자치단체장 선거 결과 도지사가 바뀌게 되었다. 2014년 7월 1일, 수출마케팅 대행사업은 없어지고, 다시 지사화사업으로 환원한다는 공문이 날아왔다.

명분은 있었다. 공공기관은 민간기업으로부터 수수료를 받으면 안 된다는 것이었다. 사실 2% 수수료는 경기도 중소기업 종합지원센터에서 받는 것이 아니라, 경기도 북미사무소에서 바로 받아 직원들 활동비와 격려금 및 운영비로 지불되었는데, 이것이 문제가 될 수 있다는 것이었다.

현실적으로 바이어를 만나고 비즈니스를 하려면, 컨벤션에도 참여하고 페어 등에도 참여해야 하는데 당시에는 예산이 없었다. 그런 상황에서 공무원들의 제도라는 틀 속에 묶어버리고, 공조직의 마인드를 그대로 적용한다면 그것이 대한민국의 중소기업을 위해 바른 길인지는 한번 생각해 볼 필요가 있었다. 또한, 한국전력공사, 석탄공사 등은 수익사업을 하는데 코트라, 지자체 소속의 경기도 종합지원센터 등은 왜 수익사업을 할 수 없는지 이해가 되지 않았다. 훈령이나 법규에 문제가 있다면 바꾸면 되는 일 아닌가?

2014년 7월, 다행히 새로 취임한 경기도지사가 미국 방문 중에 LA 경기도 북미사무소를 방문했다. 나는 경기도 북미사무소의 운영현황과 실적 및 향후 계획을 보고하는 자료를 통해, 해외 지사화사업과 해외 수출 마케팅 대행사업을 비교하여 보고했다. 이 자리에서 신임 도지사는 해외 수출 마케팅 대행사업을 복원하여 경기도 중소기업들의 수출을 직접 지원할 수 있도록 하라는 지시를 했다.

그러나 도지사가 귀국한 이후, 다시 경기도로부터 연락이 왔다.

경기도에서는 다른 정부기관과 같은 방식인 지사화사업으로 환원하기로 결정했다는 것이다. 허탈한 심정이었다. 나는 어떻게 하면 경기도 중소기업들을 지속적으로 지원할 수 있을지 많은 고민을 하였으나, 별다른 방법이 없었다.

**미국 LA 경기도섬유센터,
경기도메디컬센터 설립
공조직도 이렇게 할 수 있었다**

나는 2009년부터 2014년 12월까지 경기도 북미사무소장을 역임하는 동안 해외 수출 마케팅 대행사업 이외에도 경기도와 경기도 중소기업, 미국의 한인 교민을 위해 많은 일을 하고자 여러 가지 사업을 시도했다.

그중의 하나가 2011년 4월에 설립한 LA 경기도섬유센터다. 미국 LA에서 오늘날과 같이 한인들이 크게 번창할 수 있었던 큰 요인 중의 하나가 LA 자바시장이었다. 자바시장은 1970년대부터 한인들이 세계적인 경쟁력을 가진 한국의 섬유산업을 기반으로 의류 및 섬유공장을 설립하면서 미국 한인교포들의 경제 기틀을 만들었다. 많은 한인들이 자바에서 돈을 벌어 호텔을 구입하고, 부동산을 구입했다고 한다. 자바는 LA 한인의 젖줄이나 다름없었다.

하지만 한국의 섬유산업은 중국으로 넘어가 버리고 고급섬유 부문만 명맥을 유지하고 있었다. 나는 이러한 상황이 매우 안타까워 경기도 북부의 양주시, 남부의 안산시 등에 있는 섬유산업 관계자들을 수차례 만나 협의했다. 이를 경기도와 협의하여 미국 LA 자바시장과 쉽게 연결할 수 있는 경기도섬유센터를 2011년 4월, 경기도지사를 모시고 자바시장에 설립했다. 이를 원활하게 운영하기 위해 LA 경기도섬유센터 소장과 실무 과장을 채용하였고, 바로 이듬해 2012년 1월, 경기도 2청에서 직접 운영할 수 있도록 조직을 넘겨 주었다.

이외에도 경기도의 의료관광과 교민들의 의료지원을 위해 LA 경기도메디컬센터를 설립하였다. 2년 정도 운영하다 오바마 케어의 도입으로 실용성이 떨어져 조직을 폐쇄하였지만 경기도 북미사무소와 경기도섬유센터는 지금도 운영되고 있다. 이들 조직이 활성화되려면 보완되어야 할 부분들도 많지만, 그래도 운영되고 있다는 것만으로 자부심을 느끼고 있다.

**빅수 칠 때 띠난다
그러나 "아월 비 백! I'll be back!"
새로운 전환을 준비하다**

2014년 7월 경기도에서 해외 수출 마케팅 대행사업을 중단하라는 공문을 받은 이후, 나는 수차례 경기도청의 관계자들을 설득하였지만, 더 이상은 주장하지 말라는 통보를 받았다. 따라서 나는 앞으로 경기도 북미사무소장으로 근무한다는 것은 의미가 없다는 생각이 들었다. 나는 이제 직접 미국에서 사업을 하면서 배우고 익혀야 하는 시간이 다가오고 있음을 직감했다.

언젠가는 조직을 떠나야 하고 홀로서기 할 때가 온다. 비록 오래

전부터 약간의 사업자금은 준비해 왔지만, 미국에서 사업을 하기에는 턱없이 부족한 금액이었다. 나는 30만 달러 조금 넘는 사업 자금으로 문화도 익숙하지 않고, 영어도 부족한 상태에서 나의 생애 첫 사업을 미국에서 시작해야 했다.

함께 일할 인력도 없고, 밀어주는 사람 하나 없는 미국이었다. 아주 작은 사업자금으로 높은 미국 생활비를 부담하면서, 미국 유통시장의 큰 바다에 뛰어들어야 한다는 생각을 하니 두려움이 앞섰다. 하지만 물러설 곳도 없었고, 물러서고 싶지도 않았다.

'나는 미국에 있는 한인사업가들을 많이 알고 있다. 미국 주류 중소기업 유통시장도 조금은 알고 있다. 삼성에서 배운 불굴의 정신력이 있다.'고 스스로에게 최면을 걸었다.

내가 먼저 배우고 익혀야 한국의 중소기업들에 알려줄 수 있다는, 무언가 사명감 같은 것이 몸 속에서 꿈틀거리는 것을 느꼈다. 사업이라는 것은 막연히 내가 하고 싶다는 생각으로 시작하기에는 너무나 큰 도전이었다. 그럼에도 망설일 이유가 없었다. 이미 나의 마음은 앞으로 앞으로 마구 질주하고 있었다. 나에게는 직접 미국시장과 미국 유통시장을 알고 싶고, 뛰어넘고 싶고, 성공하는 길을 익히고 싶다는 열망이 너무나 컸다.

미국 기업인으로
새로운 도전에 나서다

중소기업 수출지원의 꿈, KDC로 다시 한번

2014년 12월 31일, 나는 경기도 북미 사무소장직을 내려놓고 곧바로 한국미주유통센터KDC, Korea Distribution Center Inc.를 설립했다. KDC는 경기도 해외수출 마케팅 대행사업을 수행할 때 수출대금을 받고 송금하기 위해 만들어놓았던 경기도미주유통센터GDC Inc.라는 법인명을 이름만 바꿔 설립한 것이다. 이 회사명은 경기도에서 해외수출 대행사업을 했던 정신을 이어받아, 한국제품을 미국에 널리 유통하겠다는 의미였다.

사무실은 내가 5년 반 동안 근무했던 경기도 북미사무소가 있던 대한무역투자진흥공사KOTRA 건물의 2층에 얻었다. 경기도 북미사무소 규모의 5분의 1 정도 되는 아주 조그마한 사무실이었다. 다른 건물에 사무실을 얻는 방법도 있었지만, 내가 경기도 북미사무소 소장직에서 물러난 것이 부끄러울 것도 없었고, 나 자신이 하고자 하는 일이 자랑스러웠기에 멀리 떠나갈 이유가 없었다. 책상 2개를 놓으면 겨우 움직일 수 있는 공간에 집기도 이전 사용자에게 인수받아 그대로 사용하기로 했다. 비록 작은 사무실이었지만, 그것도 나에게는 아주 큰 규모의 사무실로 느껴졌다.

31년간 월급 받던 인생, 안녕! 나는 이제 미국 유통사업가다

KDC를 설립하고 나서 취급할 유통제품은 한국의 중소기업제품으로 선택하기로 했다. 자연스럽게 내가 경기도 소장 시절에 있을 때 자신의 제품을 미국시장에 유통시켜 달라고 부탁했던 이들에게 연락했다. 그 가운데 가장 적극적으로 요청했던 퍽 캔들_{양초 제품} 업체와 협의가 되어, 미국 독점판매계약을 체결하였다.

나는 경험도 거의 없었고, 자금도 아주 제한적이었으므로 한 가지 제품에 집중하기로 했다. 일단, 한 가지 제품 판매가 어느 정도 안정적으로 이루어지면, 판매 제품을 하나씩 늘려가야겠다고 생각했다. 그렇게 퍽 캔들에만 집중하여 미국유통채널을 조사하고 PT 자료도 만들면서 판매전략을 수립하고 있었다.

그런데 유통할 제품에 갑작스러운 변수가 발생했다. 2015년 1월 초 SKT의 프로젝터 연구책임자 Y부장과 크레모텍이라는 레이저 빔 프로젝터 제조회사의 K대표로부터 급하게 연락이 왔다. 며칠 후 라스베이거스에서 열리는 CES에 참여할 예정이니 도와달라는 것이다.

Y부장은 고등학교 동기로 아주 가까운 사이였고, 서울에 있을 때는 같은 동네에서 살았다. 내가 미국에 오고 오랫동안 연락이 닿지 않다가 2014년 8월경 텍사스 출장길이라며 K대표라는 분과 함께 우리 집을 방문했었다. 그런데 식사를 마칠 무렵 불을 끄고는 뭔가를 보여주었는데, 그것이 레이저 빔 프로젝터였다.

당시에는 프로토타입으로 마치 학교 다닐 때 사용했던 양은 도시락 같이 생긴 것에 광학계와 전자부품을 담아 놓은 수준이었다. 그들은 그 제품에 들어갈 핵심부품을 수급하기 위해 텍사스에 출장 왔다고 했다. K대표는 자신의 회사가 경기도에 있다며 수출을 도와줄 수 있느냐고 물었다. 나는 경기도 기업에 지원할 수 있는 방법을 몇 가지 설명해 주었는데, 나더러 그 제품을 직접 유통해 줄 수 있느냐고 물었다. 기본적인 개발은 완료된 상태로 내년 3월경 출시를 위해 양산 준비를 하고 있다고 했다.

당시에는 내가 경기도 북미사무소장이었기 때문에 지원은 해줄 수 있어도 직접 유통은 할 수 없을 것 같다고 했다. 또한, 나는 빔 프로젝터 같은 제품은 출시되고 얼마 후면 곧바로 중국에서 카피 제품이 나올 것이므로 유통이 어렵지 않겠느냐고 했다. 하지만 Y부장과 K대표는 그 점에 대해서는 전혀 걱정하지 말라고 했다. 그 제품은 SKT에서 많은 특허를 보유하고 있고, 제품개발과 생산에 난이도가 높아 향후 3~4년, 길면 6~7년간은 중국에서 엄두도 못 낼 거라고 했다. 아무튼 이런 대화를 나누고 돌아간 이후에는 별다른 소식이 없어 잊어버리고 있었다.

세계 최초의 포커스 프리 레이저 빔 프로젝터

2015년 1월 1일이었다. 느닷없이 앞서 말한 Y부장과 K대표로부터 연락이 왔다. 나는 이미 새로운 일을 시작하는 시점인데다, 퍽 캔들 회사와 독점계약을 체결하고 시장조사를 해야 하기 때문에 CES에 갈 수 없다고 정중하게 거절했다. 하지만 거의 막무가내 식으로 수차례 지원요청을 하는 바람에 어쩔 수 없이 참여하기로 했다.

여기서 잠깐 라스베이거스 CES에 참가할 때 알아둘 사항이 있다. 라스베이거스는 CES기간 동안 호텔비용이 5~10배까지 올라간다. CES를 전후하여 라스베이거스는 2주 정도 만에 1년 매출액의 20~30%를 벌어들인다고 할 정도로 초호황을 누리며 대단한 소비가 일어난다. 호텔 가격뿐만 아니라 모든 물가가 다 올라간다. 그렇지만 미국은 대단히 합리적이다. 약간의 리스크를 안고 미리 '취소 불가' 예약을 하면 비록 CES 기간이라 하더라도 상대적으로 아주 저렴한 비용으로 호텔을 예약할 수 있다. 한국에서 라스베이거스에서 열리는 CES와 같은 대형 컨벤션에 출장 올 때는 이런 특성을 알고 준비하면 비용을 절감할 수 있다. 특히 한국의 정치인이나 고위 공무원들이 컨벤션이 열리는 며칠 전까지 일정을 정하지 않고 있다가 막판Last minute에 예약을 하면서, 평소에 100달러 정도면 예약할 수 있는 호텔을 500달러, 1천 달러 이상에 예약을 하는 경우를 보았다. 나랏돈이 샌다.

어쨌든 우리도 CES가 열리는 예약 막바지 기간이라 차로 40~50분 정도 이동해야 하는 변두리에 아주 저렴한 호텔을 구했다.

UO 빔과의 첫 만남, 왜 이렇게 멋진 거야?

CES에서 모습을 드러낸 UO 스마트 빔 레이저는 지난해 초기 시제품Pre-prototype을 봤을 때와는 완전히 달라져 있었다. 큐브형으로 손바닥 안에 쏙 들어갈 정도로 작고 귀여웠다. 물론 이때 처음으로 세상에 선보인 제품은 빨간색, 파란색 프로토타입Prototype 제품으로 양산 제품과는 거리가 멀었지만, 정성 들여 수공으로 제작한 1대에 수천만 원의 비용이 든 귀한 시제품이었다.

사실 SKT 부스에는 학습용 로봇, 초소형 공기질 측정기, 아이폰용 Wi-Fi 스피커 등 아주 다양한 제품들을 전시하고 있었다. 레이저 빔 프로젝터는 그 가운데 하나로 SKT 전체 부스의 뒤편에 조그마하게 설치되어 있었다. 그때 출시한 UO 빔은 거의 손으로 만든 시제품 3대가 전부였는데 데모 도중에 고장도 자주 발생했고, 정상적인 성능이 잘 나오지 않았다. 게다가 컨벤션 센터의 조명이 워낙 강해 프로젝터 데모에는 적합한 환경이 아니었고, 시설도 제대로 갖

2015년 LA CES에서 크레모텍 대표와 함께

추고 있지 못한 상태였다.

 하지만, 이러한 어려운 여건에서도 나는 레이저 빔 프로젝터 마케팅 지원을 위해 정성을 다했다. 컨벤션이 열리는 낮 시간에는 전시장을 찾는 고객을 대상으로 직원들과 함께 열심히 설명하는 한편, 빔 프로젝터를 들고 전시장, 레스토랑, 프레스센터, 호텔 로비 등 곳곳을 누비면서 컨벤션에 참여한 전시자들과 언론인들에게 UO 빔의 포커스 프리 Focus Free의 특성을 설명했다. 또한, 컨벤션이 끝난 저녁 시간에는 프라이빗 이벤트를 찾아 다니면서 UO 빔을 소개했다.

 그런데 데모를 하면 할수록 레이저 빔 프로젝터는 지금까지 내가 보아왔던 빔 프로젝터와는 완전히 다른 제품이라는 것을 알게 됐다.

기존의 일반적인 빔 프로젝터는 전원을 연결하고 초점을 맞추는 것이 기본적인 과정이었다. 하지만 UO 빔은 초점이 없는 방식으로 어떤 거리의 범위 내에서는 모두 초점이 맞는 세상에서 하나밖에 없는 포커스 프리 제품이었다. 또 초미니 사이즈 몸체에도 불구하고 어두운 곳에서는 100인치의 화면이 선명하게 투사되는 신기한 제품이었다. 단점을 들자면 2인치 큐브의 극소형 제품을 400달러나 되는 고가에 팔아야 한다는 것이다.

아무래도 이러한 특성을 일반적인 마케팅에서처럼 글과 그림, 영상만으로 알리기에는 한계가 있을 것 같았다. 우리가 애플이나 삼성이라면 신제품이 나오기도 전에 언론사에서 먼저 취재해서 세상에 알려주겠지만, 우리는 상황이 많이 달랐다.

내 회사는 미국의 신생 중소기업이었고, 본사인 SKT는 한국에서 3번째로 큰 대기업이었지만 통신 전문기업이었다. 하드웨어 제품은 판매해 본 경험이 별로 없고 특히 미국이나 해외에서는 SKT를 알고 있는 사람이 거의 없었다.

솔직히 내가 이 제품을 제대로 홍보마케팅해서 판매실적을 올릴 수 있을까 하는 걱정과 의문이 들었다. 이곳 미국에서는 도와줄 사람도 없고, 기업들 간에 엄청난 경쟁이 있는 야생의 정글이다. 과연 내가 이 최첨단 제품을 마케팅하고 좋은 성과를 낼 수 있을까?

보여줄수록 사람들이 내 제품에 빠져든다면?

세계 최초! 누가 이 매력을 두고 한눈팔겠는가. 내가 삼성에서 홍보그룹장을 할 때 늘 세계 최초, 세계 1등이라는 PT를 하면서 느꼈던 자부심이 되살아나는 듯했다. 세계 최초라는 것은 아직까지 한 번도 경험해 보지 못한 것이라는 뜻이다. 따라서 경험해 보지 않으면 이해가 어렵다는 것이기도 했다. 내 영혼의 깊은 곳에 전율이 시작됐다.

나는 어차피 CES에 왔으니까, 일단 마음껏 뛰면서 많은 사람들에게 UO 빔과 첫 경험을 시켜주고 싶다는 생각이 들었다. 이렇게 UO 빔과의 동거가 시작되면서 관심이 커져가더니, 하루 이틀 지나면서 나는 어느덧 UO 빔과는 떼려야 뗄 수 없는 깊은 연인 관계가 되었다.

**세계 최초의 레이저 빔 프로젝터
짜릿한 첫 경험,
누구나 홀딱 반한다**

나는 내 '연인'과 함께 온 라스베이거스 컨벤션 센터와 호텔 컨벤션 센터는 물론 호텔 통로, 주차장, 로비, 식당 등 언제 어디서나 밥을 먹거나 걸어 다니면서 내 애인이 자태를 마음껏 뽐낼 수 있도록 휩쓸고 다녔다. 나는 라스베이거스의 밤거리를 걸으면서, 벨라지오 호텔 분수쇼를 보면서도 내 애인을 자랑했다.

LA CES VR 소개 퍼스널 파티

이때부터 나의 삶은 나의 애인이 화려한 콘텐츠를 뿌리고, 다른 많은 사람들이 매력을 느끼게 하는 데 모든 것이 맞춰져 갔다. 불과 하루 이틀 만에 완전히 사랑에 빠진 것이다.

내가 컨벤션 센터 식당에 있을 때, 우연히 한국에서 온 영화감독을 만났는데 이분을 통해 VR을 소개하는 퍼스널 파티Personal Party에 초대를 받았다. 나는 벨라지오 호텔 프라이빗 홀Private Hall의 파티장에서도 어김없이 내 애인의 매력을 마음껏 뽐내도록 했다. 파티에 참석해 있던 레드 카메라Red Camera의 창시자위 사진 중간 검정색 옷와 영화산업 관계자들을 만나게 되었는데, 그들도 내 애인의 유혹에 푹 빠져들었다.

나는 내 애인이 CES라는 큰 세상에 첫 선을 보이고 있음을 알렸다. 그런데 놀랍게도 아직 설익은 상태였음에도 내 애인을 탐내는 이가 많았다. 한 친구는 자신에게 팔라고 하며 판매 제품이 나오면 얼마에 팔 예정이냐고 물었다. 내가 500달러 정도 할 것 같다고 하자, 바로 그 자리에서 경매에 들어갔다. 가격을 물었던 참석자가 지갑을 꺼내 현금 500달러를 흔들자, 곧바로 700, 1천, 2천 달러까지 올라갔다. 하지만 이때까지 수작업으로 정성껏 만든 2대밖에 없었으므로 판매할 수는 없었다. 나는 제품들이 나오면 알려주겠다고 약속을 하고, 그날 저녁 공짜 술을 마음껏 마셨다.

2015년 CES에서 나와 첫 인연을 맺은 UO 빔은 이때부터 나와 늘 함께했다. 사실 사랑에 빠지기 시작했지만, 내가 이 멋진 애인을 감당할 수 있을지, 내 능력에 과분한 건 아닌지 판단이 서지 않았다. 그래서 미국에서 뿌리를 내리고 사업을 잘하고 있는 한인기업인들에게 자문을 구하고 그들과 함께 파트너로서 함께하면 어떨까 하는 생각을 하게 되었다.

아무리 좋은 제품이라도 제대로 알리지 못하거나 마케팅에 실패하면 사업은 망한다. 이 넓은 세상에서 어떻게 수많은 잠재고객들에게 나의 UO 빔을 보여줄 것인가. 나는 몸이 달아올랐다.

CES와 스페인 MWC가 맺어준 SKT·크레모텍과의 계약

　CES를 마치고 LA로 돌아와서, CES에서 만났던 고객 명단을 정리했다. 새롭게 얻은 조그마한 사무실에 집기를 마련하고, 직원 채용 공고를 내고 본격적인 사업 준비를 하고 있었는데, SKT와 크레모텍에서 또 연락이 왔다. 이번에는 미국이 아니라 스페인 바로셀로나에서 3월 초에 개최하는 모바일 월드 콩그레스MWC, Mobile World Congress라는 세계적인 모바일 컨벤션에 내가 참여했으면 좋겠다고 했다.

　나는 영어도 잘 못하지만 스페인어는 한마디도 못 할 뿐 아니라, 부족한 자금에 항공료와 출장비까지 사용할 수 있는 형편이 아니었다. 그런데도 SKT와 크레모텍에서는 MWC 컨벤션에 참여할 것을 설득하고 강권했다. 이번 출장이 서로를 좀 더 깊이 이해하고 협력 방안을 만드는 좋은 계기가 될 수도 있지 않겠느냐고 했다.

스페인 모바일 월드 콩그레스 밀착동행, UO 빔과 운명의 언약을 할 것인가

　사실, 나는 내가 SKT와 크레모텍의 파트너가 된다 하더라도 미국, 북미 정도의 영역을 할애받을 것으로 판단했다. 그래서 유럽까지 진출할 생각은 없었는데 MWC 참여에 대한 권유를 거절할 수는 없었다. 어쨌든 가기로 결정이 났으면 대응하고 실행해야 했다.

나는 평소 친분이 있던 옆집의 켄Ken과 마리아Maria 부부에게 내가 처해 있는 상황을 이야기했다.

켄은 완전 미국인으로 NASA 출신 연구원이었다. 내가 살았던 라캐나다La Canada라는 작은 도시는 LA의 북쪽에 있었는데, 근처에 있는 파사데나Pasadena에는 JPLJet Propulsion Laboratory이라는 미국 NASA의 연구소가 있었다. 켄은 여기서 일하던 중 스페인의 JPL 연구소에 갔다가 스페인 여성인 마리아를 만나 결혼했다. 그래서 이들은 1년의 절반은 스페인에서 생활하고, 나머지는 라캐나다에서 지냈다. 우리는 가끔 서로를 초대하여 밥도 같이 먹고, 가까운 곳에 여행도 같이 가고, 차량등록DMV과 관련된 문제가 생겼을 때도 켄이 전화 몇 통화로 해결해 준 적이 있었다. 이들 부부는 정말 우리 가족에게 친절하게 잘해주었다.

내 곤란한 상황을 듣더니 이번에도 스페인 마드리드에 있는 칸디도 카릴로Candido Carrillo라는 무역사업을 하는 가족을 소개시켜 주었다. 카릴로 씨는 내 사정을 듣고 스페인 마드리드에 있는 대학교수 친구와 함께 바로셀로나까지 와서 컨벤션 기간 3일 내내 나를 지원해 주었다. 이렇게 스페인 원어민 2명의 도움을 받아 모바일 월드 콩그레스를 무사히 잘 마칠 수 있었다.

이것은 굉장히 중요한 의미가 있었다. 미국에 이어 스페인에서도 국제 컨벤션을 대처하는 나의 일 처리 모습은 SKT와 크레모텍에 상당한 신뢰를 주게 되었고, 나를 자신들의 파트너로 결정하는 계기가 되었던 것 같았다. 하지만 새 계약을 결정하기에는 문제가 있었다.

나는 처음 사업을 시작한 2개월 동안 아주 많은 시간과 자금을 새로 만난 UO 빔에 투자했다. 그만큼 UO 빔에 홀딱 빠진 것이다. 하지만 퍽 캔들 또한, 오랜 기간 협의해 왔고, 계약까지 마친 좋은 관계를 맺고 있었기 때문에 쉽게 포기할 수도 없었다.

그런데 마침 2월 말에 퍽 캔들의 대표와 전무가 디즈니랜드 옆에 있는 에너하임 컨벤션 센터를 방문한다고 했다. 나는 아내와 찾아가 허심탄회하게 이야기를 나눴다.

나는 레이저 빔 프로젝터나 퍽 캔들 두 제품 모두 훌륭한 제품이라 전부 유통하고 싶다고 했다. 하지만, 내가 가진 경제력이나 능력으로 두 제품 모두 유통하기는 어려운 형편이라는 점을 솔직히 털어놓았다.

두 사람은 한동안 깊이 생각하더니 뜻밖의 답을 주었다. 자신들의 제품을 유통해달라고 하고 싶지만, 자신들이 보기에는 레이저 빔 프로젝터가 나에게 더 잘 어울릴 것 같다고 했다. 그러니 레이저 빔을 선택하고 본인들이 직접 미국으로 진출하면 잘 지원해달라는 부탁을 했다.

미국 신생 소기업과 한국의 대기업 SKT와 독점계약체결, 북미시장에 출사표!

나는 곧바로 SKT와 크레모텍과 각각의 독점계약 체결을 추진했다. SKT는 제품에 대한 원천기술과 특허권을 보유하고 있었고, 크레모텍은 제조기술을 가지고 있었다. SKT는 연구개발을 하고, 크레모텍은 제조하여 SKT에 납품하면 SKT가 판매하는 구조였다. 따라서, 미국 KDC는 SKT와 독점판매계약을 체결하였고, 크레모텍과는 협력계약을 체결하였다.

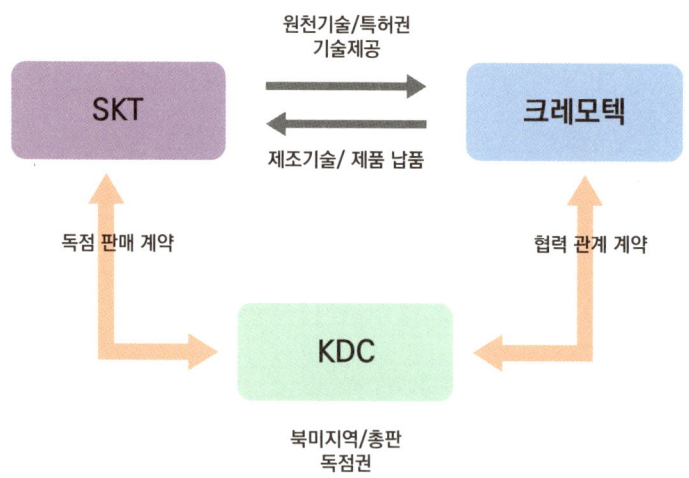

SKT, 크레모텍, KDC 계약관계

이 계약체결 과정을 살펴보면, SKT 담당자들은 2월 말~3월 초에 스페인 MWC 전시에 참여했을 때 나에게 무척 우호적이었다. 담당자들은 SKT는 통신회사로서 디바이스 제품을 해외 수출한 경험은 거의 없는 상태라고 했다. 매년 1천~2천 대만 판매해도 내가 독점계약을 유지하는 것은 문제가 되지 않을 것이라고 하면서, 회사 결제를 위해 명분상 계약수량은 많이 잡는 것으로 했으면 좋겠다고 했다.

나는 SKT 담당자의 권유에 따라, 계약 후 6개월 내에 1만 대, 1년 내에 2.5만 대를 판매하는 것으로 계약을 체결했다. 계약을 지키려면 1년 이내에 2.5만 대를 판매해야 하는데, 2.5만 대라고 하면, 매출액을 1천만 달러 정도를 올려야 했다. 사실 신생기업이 1년 만에 이러한 매출액을 올리는 것은 거의 기적에 가까운 일이다. 이때만 해도 신생기업으로서 판매량에 대한 예측이 어려웠고, 공격적인 판매에 대한 마음이 앞섰다.

이러한 계약으로 인해, 이후 SKT와 상당한 문제점이 발생할 수도 있다는 것을 몰랐다. 오직 판매량을 늘리는 것만이 살길이라며 앞으로 달려나갔다.

# '초짜' 미국 유통기업 사장이 경험한 단맛 쓴맛

첫걸음, 그래도 한인기업 파트너와 함께

나는 처음 사업을 시작하면서 온라인 판매망에 대한 생각은 거의 염두에 두지 않았다. 단순하게 아마존이나 다른 온라인 마켓플레이스에 올려놓고 판매하는 정도로 생각했다. 아마존 판매는 막연히 중요한 요소라고 인식하는 데 그쳤고, 미국 내 오프라인 유통망을 구축하는 것이 판매량을 늘리는 데 더 중요하다고 생각했다.

이러한 판단으로 그동안 내가 만났던 지인들을 총동원하여 미국 유통망 구축에 총력을 다했다. 주로 한인들이었다. LA는 내가 직접 유통할까도 고려했지만, 직접 소매 판매를 하면 도매유통에 집중하기 어렵다는 생각이 들었다. 그래서 평소 친분이 있는 몇몇 LA 한인기업인들의 의견을 종합하여 LA를 포함한 캘리포니아주는 C사와 유통계약을 체결했다.

시제품 샘플 2대로 시작한 데모 미국 전역 누비며 사전 공급계약 10여 건 확보

또한, 뉴욕, 뉴저지는 삼성전자 임원 출신 기업인 S대표, 텍사스는 핸드폰 소매 매장을 100개 이상 운영하고 있다는 A대표와 계약을 체결하였다. 콜로라도는 덴버Denver공항에 매장을 운영하던 K대표와 계약을 체결하였고, 멕시코는 삼성전자 멕시코 법인장을 했던 J대표와 손을 잡았다. 나아가 하와이, 워싱턴 등 10개 지역을 한인기업인들과 사전 계약을 체결하고 일부는 계약금 30%를 선불로 받기도 했다.

그런데 텍사스의 A대표와 콜로라도의 K대표는 아주 공격적이었다. A대표는 본인이 운영하는 매장 판매는 물론 통신사와 아주 긴밀한 관계라며 메트로 피시에스Metro PCS와 대형 통신사 공급계약을 추진하는 등의 자문계약도 동시에 체결해 주었다. 콜로라도의 K대표는 3월 스페인 MWC에도 참관하는 열정을 보이는 한편 브룩스톤Brookstone사와 계약을 독자적으로 추진하겠다는 의지를 표명해서 별도 권한을 주었다. 또한, K대표의 남편이 LA 카운티 정부조달 커미셔너로 활동하고 있어 LA 카운티 정부조달납품 계약도 함께 추진하는 것으로 했다.

나는 계약을 체결한 한인기업인들과 긴밀하게 협의하면서 덴버, 샌프란시스코, 뉴욕 등 각 지역의 각종 모임에 참여하여 PT도 하고 데모도 하면서 파트너들을 지원했다. 그때까지는 데모를 할 수 있는 제품이 2대밖에 없었으므로 한인파트너들에게 1대씩 데모용으로 나누어 줄 수가 없었다.

　사실 당시의 UO 빔은 데모용 수제품이었으므로 시연할 때면 아주 조마조마했다. UO 빔과 핸드폰을 무선으로 연결하여 스트리밍을 시연할 때면, Wi-Fi 여건에 따라 연결이 안 될 수도 있었다. 시연 도중에 연결이 끊기는 경우도 왕왕 발생했다. 특히, 아이폰과 안드로이드폰은 무선 연결방식에서 차이가 아주 컸고, 핸드폰의 기종에 따라, 또는 성능이 떨어지는 경우에는 연결상태가 좋지 않은 경우가 많았다. 데모할 때마다 진짜 살얼음판을 걷는 기분이었다.

　이런 어려움 속에서도 3월에 제품도 나오기 전까지 한인기업인들은 나를 믿어주고 선금까지 지불해 주었다. 이제 막 사업 첫발을 내디딘 나에게는 말로 다 할 수 없이 감사한 일이었다.

　그런데 정작 중요한 제품 출시가 계속 늦어졌다. 나는 SKT와 크레모텍이 CES와 MWC에서 협의하였던 대로 4월 말 출시를 대비해서 판매 준비를 해 왔다. 나에게 시간은 대단히 중요했다. 사업 준비자금은 불과 30만 달러로 UO 빔과 같은 첨단 고가제품을 유통하기에는 턱없이 작은 금액이었다.

　SKT에서 당초 계획했던 제품 출시는 4월에서 5월로 미루어졌고, 5월에서 6월로 또 지연되었다. 물론 FDA, CE, FCC 등 각종 인증도 받아야 하고, 초도 제품에서 발견된 수십 가지의 문제점을 보완해야 하므로 시간이 필요하다는 것은 충분히 이해가 갔다.

　나는 지연되는 시간을 만회하기 위해 제품이 들어오면 곧바로 판매할 수 있도록 거래선을 미리 확보하고 사전계약을 체결하는 등 사전 준비에 박차를 가했다.

데모 제품 들고 종횡무진 컨벤션 '도장깨기'

제품 홍보에 나 자신이 직접 뛰는 것이 좋을까, 파트너사가 뛰는 것이 좋을까? 나는 내가 직접 컨벤션에 참여하기보다는 가능한 한 한인파트너들이 참여하여 각 지역의 유통망을 키워가는 것이 훨씬 더 효과적이라고 생각했다. 한인파트너들이 각자 지역유통망을 넓혀 가면, 나는 미체결된 지역을 중심으로 유통망을 추가 구축해 나간다는 전략을 구사했다.

이에 따라, LA 한인파트너였던 C사는 3월에 제품도 나오기 전에 6월 17일 플로리다 올랜도에서 개최되는 인포컴InfoComm 컨벤션에 참가 신청을 해 두었다. 그런데 당초 5월에 출시된다고 했던 UO 빔이 5월 말에도 출시되지 않아 가슴을 졸이게 했다.

UO 빔 공급은 계속 지연되고 제품도 없이 인포컴 컨벤션 참가?

이러다가는 참여하기로 한 인포컴에 빈손으로 갈 수도 있겠다 싶었다. 나는 어떻게든 그런 참사를 막기 위해 본사와 수차례 긴급 협의를 통해 출시를 촉구했다. 그리고는 드디어

6월 13일 항공편으로 102대를 선적했다는 소식이 전해졌다. 13일 항공편으로 보내면 15일에 LA공항에 도착하고, 통관하면 빠듯하지만 16일 제품을 가지고 플로리다 올랜도로 날아갈 수 있겠다고 생각했다.

그런데 6월 15일 LA공항 통관에 문제가 발생했다. 레이저 제품인데 FDA에 등록한 서류가 첨부되어 있지 않다는 것이었다. 나는 긴급하게 한국의 SKT에 도움을 요청했고, 레이저 빔 프로젝터를 개발할 때 미국 FDA로부터 받았던 레이저 1등급 인증서를 첨부해서 다음 날인 16일 통관을 마쳤다. 그때는 이미 전시회에 참여할 사람들은 전시장 인테리어를 위해 올랜도로 출발한 뒤였다. 나는 즉시 인포컴이 열리고 있던 올랜도로 특송 Over night 을 보냈다.

그런 난리를 친 덕분에 인포컴 첫날은 샘플만 가지고 전시를 했지만, 둘째 날부터는 UO 빔 양산 제품을 전시, 판매할 수 있었다. 드디어 UO 스마트 빔 레이저라는 제품을 세상에 알리는 신호탄이 터졌다.

첫 계약물량 1천 대 완전 매진 '사업은 이렇게 하는 것'

오랜 기다림 덕분이었을까. 초기 단계에는 크레모텍의 생산량 부족으로 1천 대를 공급받는 데 1개월이나 걸렸다. 다행히 그동안 준비해 온 한인파트너사들 덕분에 제품은 입고되자마자 곧바로 LA, 텍사스, 덴버, 뉴저지, 하와이 등으로 모두 팔려 나갔다.

사업을 시작하고 제품이 입고될 때까지 6개월이란 시간이 걸렸고, 이 기간 동안 사업 준비를 위해 내가 준비해 두었던 사업자본금은 바닥을 드러내고 있었다. 사무실 임대료, 직원 급여, 웹사이트 제작비용, 홍보영상물 제작, 브로슈어 제작, 출장비 등 운영 경비에 생활비까지 이미 3분의 2 이상을 소진했다. 제품을 구입할 때는 돈이 없어 아내의 한국 예금을 빌려 지불했지만, 제품은 입고되기가 무섭게 모두 팔려 나갔기 때문에 무척 기분이 좋았다. 한편으로는 '사업은 이렇게 하는 것이야.'라는 생각까지 들었다.

이때까지의 매출액으로는 손익분기점에는 한참 미치지 못했지만, 그래도 이렇게 꾸준히 매출이 증가하면 머지 않아 흑자로 전환될 것 같았다. 일단, 제품만 원활하게 공급되면 판매에는 문제가 없을 것 같은 분위기였다.

파트너 기업, 고객을 등 돌리게 한 첨단제품 '울렁증'

8월 말 2차 물량 1천 대 약 20만 달러가 입고되었다. 그런데 이게 웬일인가. 기존 거래선에서 재주문이 들어오지 않았다. 나는 매일 거래선에 전화를 하고 상황을 파악해 보았다.

덴버의 K 대표는 바이어를 모아서 데모를 하는데, 핸드폰과 프로젝터가 연결이 되지 않아 데모를 못했다고 했다. 이런 성능을 가진 제품을 판매하라고 하느냐며 불만을 털어놓았다. 불과 며칠 전에 출장까지 가서 데모를 같이 해주었고, 제품의 특성을 자세히 설명했었다. 그는 제품의 기술적인 문제가 이해되지 않는다고 했다. K대표는 만약에 또 문제가 생기면 구입한 제품을 반품하겠다고 했다.

LA 바이어는 온라인으로 판매를 했는데 반품이 쏟아지고 있다며 항의했다. 반품된 제품을 무조건 신제품과 바꾸어 달라고 했다. 텍사스에서는 메트로 피시에스 Metro PCS 통신회사에 납품하기 위해 회장 가족을 만나 만찬을 하고 샘플을 공급했는데, 아이폰과 레이저 빔 프로젝터 간에 스트리밍 연결이 되지 않아 납품에 문제가 발생했다고 했다. 이러한 수많은 문제점을 제기하면서 모두들 판매가 어렵다고 했다. 사실 당시 초기 제품 성능에 문제가 없는 것은 아니었다.

UO 빔 장점은 포커스 프리, 다양한 사용자 환경에서는?

과거의 빔 프로젝터는 컴퓨터와 연결하여 프레젠테이션하는 것이 기본이었다. UO 빔 같은 최근의 빔 프로젝터는 자체적으로 Wi-Fi와 연결하여 컴퓨터처럼 사용할 수도 있다. 아이폰, 안드로이드폰에 무선으로 스트리밍을 연결하여 디스플레이 기능을 할 수도 있고, 유선으로 연결하여 사용할 수도 있다. 또한, 게임기 등과도 호환이 된다. 이런 여러 기능을 가지고 있어서 무선의 상황에서는 핸드폰 기종에 따라, Wi-Fi 신호의 강약에 따라 연결이 원만하게 되지 않을 수도 있었다.

또한, 유선으로 연결하는 경우에도 아이폰, 아이패드, 맥, 안드로이드폰, 게임기, 애플TV 등 제품 종류별, 기종별로 각각 다른 어댑터가 필요한 아주 복잡한 사용방법을 가진 제품이었다. 제품 자체는 작고 귀여웠지만, 그것을 구동하는 데에는 최첨단 기기들의 메커니즘을 이해해야 제대로 사용할 수 있었던 것이다.

초기에는 나 자신도 아주 큰 어려움을 겪었고, 당사에서도 그 많은 애플리케이션 제품들을 모두 보유할 수는 없었기 때문에 제품 성능 테스트도 매우 힘들었다. 다양한 애플리케이션 제품과 연결 테스트를 위해 베스트바이BestBuy 매장이나, 버라이즌Version, AT&T와 같은 통신사의 매장에 방문하여 종업원의 눈치를 보면서 제품 테스트를 하기도 했다. 때로는 아마존에서 제품을 구입하여 테스트를 하고, 하나 하나 튜토리얼 비디오Tutorial Video들을 만들어 유튜브에 올리는 작업을 해야 했다. 이러한 영상을 만들고 C/SCustomer Service를 원만하게 진행하기까지는 많은 시간을 필요로 했다.

또한, 제품 출시 초기에 배터리 사용시간에서부터 초점이 흐린 제품, 화질이 균일하지 않은 문제점에서부터 전원 버튼Power Button이 정상적으로 작동하지 않는 제품까지 수십 가지의 문제점이 발생했다. SKT와 크레모텍에서 성능을 보완하는 동안 한인파트너들은 지쳐갔다. 그들은 이렇게 복잡하고 C/S가 어려운 전자제품에 대한 경험이 부족했고, 익숙지 않았으므로 모두 판매 중단을 선언했다.

**재주문은 끊어지고, 쏟아지는 반품.
단 하나의 재주문은 부도 수표로…**

나는 '멘붕'에 빠졌다.

나는 도매유통 기업으로 사업을 시작했는데, 소매유통을 하는 바이어들이 제품을 주문하지 않으면 도대체 어디에 판매를 해야 되는 걸까. 기 계약한 10개 이상의 한인바이어들로부터 재주문이 거의 들어오지 않았다.

그런데 LA의 C회사 K대표로부터 재주문이 들어왔다. 금요일 오후 퇴근 무렵에 전화가 왔다. 일요일에 고객들에게 발송할 예정이니 5만 달러 상당인 200대를 토요일에 배송해달라고 했다. 그때까지 모든 오더는 제품대금을 미리 입금 받고 제품을 발송해 주는 시스템으로 운영하고 있었다. 그날 C사는 반대로 제품을 먼저 달라고 했다. 당시 제품 판매에 너무 목 말랐던 시기였고, 200대라는 큰 물량은 적지 않은 오더였으므로 놓치기 싫었다. 나는 토요일 오전에 직접 배달해 주겠다고 약속했다.

토요일 오전 11시경, 아내와 함께 제품을 갖고 바이어의 창고사무실에 도착했다. 제품을 사무실로 옮겨놓고 대금을 달라고 했다. 그런데 K대표는 "정말 미안한데, 토요일이라 회사의 직원이 없어 수표를 발행할 수 없다."면서 월요일 아침에 직원을 통해 수표를 보내주겠다고 했다. 나는 망설이다 K대표가 설득하는 터에 그러자고 하면서 나오려고 하는데, 아내가 인수증은 받아야 하지 않느냐고 했다. 만약 K대표가 제품을 안 받았다고 하면 5만 달러나 되는 제품은 증거도 없이 사라질 수 있었다. 그렇게 인수증을 받고 돌아왔다.

그런데 월요일에 아무리 기다려도 연락이 없었다. 몇 차례 전화를 했으나, 통화가 되지 않았다. 이틀 후, 겨우 K대표와 통화가 되었는데, 그는 왜 그렇게 재촉을 하느냐고 화를 냈다. 나는 수표를 발행할 수 없으면 제품을 가지러 가겠다고 강경하게 말했다. 그랬더니 다음 날 보내주겠다며 전화를 끊었다. 그리고 이틀 후에 수표 2장을 보내와서 은행에 입금을 했는데, 하나가 바운스 되었다고 은행에서 연락이 왔다.

바운스가 되었다는 것은 계좌에 잔고가 부족해서 부도가 났다는 뜻이다. 금요일 오후에 이런 일이 발생한 탓에 주말 내내 K대표에게 수차례 연락을 시도했지만 헛수고였다.

대금도 못 받고, 제품도 못 돌려받는다
그 회사의 문을 들어간 순간 내 것이 아니다

한국 기업들이 미국에 있는 기업들과 거래할 때는 꼭 알아두어야 하는 것이 있다. 일단, 미국 기업에 제품을 넘겨주는 순간 그 제품은 나의 제품이 아니라는 것이다. 여기에서 '넘겨주는 순간'이라는 것은 그 회사의 소유 Property 안으로 들어가는 순간을 뜻한다. 내가 납품대금을 받았는지 여부는 상관이 없다. 내가 갖다 준 제품이 다른 회사의 문을 들어가는 순간 그 회사의 제품이 되고, 만약에 다시 받아 오려고 하면 그 회사의 동의를 받아야 한다는 것이다.

C사 K대표는 대금의 절반을 남겨두고 리턴을 위한 딜을 했다. 그

는 고객이 반품을 하면 돌려주고 납품대금에서 상계하겠다고 했다. K대표는 내가 갖다 준 제품을 돌려줄 수 없다고 했고, 나는 대금을 받을 수도 없는 '개떡같은' 상황에 처한 것이다.

그렇게 지내던 1~2개월 후, C사에 이상한 일이 발생했다. 휴일에 C사에 도둑이 들어와서 다른 제품은 그냥 두고 내가 납품한 UO 빔 200대만 몽땅 도난당했다고 했다. 우리 제품은 2인치 큐빅으로 아주 소형제품인데다 대당 가격이 400달러 정도 하는 고가의 귀중품이었는데, 창고에 대충 보관했다는 것은 이해가 되지 않았다. 또 K대표가 나에게 급한 오더가 들어왔다고 하면서 금요일 오후에 오더를 했는데, 1~2개월 이후까지 창고에 있었다고 하니 더욱 이해하기가 어려웠다.

아무튼, K대표는 UO 빔 200대를 도둑 맞았다고 보험사에 신고를 했다. 그가 보험사로부터 보험금을 받았는지 못 받았는지는 모른다. 그리고 그것은 우리 회사와는 전혀 상관이 없는 일이라고 생각했다. 정말 순진하게도.

하지만, 도난을 당했다는 제품이 수개월 후에 아마존, 이베이로 흘러나왔다. 이들이 가격을 파괴하는 터에 시장가격을 유지해야 하는 입장에서는 아주 큰 어려움을 겪었다. 이에 대한 좀더 상세한 이야기는 Part 2의 아마존 역직구 셀러는 어떻게 통제할까에서 다룰 것이다. 이 사건으로 나는 K대표와 마음이 틀어졌고 결국 파트너 계약을 해지하게 되었다.

**SKT 본사는 지속적 오더 독촉
한인 거래선은 백지상태, 돈은 없고…**

UO 빔이 출시되기 전에 5~6개월 동안 구축해 온 한인 거래선은 모두 백지로 돌아갔다. 참으로 암담한 상황이 되었다. 6월에 1차로 입고한 1천 대는 한인 거래선으로 팔려 나갔으나, 리턴을 하겠다는 연락이 쇄도하고 있었고, 8월 2차로 입고된 1천 대는 C사가 구매해 간 200대 이외에는 거래가 거의 되지 않고 있는 상황이 되었다.

사실 사업 초기에는 재미 한인기업인들을 믿었기에 나는 유통을 하면서 북미 독점권자로서, 북미의 본사 기능만 하면 되지 않겠느냐고 판단했다. 이를 위해 다음의 사항들만 충실히 하면 된다고 생각했다.

1) 웹사이트 구축
2) 홍보마케팅 자료(동영상, 브로슈어 등) 제작
3) 각 파트너들의 부족한 기술 지원
4) 데모 지원
5) 한국의 공급사인 SKT와의 중간 역할
6) 온라인 및 오프라인을 통한 마케팅 지원
7) C/S 및 A/S지원

이러한 생각을 바탕으로 4월 라스베이거스에서 개최되는 방송장비 컨벤션인 NAB에 참여했다. 참가 회사들과 바이어를 대상으로

UO 빔을 소개하며 사전 마케팅을 했다. 4~5월에는 한인파트너들의 요청에 따라 덴버, 샌프란시스코 등을 방문해서 기술 및 데모 지원을 해주었고, 6월에 플로리다 올랜도에서 개최되는 인포컴에는 LA 파트너인 C사가 전시회에 참여하도록 지원해 주었다. 또한, 마이애미에서 열리는 에어포트 컨벤션Airport Convention에는 공항사업을 하는 K대표가 참여하도록 기회를 주었고, 공항 등 쇼핑몰에 260개의 매장을 가진 브룩스톤Brookstone 등을 한인파트너가 거래선을 만들 수 있도록 지원했다.

하지만, 이러한 초기 계획들은 2~3개월이 지나지 않아 완전히 무너져 내렸다. 사업을 시작하고 불과 7~8개월 만에 오랫동안 준비해 왔던 사업자본금은 거의 다 소진해 버렸고, 제품을 구입할 때는 아내의 도움을 받아야 했다. 그랬는데 이제는 초기에 구축했던 재미한인파트너 기업인들은 거의 백기를 든 상태가 되었다. 뭔가 새로운 돌파구를 모색하지 않으면 안 되는 상황이 닥친 것이다.

31년간의 월급 받는 생활을 마치고 겁 없이 뛰어든 미국의 유통 사업에서 호되게 신고식을 하는 기분이 들었다. 그런데 내가 간과했던 중요한 문제가 있었다.

UO 빔은 한인파트너사들이 한 번도 경험해 보지 못했던 최첨단 정보통신 전자제품

미국에서 활동하고 있는 많은 한인기업인들은 의류, 섬유, 식품, 미용과 같은 분야에서 제조와 유통하는 이들이 많다. 그리고 많은 이들이 부동산, 호텔, 식당, 보험, 물류 등을 운영하고 있고, 변호사, 회계사 등 전문직을 갖고 있는 이들도 많다. 부분적으로는 철강, 화학제품 등을 취급하는 이들도 있다. 하지만 첨단 전자제품을 취급하는 이들은 그렇게 많지 않다는 것을 느끼기 시작하면서, 어쩌면, 내가 사업 초기에 수립했던 사업전략이 완전히 잘못된 것일 수도 있다는 생각이 들었다.

사실 오래전 일이기는 하지만 나는 대학에서 전자공학을 전공했고, 삼성에 입사하자마자 레이저거리측정기 제품과 관련하여 삼성그룹 기술상을 받은 적이 있었다. 이러한 기술적인 지식들이 바탕에 깔려 있었기 때문인지 전자제품들에 대한 이해가 상대적으로 쉬웠고, 설명과 데모가 가능했던 것으로 생각된다.

하지만 일반적인 파트너들 입장에서는 '하이엔드급'의 최첨단 제품과 그 연관 시스템에 대한 이해가 쉽지 않았을 것이다. 파트너들은 데모하거나 설명하는 과정에 발생하는 사소한 기술적 문제에도 당황할 수밖에 없었을 것이고, 그것으로 거래선 미팅이 중단되는 것 같았다.

그렇다면 이제 어떻게 전략을 수정해야 하는가? 나는 UO 빔과 유사한 제품을 취급하는 전문기업을 찾아야 된다는 것을 깨달았다.

이제부터가 진짜 '짠내 나는' 사업이었다. 이들을 찾아 협력할 수 있는 체계를 구축하기까지 내가 버티면 살 것이요, 아니면 끝장인 것이다.

Part 2

미국 유통시장 체계, 무엇이 다르고 어떻게 공략할까

# 첫 번째 전략타깃:
오프라인 주류 도·소매기업을 잡아라

나의 상황은 이랬다. 한인파트너들의 재주문이 중단되었고, 잇단 사업 포기 선언으로 판매망은 완전히 붕괴되어버렸다. 더 이상 한인파트너들을 기대할 수 없으며, 새로운 판매망을 찾지 못하면 바로 파산할 것이다. 이제 어떻게 할 것인가.

**미국 주류기업
거래선 확보 전략 수립,
영업·마케팅 인력 충원**

먼저, 미국 주류시장을 직접 뚫기 위해 대대적으로 인력을 충원했다. 1명뿐이던 직원을 9월에 영업마케팅 인력으로 A이사와 Y부장 2명을, 10월 1일 홍보마케팅 지원을 위해 L과장을 추가 채용했다. 불과 2~3주 사이에 3명을 충원하고 본격적으로 주류시장 공략을 시작했다.

이것은 사실 죽느냐, 사느냐의 선택이었다. 한국중소기업 미주

유통센터KDC는 마지막 카드를 받은 것이다. 판매가 끊긴 상태에서 4명의 직원에게 매월 지급할 급여를 생각하면 끔찍한 일이었다.

직원들 급여는 기본+실적급여를 조건으로 약속했다. 인센티브는 거래선을 확보하면 해당 거래선 매출액의 2%를 보너스로 지급하기로 했다. 아주 큰 것은 아니지만, 거래선 확보로 받을 수 있는 보너스로는 적지 않은 포상금이었다.

일단, 미국 전역에 있는 전자제품 도매유통, 소매유통, 오프라인, 온라인기업을 정리하고, 타깃기업을 선정하였다. 캘리포니아 부근에 있는 기업과 동부에 있는 기업을 구분하였고, 공략대상 기업을 분류군 A, B, C급으로 선정했다. 또한, 전자제품 유통기업이 아니더라도 UO 빔과 관련성이 있거나 취급할 수 있는 레저, 아웃도어, RVRecreational Vehicle 등 산업군도 추가로 선정하였다.

UO 빔은 일단 시연이 필요한 제품이있디. 따라서 거래선들에게 직접 데모를 통해 보여줄 수 있어야 했다. 그렇다면 오프라인 소매매장을 운영하는 쇼핑몰인 버라이즌Verizon, 에이티앤티AT&T, 티-모바일T-mobile 등 모바일 회사와 작은 키오스크 매장을 운영하는 소매업자들이 타깃이 된다. 이들을 통해 데모를 하면서 분위기를 끌어올릴 수 있도록 유도하는 것이 관건이었다.

소형 유통기업은 대형 유통기업에 비해 의사결정이 빠르다. 나는 먼저 **중소형 유통기업**부터 집중 공략을 하기로 했다. 카메라 등 촬영장비를 판매하는 새미스 카메라Samys' Camera, 미국 서부 멕시칸들의 베스트바이BestBuy라고 불리는 쿠라샤오Curacao, 샌프란시스코에 본사를 두고 미국 전역에 30여 개의 전자제품매장을 운영하는 프라이스 일렉트로닉스Fry's Electronics, 260여 개의 매장을 운영하는 브룩스톤Brookstone 등 20~30개 소매유통기업을 1차 타깃으로 선정하고 공략에 들어갔다.

두 번째로는 전자제품 대형 도매유통 3대 기업인 위닛Wynit, 인그램 마이크로Ingram Micro, 디앤에이치D&H 등을 2차 타깃으로 선정했다.

이 밖에도 동부에 집중되어 있는 수십 개의 소매유통 기업들을 공략했다. 시차를 고려하여 전날 이메일을 보내고 다음 날 아침에 출근하는 즉시 전화를 했다. 하루에 평균 10~20개 기업을 대상으로 집중적으로 접촉했다. 물론 시차가 없는 서부지역 기업들은 틈틈이 시간을 나누어 공략했다.

새미스 카메라 회장을 화장실에서 만난 사연

드디어 첫 미팅이 잡혔다. 본격적인 주류기업 공략을 시작한 지 불과 1주일 정도 지났을 무렵이다. A이사가 9월 16일 10시, 새미스 카메라Samys' Camera의 바이어인 데이비드David 와 미팅이 잡혔다고 보고했다. 새미스 카메라는 캘리포니아에 6개 매장을 운영하고 있는 카메라, 영상촬영 관련 장비를 판매 및 대여하는 대표적인 카메라 전문기업이다. 이른바 서부의 새미스 카메라, 동부의 비앤에이치B&H라고 불리는 한 축이었다. 가슴이 뛰었다. 사업 시작 후 첫 번째 미국 주류기업과의 미팅이었다. A이사와 함께 본사를 찾아갔다. 데이비드는 한국인 어머니를 둔 백인이었고, 다소 호의적인 분위기였다.

**첫 주류기업 미팅 성공,
새미스 카메라
메인 매장 UO 빔 POP 설치,
디스플레이**

첫 미팅이라 긴장한 탓일까? 웬일인지 회의 도중에 화장실에 가고 싶었다. 나는 미안하다고 하고는 회의장을 빠져 나왔다. 마음은 급한데 처음 와본 건물이라 화장실이 빨리 눈에 띄지 않았다. 두리번거리고 있는데 한 노인이 나에게 어떻게 왔느냐고 물었다. 나는 레이저 빔 프로젝터라는 신기한 제품이 있는데, 이 제품을 새미스 카메라에 납품하기 위해 미팅하러 왔다고 했다.

그런데 그 노인은 그 제품이 어떤 것인지 물었다. 나는 나 자신도 모르게 UO 빔에 대해 열정적으로 설명했다. 그랬더니 한번 보여줄 수 있느냐고 했다. 나는 잠깐만 기다리시라고 하고 화장실 가는 것도 잊어버리고 회의장으로 뛰어갔다. 헐레벌떡 제품을 가지고 나와서 신나게 데모하면서 특성을 설명해 주었다.

노인은 "제품이 좋네."라고 하면서, 어디에서 회의를 하고 있느냐, 바이어가 누구냐고 물었다. 나는 노인을 모시고 미팅룸으로 갔다. 미팅룸에 들어서자 데이비드가 벌떡 일어섰다.

"이 제품 좋네."

"제가 이 제품을 구입하려고 회의를 하고 있습니다."

"그래, 잘해 봐."

노인이 나가자 데이비드는 저분이 누군지 아느냐고 물었다. 우리는 눈만 크게 뜨고 의아한 표정을 지었다. 그러자 저분이 바로 새미스 회장이라고 말했다. 순간 가슴이 멍해지고, 눈가에 이슬이 맺히는 것을 느꼈다. 어떻게 이런 엄청난 행운이!

데이비드는 흔쾌히 UO 빔에 오더를 내겠다고 했다. 벤더Vendor 등록을 하고 어떻게 고객들에게 마케팅할 것인지 협의하자고 했다. 이틀 후, 우리는 LA 페어팩스LA Fairfax와 3가에 있는 새미스 카메라의 대표매장에서 만나 전시와 판매에 대한 협의를 하기 시작했다.

새미스 카메라의 첫 오더 미국 주류기업들과 거래 물꼬를 트다

이 매장은 전체가 5층으로 되어 있는데, 1층이 메인 전시장이자 판매 매장이고, 2층, 3층은 캐논Canon, 니콘Nicon, 올림푸스Olympus 등 주요 카메라 메이커들과 액세서리 메이커들이 각각의 판매부스를 가지고 있었다. 4층은 영화촬영에 사용하는 대형카메라 및 액세서리를 판매하거나 대여해 주는 매장이었고, 5층은 데모 및 창고로 사용하는 곳인 듯했다.

새미스 카메라 매장 중앙에 설치한 다양한 POP

1층의 메인 매장에 들어서자마자 고프로Gopro 전시대POP 가 눈에 들어왔다. 사실, 나는 오래전부터 UO 빔을 고프로처럼 판매하고 싶었다. 지난 4월에 라스베이거스의 NAB 쇼에 갔을 때도 고프로를 벤치마킹하기 위해 둘러보았고, 협력 방안을 마련하기 위해 담당자를 만나기도 했었다. 나는 불가능할 것으로 생각하면서도 고프로를 옆으로 이동시키고 그 자리에 UO 빔을 전시하면 어떻겠느냐고 제안했다. 그런데 뜻밖의 답변이 나왔다. 그렇게 할 수도 있다고 했다. 와우!

나는 두말하지 않고 이틀 후까지 제작할 POP 도면을 제출하겠다고 했다. 사실 이때까지 첫 오더도 받지 못한 상태였지만, 너무나 흥분된 순간이었다. 망설일 필요가 없었다. 곧바로 홍보담당자인 L과장과 다시 방문해서 매장에 어울릴 수 있도록 POP 제작을 준비했다. 그런데 미국은 확실히 통이 컸다.

새미스 카메라는 LA에서 샌프란시스코까지 6개 판매 매장을 운영하고 있는데, 6개 매장 모두에 판매 및 데모용 POP를 설치해도 좋다고 했다. 나는 하겠다고 했다. 사실 회사의 재정 상태에서는 엄청난 부담이었지만, 기회를 놓칠 수는 없었다. 각 매장의 사진과 도면을 구하고 전체 매장을 일일이 직접 방문하여 최상의 배치와 디자인을 계획해 나갔다.

9월 29일, 드디어 새미스 카메라에서 UO 빔 12대 오더가 들어왔다. 사실, 상당히 큰 기대를 했는데, 12대는 솔직히 실망스러운 숫자였다. 하지만 분명히 재주문이 들어올 것이라 기대하면서 매장의 판매직원들에 대한 교육과 함께 POP 설치를 위한 준비를 했다. 처음 생각했던 것보다 훨씬 큰 투자를 해야 했지만, 기꺼이 투자하기로 결정했다.

히스패닉계 거대시장, 쿠라샤오와 손잡다

'초심자의 행운 Beginner's Luck'은 계속됐다. 새미스 카메라에 이어, 미국 히스패닉계의 베스트바이 BestBuy로 불리는 쿠라샤오 Curacao와 10월 5일 바이어 미팅을 했다. 우리가 새미스 카메라에서 판매하고 있다고 하자, 바로 연말에 판매할 수 있도록 하자며 벤더 등록을 결정했다.

쿠라샤오는 주로 히스패닉이 많이 거주하는 지역에 10개 매장을 운영하는 기업이었다. 매장에는 침대, 가구에서부터 가전제품까지 다양한 제품을 갖추고 경제력이 약한 히스패닉을 위한 할부제도도 운영하고 있어 상당한 매출액을 올리고 있었다. 이 쿠라샤오에도 10개의 전 매장에 POP를 설치해 주는 것으로 결정했다. 그렇지만 새미스 카메라보다 훨씬 낮은 가격에 추가적인 커미션을 요구하기도 했다. 아무튼 이러한 과정을 거쳐 쿠라샤오에서는 11월 3일 첫 오더 150대가 들어왔다.

이렇게 새미스 카메라 6개 매장과 쿠라샤오 10개 매장 모두에 POP를 설치해 주기로 약속하고, 연말 판매를 촉진하기 위해 곧바로 제작에 들어갔다. POP를 16개 만들면 6개를 만드는 것보다는 개당 단가는 많이 낮출 수 있었다. 하지만, 16개 POP의 제작 및 운송, 설치 등에는 2만 달러 가까운 비용이 들어갔다. POP는 11월 말 블랙프라이데이Black Friday, 추수감사절Thanksgiving Day, 12월 크리스마스 시즌을 위해 11월 중에 설치를 완료했다. 각 매장을 방문하여 판매직원들에 대한 교육도 실시했다. 또 가까운 매장은 우리 직원들이 매일 돌아가면서 야간에 데모를 하면서 매장 판매를 독려했다.

이들 두 회사에 납품하면서, 초기 예상은 한 매장에서 하루에 1대 정도는 판매가 이루어지지 않을까 하는 기대를 했다. 16개의 매장에 고객의 눈에 잘 띄도록 POP를 설치해 주면, 최소한 하루에 1대씩은 판매가 될 것이고, 그러면 하루에 16대, 한 달이면 500대 가까운 매출이 일어날 것으로 기대했다.

김칫국, 아니 '독장수 구구'였을까? 연말 시즌임에도 불구하고 초기 예상과는 달리 판매는 쉽지 않았다. 오프라인 판매는 POP 설치, 판매직원들 교육 및 인센티브 제공, 매장데모 지원 등은 기본적인 사항이라고 생각하고 열심히 지원했다.

그런데 정작 현장 점검 및 지원을 나가보면, 어떤 매장에는 POP 라이트가 꺼져 있었고, 수차례 판매직원 교육을 시켰어도 제품의 특성을 제대로 인식하지 못하고 있었다. 담당 직원이 교체되어 제품에 대해 전혀 모르는 경우도 종종 있었다. 현장을 돌면서 매장 안과 밖에서 데모지원을 하면 1~2대 판매가 일어나지만 그렇지 않으면 판매는 아주 저조했다. 가장 좋은 방법은 현장 데모팀 운영이었지만, 매일 쏟아지는 비용을 감당할 수는 없을 것 같았다. 현장 데모팀 운영은 깨끗이 포기!

미국 동부시장 뉴욕에서 겪은 이상한 '꺾기'

미국의 전자제품시장은 크게 동부와 서부로 나누어진다. 누가 뭐라고 해도 동부의 시장이 서부에 비해 훨씬 큰 것이 사실이다. 우리 회사는 서부에 있어서 동부시장을 공략하기는 쉽지 않았다. 이 위치적인 단점을 보완하기 위해 Y부장은 매일 아침에 출근하면 전자제품을 취급하는 동부의 10~20개 회사에 전화 통화를 하고 업무를 시작했다.

나는 Y부장에게 10월 중순에 동부 출장을 갈 준비를 하라고 했다. 일단 맨해튼에 있는 기념품 가게에서부터 전자제품 유통기업까지 닥치는 대로 가능한 한 많은 기업들과 미팅할 수 있도록 일정을 잡으라고 했다.

Y부장은 10월 12~15일, 3박 4일 동안 20개가 넘는 회사와 미팅 약속을 잡았다고 출장 계획을 보고했다. 하루에 10개 가까운 회사들과 미팅 계획을 잡은 것이다. 현실적으로 3박 4일이라고는 하지만 서부에서 동부까지 이동하려면 10시간 이상이 소요된다. 이동하면서 하루씩을 소모하면 사실상 거래선을 만날 수 있는 시간은 이틀 정도였다.

뉴욕 전자제품 기념품 매장에서 바이어 찾기 '선을 넘는 업체' 덕분에 시장조사 후 철수

첫날, LA에서 뉴욕으로 이동, 뉴욕 공항에서 렌터카를 빌려 뉴욕 맨해튼을 향했다. 맨해튼 거리는 정말 복잡하고 주차할 곳을 찾기가 어려웠다. 주차가 가능한 곳에서는 Y부장과 같이 방문하고 그렇지 않으면 나는 운전석에서 대기하고 Y부장만 방문했다. 이렇게 몇 시간에 걸쳐 10여 개의 기념품 매장에 들렀다.

그런데 한 매장에서 우리에게 이상한 제안을 했다. 현재 판매하고 있는 제품명과 포장을 바꾸고 그 제품명을 아마존에 올리는데 가격을 1천 달러로 해달라고 했다. 현재 419달러에 판매되고 있는 제품을 50% 할인한 500달러에 팔겠다는 것이다. 이러한 요구는 관광객이라는 일시적인 고객을 대상으로 판매할 때는 가능할지 몰랐다. 하지만, 나같이 지극히 정상적인 사람의 대답은 당연히 NO! 기념품 판매 매장은 이렇게 시장조사를 하는 정도로 끝났다.

　뉴욕의 첫날은 10개의 기념품 매장과 몇 개의 온라인기업을 방문하였으나, 큰 성과를 내지는 못했다. 전자제품 기념품 매장 사장의 이상한 요구에 상당히 실망했다. 제품명을 바꾸고 '눈 가리고 아웅' 식으로 가격을 갖고 장난 치는 것은 대상이 관광객이든 누구든 잘못된 상거래라고 생각했다. 나는 비록 판매에 어려움이 있더라도 그런 거래는 하지 않기로 결정했다.

역주행 실화? 비앤에이치 매장 직원에서 본사 매니저까지

**분명 미팅 약속을 했다는데
구매담당자는 모르쇠?**

　둘째 날은 정말 중요한 약속이 잡혀 있었다. 미국 동부 최고급 기업과 미팅을 하는 날이었다. Y부장은 비앤에이치B&H의 구매담당자와 11시에 미팅이 잡혀 있다고 했다. B&H는 컴퓨터, 카메라 및 전자제품을 오프라인과 자체 온라인 매장에서 판매하는 대단히 큰 회사였다. 맨해튼에 엄청난 규모의 소매 매장과 수십 층의 본사 빌딩을 갖고 있는 100% 유태인계 Jewish 회사였다.

우리는 다소 흥분된 마음으로 B&H 본사를 찾아갔다. 20~30분 정도 일찍 도착하여 주차를 하고 본사 담당자 면담을 요청했다. 그런데 이게 웬일인가? 그 담당자는 약속된 것이 없다고 했다. Y부장은 이메일 주고받은 것을 보여주면서, 약속이 되었는데 담당자가 착각을 하는 것 같다고 했다. 우리는 LA에서 이 미팅을 위해 왔다며 통사정을 했다. 하지만 결과는 같았다. 면담은 거절됐다.

암담한 심정이었다. 어제도 실적이 없었는데, 오늘은 아예 면담조차 못하면 어떡하나 하는 생각이 들었다. 나는 Y부장에게 B&H의 판매 매장에 가서 방법을 찾아보자고 했다. 어쨌든 판매 현장이라도 가보고 싶었다. 우리는 맨해튼 시내를 터덜터덜 걸어서 매장에 도착했다.

매장은 LA의 새미스 카메라와는 비교가 안 될 정도로 규모가 컸다. 정문에서 보안담당자가 가방은 맡기고 손에 들 수 있는 정도만 갖고 들어가라고 했다. 매장에는 모든 종업원들이 유태인을 상징하는 키파 Kiffa 모자를 쓰고 있었다. 나는 늘 갖고 다니는 작은 샘플 가방만 들고 들어갔다. 일단, 빔 프로젝터를 판매하는 매장으로 찾아갔다.

**B&H 매장에서 데모 시작
판매원 감동, 현장 매니저도 감동,
본사 구매 책임자까지 고고싱!**

새미스 카메라에서는 UO 빔이 프로젝터로서는 첫 제

품이었는데, B&H에는 아주 다양한 빔 프로젝터를 판매하고 있었다. 중대형에서 소형까지 수십 가지의 빔 프로젝터가 있었다. 나는 내 손가방에서 UO 빔 샘플을 꺼내 전원을 켰다.

종업원은 약간 불편한 듯이 뭐 하느냐고 물었다. 나는 정말 특이한 빔 프로젝터를 소개하고자 한다고 했다. 그러고는 UO 빔 화면을 천장과 바닥, 종업원의 옷 위에 던졌다. 내가 데모하는 모습을 보고 있던 빔 프로젝터 코너에 있던 종업원이 제품의 특성을 묻기 시작했다. 나는 콕콕 찍어 특성을 설명하면서 이런 빔 프로젝터를 본 적이 있느냐고 물으면서 '폼'을 잡았다.

이 종업원은 나에게 잠깐만 기다려 달라고 하면서, 즉시 빔 프로젝터를 관리하는 매니저를 데리고 왔다. 나는 진지하게 성능을 보여주면서 특성을 알려주었다. 매니저는 한쪽 벽면을 옆으로 쭉 당겼는데, 그 벽면에서 대형 스크린이 나왔다. 매니저는 UO 빔을 들고 스크린에 비추기도 하고 다양한 방법으로 성능 테스트를 했다. 스트리밍하는 방식 등 여러 질문을 하더니 내 답변을 듣고는 본사 구매담당 매니저를 만나 보았느냐고 물었다.

우리는 오늘 구매담당자와 약속을 했지만, 커뮤니케이션에 오류가 발생해서 만나지 못했던 사실을 설명해 주었다. 그는 즉시 구매담당 매니저에게 전화를 했다. 우리가 가지고 간 UO 빔의 성능이 좋다고 하면서 만나 보라고 했다. 우리는 즉시 다시 본사로 찾아가 구매담당 매니저를 만날 수 있었다. 이로써 B&H와 벤더 계약을 체결할 수 있는 실마리가 풀렸다.

참 신기한 경험이었다. 사실, 나의 영어 실력은 남을 설득하거나 이해시키기에 충분할 정도는 아니었다. 그렇지만 절박한 상황에서는 아무것도 보이지 않았다. 오직 진심과 진지함으로 정성을 다해 설명하고 소통하려고 했을 뿐이다. 현장의 매니저에게 이러한 나의 진심이 통했던 것 같다. Y부장은 나보다 훨씬 영어 실력이 뛰어났지만, 나만큼 절박했는지는 모르겠다. 아무튼 현장에서 이 과정을 통해 또 하나의 가능성을 발견하면서 큰 에너지를 얻는 계기가 되었다.

B&H에 벤더 등록을 한 이후 2021년 UO 빔 프로젝터 생산이 중단되고, 재고 판매가 종료될 때까지 거래는 계속되었다. 거래를 시작하기는 어려움이 많았으나, 거래를 시작한 이후에는 정말 신사적이고 상도의를 잘 지켰고, 판매량도 좋은 편에 납품대금도 정확하게 지켰다. 우리 한국의 중소기업들에 거래를 추천하고 싶은 훌륭한 기업이다.

위닛, 미국 3대 전자제품 도매유통기업과의 만남

가슴이 웅장해지는 순간, 위닛과 벤더 계약 체결되나?

동부 출장 셋째 날이 되었다. 어제의 좋은 결과에 기분이 좋았다.

오늘도 결전의 날이다.

  당시 위닛Wynit 본사는 미국과 캐나다 국경 부근에 위치한 시라큐스라는 도시에 있었다. 뉴욕에서 5~6시간을 운전해 가야 할 거리였다. 우리는 4시 약속을 맞추기 위해, 아침에 맨해튼에 있는 온라인판매 2개 회사를 방문한 이후, 곧바로 위닛을 향해 달려갔다. 하지만 도착 즉시 담당자와 연락을 했지만 우리와의 약속을 전혀 알지 못한다고 했다. B&H에서와 똑같은 상황이 벌어졌다.

  다행히 LA에서 뉴욕을 거쳐 이곳까지 왔으니 만나달라고 사정을 설명하자, 담당자 제프 노먼Geoff Norman은 기꺼이 시간을 내주었다. 처음 만난 제프에게 제품 데모와 제품 특성을 설명해 주자, 미국의 독점판매권자인지, 한국에서 제품을 어떻게 가지고 오는지, 판매가격은 어떻게 지키는지 등 여러 가지를 질문했다. 나는 당사가 한국 SKT의 북미독점권을 가진 회사로 항공편으로 선적하고, 오더를 내면 2~3일이면 미국으로 운송되어 1주일 이내에 위닛 창고에 도착할 수 있다고 했다. 또한, 온라인 판매가격을 설명하고 가격을 통제하고 있음을 알려주었다. 이에 제프는 책임보험Liability Insurance, 자금 조달, 대금 지불 등 몇 가지를 더 확인했다. 그리고 연말에 판매를 하려면 시간이 충분하지 않으므로 우리가 LA에 돌아가는 즉시 벤더 등록을 하고 오더를 받을 수 있는 준비를 하라고 했다.

  그날 밤, 우리는 캔맥주를 마시면서 성과를 자축했다. 그날까지의 출장에서 쌓인 피로가 싹, 가시는 듯했다. 3박 4일간의 동부 출장은 정말 성공적이었다.

그렇다면 위닛과의 거래가 얼마나 대단한 의미가 있는 것인지 살펴보자. 위닛은 전자제품 도매유통기업으로 디앤에이치D&H, 인그램 마이크로Ingram Micro와 함께 미국의 전자제품유통 3대 기업 중의 하나다. 통상적으로 이 대형 도매유통기업은 제조회사에서 직접 구입하여 베스트바이BestBuy, 애플Apple, 스테이플스Staples, 브룩스톤Brookstone 등과 같은 대형 및 중소형 소매유통기업으로 제품을 공급하는 것이 미국의 일반적인 유통공급 체계였다. 대체로 이러한 대형 도매유통기업과 거래를 하려면 이 도매유통기업들과 오랫동안 거래하고 있는 벤더를 통해야 하는 것이 기본이다. 우리가 직접 벤더가 됐다는 것은 엄청난 행운인 것이었다.

이 도매유통기업과 벤더계약을 체결하게 되면, 도매유통기업에서는 벤더에게 베스트바이, 애플, 스테이플스, 브룩스톤 등 수십 개의 소매유통기업들이 나열되어 있는 체크리스트를 제시한다. 그리고, 소매유통기업 체크리스트에 체크만 하면 그 체크한 기업들은 대형 유통기업에 맡기고 직접 컨택하지 않겠다는 것을 약속하게 된다. 따라서 도매유통기업과 벤더계약을 체결하고 납품하게 되면, 정말 연락하기조차도 힘든 대형 소매유통기업들에 직접 거래선을 뚫을 필요 없이 저절로 납품하게 되는 것이었다.

상상해 보라. 위닛, D&H, 인그램 마이크로와 같은 대형 도매유통기업이 베스트바이, 애플, 스테이플스, 브룩스톤 등과 같은 수십 개의 대형 소매유통기업과 중소형 소매유통기업에 공급하기 위해 얼마나 큰 물량을 한꺼번에 오더하겠는가. UO 빔과 같은 고가제품의 경우에는 한 번 오더량이 최소한 몇백만 달러를 충분히 넘을 것으로 예상되었다. 이 계약만 잘 진행되면 판매량에는 신경 쓰지 않아도 되는 정말 중요한 거래선이었다. '가슴이 웅장해진다'는 말은 이럴 때 쓰는 것이다.

매출채권, 자금수급, 재정상태 확인, 대금 지불 문제 대비 보험계약까지

사실 위닛과 벤더계약을 체결하고 대량 오더가 들어오면 내가 가진 자금으로는 감당할 수 없을 것 같았다. 그래서 자금수급을 위해 팩토링Factoring 회사와 협의를 하는 한편, 팩토링 회사에서 요구하는 안전장치를 위하여 오

팩토링 금융 이용의 관계

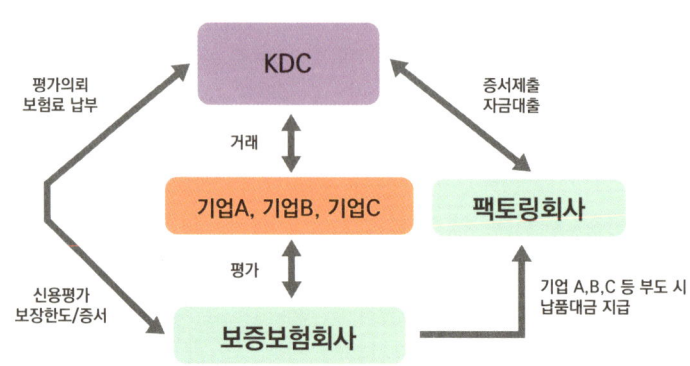

일러 헤르메스Euler Hermes사와 보험계약을 체결했다.

  이 보험회사는 미국에 있는 웬만한 회사에 대해 거의 모든 정보와 평가자료를 가지고 있기 때문에 회사별로 보장금액을 산정해 준다. 이 보험회사와 보험계약을 책정하면, 그 산정된 금액까지는 등록한 회사에서 부도가 났을 경우 보험금액으로 보상해 준다. 따라서, 이 보험증서를 팩토링회사에 제공하면 이율은 높지만, 자금 조달이 가능해진다.

  앞의 도표처럼 자금 조달 방안과 안전장치를 확보하기 위해 보험회사와 계약 체결을 위한 검토에 들어갔다. 오일러 헤르메스사와 보험계약을 체결하면 거래하려는 회사의 신용조사를 별도로 할 필요가 없어진다. 보험회사가 보장해 줄 수 있다는 금액이 그 회사의 신용상태가 되기 때문이다. 당연히 보험금이 상당히 높다. 우리는 몇 개의 회사이든 700만 달러 정도를 보장받는 보험금으로 한 달에 3,500달러 정도의 보험료를 지불하는 계약을 진행했다. 그리고 곧바로 위닛에 벤더 등록을 위한 서류를 제출했다.

  한국에서 미국으로 진입하고 한국 본사와는 별도로 미국법인으로 독자적으로 운영할 경우, 현지 자금조달과 거래해야 하는 회사의 신용상태를 파악하는 것은 대단히 어렵다. 경우에 따라서는 거래회사의 파산Bankrupt으로 비즈니스 거래는 성공을 했어도, 사업은 실패할 수 있다. 따라서 대형거래를 성사시키기 직전에 신용조사를 겸하는 보험에 가입하여 활용하는 것이 좋다. 그러면 거래할 회사의 신용평가와 보험증서를 통한 팩토링융자 등 도움을 받을 수 있다. 구체적인 보험료는 보험대상 기업과 거래예상금액 등에 따라 달라질 수 있으므로 해당 보험사와 협의하면 해답을 구할 수 있을 것이다.

위닛의 냉담한 반응 "아마존에 들어가 보라"

10월 15일까지 출장을 마치고, 다음 날 출근하여 곧바로 위닛 벤더 등록서류를 모두 제출했다. 팩토링회사와 협의하고, 보험사와의 협의를 통해 위닛의 신용평가와 보험상환액을 문의했다. 보험상환액은 위닛에 문제가 발생했을 경우, 보험금으로 돌려받을 수 있는 금액을 뜻한다.

아무튼, 이렇게 어마어마한 '대어'를 낚고는 자금 조달과 안전장치를 마련하면서 위닛의 오더를 기다리고 있었다. 그런데 하루, 이틀이 지나고, Y부장이 전화와 이메일을 수차례 보냈지만 연결조차 되지 않았다. 그러다 4일이 지나는 목요일 오후에 청천벽력 같은 소식이 이메일로 날아왔다.

"귀사는 미팅 시에 북미독점권자이고 아마존Amazon 등 전국적인National Wide 온라인 마켓에서 가격통제를 잘하고 있다고 했다. 아마존에서 귀사의 제품가격은 429달러인데, 경쟁사는 419달러로 판매하고 있다. 419달러로 판매하는 기업은 한국에 있는 기업에서 직접 판매하는 것 같다. 이러한 사유로 귀사와 거래를 진행할 수 없다."

위닛의 논리는 간단했다. 당사KDC가 독점판매권자이고, 제조사는 한국에 있는데, 제조사와 당사 간에 협력체계와 신뢰구도가 잘 구축된 것 같지 않다. 만약에 제대로 되어 있다면, 한국에서 역직구가 일어나지 않도록 조치했을 것이다. 혹시 실수해서 역직구가 발생했다고 하면, 하루이틀 이내에 조치가 되어야 했다. 당사가 위닛과 거래를 하고 위닛이 수많은 대형, 중형, 소매유통기업에 공급해서 판매하는 과정에 이런 문제가 발생하면, 위닛도매유통기업과 소매유통기업 간에 신뢰가 무너지게 된다는 것이다.

이런 이유 때문에 이후에도 위닛, D&H, 인그램 마이크로의 담당자들과 여러 차례 협상을 했지만 거래는 원만하게 진행되지 않았다. 이 과정을 거치면서, 대형 도매유통기업과 거래를 하기 위해서는 사전에 철저히 준비해야 된다는 것을 정말 뼈아프게 경험했다.

대형 도매유통기업과 거래를 원할 경우의 준비사항

1) 유통채널별 가격구조 설정
2) 아마존과 같은 대형 온라인에서의 가격 관리
3) 대규모 자금 조달방안(팩토링금융을 활용한 초기자금)
4) 보험회사 등을 통한 거래회사 신용평가 및 자금 조달을 위한 보험가입
5) 대형 도매유통기업과 문제 발생 시 대응방안
6) C/S, A/S체계구축 및 리턴 물량 처리방안(리퍼 제품 판매망 등) 등

하지만 사전에 철저히 준비하고 대응한다면, 한꺼번에 미국의 대형, 중소형 소매유통 채널을 확보할 수도 있다. 반대로 그만큼의 위험도 있기 때문에 대상기업 목록Check List에 소매유통기업을 선택할 때 전략을 잘 세우면 대량 판매와 동시에 리스크를 분산시켜 관리할 수도 있을 것이다.

아마존 역직구 셀러는 어떻게 통제할까

이 사건을 계기로 나는 아마존Amazon의 존재에 대해 처음으로 깊이 인식하게 되었다. 물론 사업을 시작하고 곧 아마존에 UO 빔을 올리기는 했다. 하지만 아마존에서 얼마를 판매하겠다는 목표도 없었고, 오프라인시장에 어떤 영향을 미칠 수 있다는 것을 심각하게 인식하지 못하고 있었다.

  LA 한인파트너가 자신들이 아마존을 하게 해달라고 했을 때, 아마존은 본사가 운영해야 하므로 직접 운영하겠다는 의지를 표명하는 정도였다. 그런데 위닛으로부터 아마존의 역직구 판매자의 가격 때문에 거래를 할 수 없다는 이메일을 받으면서, 비로소 아마존의 위력을 실감하게 되었다.

  나는 한국 SKT에 급히 연락하여 위닛과 협상 및 진행 상황을 알려주었고, 한국에서 누가 아마존에 상품을 올렸는지, 제품은 어디서 흘러 나갔는지 확인을 요청했다. 그리고 아마존에 올려놓은 역직구 셀러의 제품 1대를 주문했다. UO 빔은 제조번호를 관리하므로 구입한 제품의 번호를 확인하면 어디에 공급한 제품인지 어느 회사가 유통하였는지 유통경로 확인이 가능했다.

한국 역직구 판매자가 날려버린 위닛의 수백, 수천만 달러짜리 주문

내가 한국의 역직구 판매자로부터 구입한 제품이 1주일쯤 지나 배송되어 왔다. UO 빔의 제조번호를 확인하고 SKT를 통해 유통경로를 확인해 보았다. SKT에서 국내용으로 H마트에 공급한 것을 한국의 역직구 판매자가 10대를 한꺼번에 구입해 아마존에 올린 것이었다.

이 역직구 판매자는 한국에서 42만 원에 판매하는 제품을 한꺼번에 10대를 구입하면서 10% 정도 할인을 받았고, 이 제품을 수출하는 것으로 신고하여 부가세를 환급받는 형식으로 수익을 올리려고 계산한 것 같았다. 이 경우 아마존 수수료, 운송비를 제외하고 1대를 팔면 환율에 따라 다르지만, 5만 원 정도는 남길 수 있다는 계산이었던 것으로 보였다.

내가 받은 제품의 박스는 한국에서 유통하는 제품으로, 전원은 220V로 110V용 어댑터를 사용해야 하는 것이었다. 나는 이런 사실을 확인하고 아마존에서 반품 처리했다.

나는 SKT에 한국 내 유통기업이 해외로 흘러 나가지 않도록 한국 내 유통채널에서 철저히 관리해 줄 것을 요청하는 협조 공문을 보내도록 부탁했다. 사실, SKT 입장에서는 한국 내 유통채널도 해외와 같이 동일하게 중요하였으므로 정확하게 어떻게 처리했는지 알 수는 없는 상황이었다.

가장 근본적인 조치는 한국에서 판매하는 제품은 포장박스에 한글 브로슈어만 공급하고, 포장박스도 한글로만 표기하는 것이었다. 하지만 SKT는 이런 변경 요청에 대해 이미 많은 양의 박스를 만들어놓은 상황이라서 수용하기 어렵다는 답변을 보내왔다. 참으로 답답하고 안타까운 처사였다.

한국에서 미국 아마존에 소규모 판매하는 역직구 Seller 퇴치 방법

1) 아마존에서 역직구 판매자의 제품을 최대한 많이 구입한다.
2) 제품을 받는 즉시 Unboxing 한 다음, 이런 저런 핑계를 붙여 반품한다.
3) 역직구 판매자는 신제품을 중고제품으로 판매해야 하므로 최소 10~20% 손실을 입는다. 또한, 아마존에 왕복 운송비를 지불해야 한다.
4) 좋지 않은 판매자라는 리뷰를 남겨, 판매자 평가를 떨어지게 한다.
   이렇게 몇 번만 반복하면, 소규모 역직구 판매자는 대부분 판매를 포기한다.

한국의 소규모 역직구 판매자들이 제품을 올리면, 나는 미국 변호사를 통해 KDC가 미국유통의 독점권을 가진 판매자이니 올리지

말라고 설득했다. 몇 차례 설득해도 협조하지 않는 경우에는 앞에서 언급한 방법으로 스스로 포기하도록 만들었다.

SKT에서는 한국 내 유통하는 제품의 포장박스와 매뉴얼을 한글로 표기해 주지 않았다. 이로 인해, 한국에서는 끊임없이 올리고 나는 끊임없이 이를 제거하는 소모전이 벌어졌다. 어떤 바이어는 한국에서 구입하고 미국에서 품질보증Warranty A/S를 요구하는 경우도 발생했다. 이를 방지하기 위해 스티커를 제작하여 박스에 부착하고 홍보하기도 했다.

포장박스나 매뉴얼을 영어와 한글로 만들어 공용으로 사용하는 것이 당장에 비용 절감은 될 수 있다. 그러나 장기적으로 시장 확대의 측면에서 보면 스스로 시장을 제한하는 일이 된다. 제 살 깎아 먹기이고, 자승자박이다. 우리 중소기업들은 판매망의 한국채널과 해외채널을 철저히 관리해서 국내와 해외에서 큰 유통채널을 확보할 수 있기를 바란다.

아마존 가격은 미국 전체 시장의 바로미터 아마존 가격 관리 못하면 미국시장은 폭망!

악재는 또 있었다. 위닛에 이어 뉴욕에서 만난 다른 온라인 유통기업에서도 연락이 왔다. 아마존 리스트Amazon List에 KDC 이외의 회사가 리스팅을 했는데, KDC의 가격보다 낮은 가격이기 때문에 내가 제안한 가격으로 판매가 쉽지 않다는 것이었다. 이때 나는 아마존의 위력을 다시 한번 실감했다. 결국 아마존에서 가격을 관리하지 않으면 오프라인이든 온라인이든 거래선 개척을 위한 노력은 아무 효과가 없는 것이었다.

하지만 나도 우리 직원도 아마존을 제대로 관리하는 방법을 알지 못했다. 당시 직원은 4명이었는데, 최초에 입사한 L차장은 어찌어찌 아마존에 UO 빔을 올리기는 했지만, 시스템은 잘 모른다고 했다. A이사와 Y부장은 아예 아마존과 온라인 판매에 대해서는 아는 바가 없었다. 마케팅 지원 담당인 L과장은 자바시장에서 홍보자료를 만들어 주는 일을 주로 했으므로 다행히 포토샵이나 디자인은 잘하는 편이었다. 하지만, 아마존에 리스팅하는 일은 해 본 적이 없다고 했다.

그야말로 긴급 비상대책회의를 열었다. 위닛뿐만 아니라, 거래를 위해 미팅했던 다른 온라인 회사들도 아마존에 대해 위닛과 같은 반응을 보인 것을 설명했다. 온라인시장이든 오프라인시장이든 거래처를 확장하려면, 아마존과 이베이 등 미국의 내셔널 와이드 National Wide 온라인시장 가격 관리가 필수요건임을 모두 공감했다. 우리는 아마존과 이베이 등에서 가격 관리와 독점권자로서 다른 판매자Seller들이 판매하는 것을 통제하거나 관리하는 방법 등을 배우기 위해 먼저 아마존을 공부하자고 결정했다.

아마존을 알아야 살아 남는다
강좌 등록, 직원 수강료 지원

나는 야간 아마존 강의를 신청했다. 아마존에 등록은 어떻게 하고, 어떻게 관리하고, 어떻게 마케팅하는지 아마존 숍 운영 방법을 하나하나 배워갔다. 저녁 7시부터 9시 반까지 하는 강의를 주 1회, 2개월간 강의를 두 번이나 반복해서 들었다. 직원들도 강의를 신청하면 강의료를 지원해 주었다.

초기에는 조금 더뎠지만 실제로 아마존을 사용하면서 배우는 속도는 아주 빨랐다. 아마존 판매방식에는 아마존 셀러Amazon Seller, 아마존 프라임Amazon Prime, 아마존 벤더Amazon Vendor 세 가지가 있다. 가장 낮은 단계인 아마존 셀러는 자신의 판매 제품을 리스팅하고 오더가 들어오면 직접 박스 포장하고 레이블을 만들어 직접 배송하는 방식이다.

아마존 프라임은 미리 제품을 대량으로 아마존 창고에 보내고 고객으로부터 주문을 받으면 아마존에서 자신들이 가지고 있던 제품을 배송하는 방식이다. 이 방식은 고객의 오더에 아마존이 직접 대응하고 발송하므로 셀러 입장에서는 일일이 대응하지 않아도 된다. 단점은 고객이 셀러에게 반품 여부를 문의하지 않아도 되므로 반품율이 높다.

아마존 벤더는 가장 높은 단계의 판매방식으로 셀러가 아마존과 가격 협상을 하고 계약을 체결하면, 아마존이 구입하여 아마존의 이름Sold by Amazon으로 판매하는 방식이다. 반품은 아마존이 책임지고 중고제품Used이나 리퍼 제품Refurbish으로 판매하는 등 아마존이 알아서 할인판매도 한다.

하지만, 아마존 벤더의 경우에도 아마존이 예상했던 것보다 반품율이 높으면 거래를 중단당할 수 있다. 따라서 반품율이 높은 경우에는 아마존과 별도로 협상하여 반품된 제품을 받아들여야 거래를 계속할 수 있다. 또한, 판매량이 부족하면 재주문을 내지 않으므로 아마존이 자체적으로 시행하는 마케팅 이외에 별도로 마케팅을 해야 한다.

결정적으로 아마존 벤더는 대금 지급 방법에서 큰 차이가 있다. 아마존 셀러와 아마존 프라임은 2주마다 판매대금이 결제되므로 자금순환이 원활하다. 반면에 아마존 벤더는 60일 결제Net60이므로 자금순환에 부담이 된다. 무엇보다 제품이 우수하지 않으면 선정되지 않기 때문에 아무나 아마존 벤더가 될 수도 없다. 나는 직원들에게 아마존에서 가장 높은 단계인 아마존 벤더 등록을 위해 협상하도록 했고, 다행히 협상이 잘 진행되었다.

*아마존 비즈니스에 대한 세부적인 사항은 아주 다양하고, 또 중요한 사항들이 많으므로 Part 3에서 좀더 상세하게 다룰 것이다.

아마존 판매는 빙산의 일각, 그 밑에는 오프라인 대형 소매유통기업이

여기서 잠깐 독자들에게 질문을 하나 해 보겠다. 애플, 베스트바이, 월마트, 스테이플스, 프라이스 일렉트로닉스 같은 유명 기업들은 소매유통기업일까, 도매유통기업일까?

미국 진출을 희망하는 한국 기업들이 미국의 유통시장에 대해서 반드시 이해했으면 하는 것이 하나 있다. 대부분 위에 예로 든 기업들이 워낙 규모가 크니까 도매유통기업으로 착각하는 경우가 많다. 하지만, 직접 소매 매장을 운영하는 이런 기업들은 모두 소매유통기업들이다.

앞에서 언급했던 위닛, D&H, 인그램 마이크로와 같은 대규모 전자제품 도매유통기업들은 직접 소매 매장을 운영하지 않는다. 하지만 베스트바이, 월마트, 스테이플스, 프라이스 일렉트로닉스 등과 같은 기업은 매장 수도 많고 규모도 크지만 소매유통기업이다.

따라서 이들 대형 소매유통기업들은 자신들이 판매할 제품을 소싱함에 있어, 두 가지 경우 중 하나를 선택한다. 하나는 도매유통기업으로부터 소싱하는 것이고, 다른 하나는 소매유통기업이 직접 소싱하는 방식이다. 이것은 코스트코Costco, 홈디포Home Depot, CVS 등도 거의 유사하다.

하지만, 대형 도매유통기업이든 대형 소매유통기업이든 직접 벤더로 등록하고 거래하는 것은 쉽지 않아서 한국의 많은 기업들은 중간 벤더를 통하는 경우가 많다. 당연히 중간 벤더에게 일정한 마진을 주어야 하므로 장기적인 관점에서 직접 벤더로 등록할 수 있도록 노력하는 것이 바람직하다.

대형 유통기업 직접구매 담당자 'Right Person'을 찾으면 절반은 성사된 것

나는 위닛으로부터 오더가 나오지 않게 되자 방향을 바꿔 벤더 등록할 때 받았던 대형 전자 소매유통기업들과 접촉을 시작했다. 브룩스톤, 인모션Inmotion, 애플Apple, 베스트바이, 타깃Target, 월마트Walmart, 블루스템Bluestem, 브랜드마트Brandsmart, 프레드 메이어Fred Meyer, 에이치에이치 그렉H.H. Gregg, 마이어Meijer, 마이크로센터Microcenter, 시어스Sears, 코스트코Costco, 비제이지스Bjg's, 샘스Sam's 등 100여 개의 대형 소매유통기업에 직접 연락하도록 직원들을 독려했다.

비록 규모가 아주 큰 회사라도 절대 움츠러들 필요는 없다. 모든 구매담당자Right Person는 좋은 제품을 저렴한 가격에 구매하여 유통하는 일이 본인의 역할이다. 때문에 구매담당자를 찾으면 절반은 성사가 된 것이나 다름없다. 내가 유통하고자 하는 제품이 다른 경쟁 제품에 비해 성능에서나 가격적인 측면에서 우수한 점이 있으면, 이를 간단 명료한 자료로 만들고 제품 구매담당자에게 어필하면 성사가 될 가능성이 있다는 뜻이다.

우리는 각 기업들의 구매담당자를 찾기 위해 링크드인Linkedin과 디앤비 후버스D&B Hoovers, 프리도니아Freedonia, 아이비아이에스 월드IBIS world, 판지바Panjiva, 스타티스타Statista, 줌 인포Zoom info 등 기업 및 기업인 연락처 조사 전문사이트 등 다양한 채널을 통해 전자제품 유통기업의 제품구매담당자를 조사했다. 각 회사 담당자의 이메일, 전화 등을 통해 연락한 결과, 몇몇 기업들과 연락이 닿기 시작했다. 이러한 기업인 연락처 조사 전문사이트는 상당히 연회비가 비싸다. 중소기업들 입장에서는 이들과 연간 계약이 되어 있는 코트라, 지자체 등 공조직을 통해 정보를 활용하면 비용을 절감할 수 있다.

두 번째 전략타깃: 오프라인 대형 소매기업을 잡아라

프라이스 일렉트로닉스로 보는 미국 대형 소매유통시장

2015년 10월 말, Y부장은 프라이스 일렉트로닉스Fry's Electronics 이하 '프라이스'의 컴퓨터 판매 및 운영관리자 Computer Merchandising & Operation Supervisor였던 롬 존슨Rom Johnson과 연결되자마자 곧바로 제품설명 PT 자료를 이메일로 보냈고 긴밀하게 접촉하기 시작했다. 그 결과 11월 3일, A이사와 함께 프라이스의 본사가 있는 새너제이에서 미팅을 갖기로 했다. 우리는 제안할 가격을 산정하기 위한 전략회의를 가졌다. 이전에도 새미스 카메라, 쿠라샤오 등과 협상해 보았지만 프라이스는 회사의 규모가 이들 회사보다 훨씬 큰 만큼 좀 더 신중하게 계획을 수립했다.

미국 대형 소매유통기업과 거래할 때 반드시 필요한 것

유통기업과의 협상에서 가장 중요한 것은 가격이다. 판매가격과 납품가격을 결정하는 것이 가장 중요하다. 그런데 오프라인 유통매장의 판매가격은 아마존과 같은 내셔널 와이드National Wide 온라인 판매가격보다 단 1달러라도 싼 가격에 팔 수 있도록 가격구조를 맞춰주어야 한다.

하지만 오프라인 대형 소매유통기업에서는 마케팅 비용 등 다양한 부대비용 부담을 요구할 수 있다. 반드시 단가 제안 이전에 사전 정보를 충분히 입수하고 이를 잘 고려해서 제안할 필요가 있다. 너무 저가에 제안하면 판매회사의 이익에 결정적인 영향을 미친다. 따라서 적정한 가격을 책정하는 다양한 조건의 시뮬레이션을 하는 것이 무엇보다 중요하다.

오프라인 대형 소매유통기업인 프라이스와 협상 전후에 당사가 갖게 된 노하우를 정리해 보면 아래와 같다.

단가 산정 시 고려해야 하는 비용

1) 3~5% 정도 요구하는 커미션
2) 매장 세일즈 직원들을 위한 판매촉진 비용 2~3%
3) 3~4% 정도의 마케팅 비용 별도 지급
4) 매장까지 직접 배송 시의 운송비용
5) 납품대금 지급 기간(Net30, Net60, Net90)에 대비한 금융비용
6) 고객 반품, 반품에 대한 운송비용과 C/S 및 A/S 비용

이에 대한 비용이 왜 필요한지, 어떻게 대책을 세워야 하는지 각각 분석해 보자.

1) 3~5% 커미션 | 쿠라샤오Curacao와 같은 회사는 요구하였으나, 일종의 언더 테이블 머니Under table money, 뒷돈가 되지 않을까 걱정하던 차에 거래를 지속하는 데 문제가 생겼다. 하지만 프라이스에서는 요구하지 않았고, 오히려 그럴 경우 회사 차원에서 거래를 중단하게 된다고 했다. 따라서 회사마다 차이가 있으니 아주 정교하게 타진해야 한다. 커미션을 요구하는 경우에는 거래의 연속성을 위해 빠른 결정과 방안을 마련해야 하는 것이 매우 중요한 요소가 될 수 있다.

2) 세일즈 직원의 판매촉진 비용 | 거의 모든 회사가 공식적으로 이를 활용하고 있고, 프라이스의 경우에도 SPIFSales Person Incentive Fee라는 명분으로 제공하는 것을 허용했다. 다양한 회사의 제품을 판매하는 대형유통매장에서는 SPIF를 몇 퍼센트 지급하느냐에 따라 판매량이 결정된다. 고객에게 어떤 제품을 소개할지는 순전히 판매 직원의 마음이다. 그들의 마음을 움직이는 것이 돈이니만큼 아주 중요하게 고려해야 한다.

3) 마케팅 비용 | 프랜차이즈 회사에서 공동마케팅 비용을 프랜차이즈 점주에게 부과하는 것과 비슷하다. 대형 소매유통기업이 온라

인이나 오프라인에서 마케팅하는 비용이다. 퍼센티지는 조금씩 다르나, 대부분 납품회사에 공식적으로 요구하는 경우가 많다. 반드시 사전에 **공급가**에 반영해야 한다.

4) 운송비용 | 생각보다 부담이 많이 되는 부분이다. 프라이스의 경우, 미국 전역에 34개의 오프라인 매장과 1개의 온라인 매장을 운영하는데, 통합적으로 재고를 관리하는 창고Warehouse를 운영하지 않는다는 개념으로 재고를 관리한다. 따라서 프라이스 본사에서는 각 매장의 제품별 판매량과 재고 현황을 온라인을 통해 접수하고, 이를 공급사로 주문하면 공급사에서는 34개의 매장으로 각각 1개, 2개, 3개 식으로 요구 수량을 발송해야 한다. 제품단가가 낮은 경우에는 제품 운송비용이 엄청날 수 있다. 배보다 배꼽이 더 클 수 있으니 아주 주의해야 한다.

또한, 소매유통기업의 온라인 매장에서 받은 고객의 오더를 제품 공급사가 고객에게 직접 배송하게 하는 경우도 있다. 이 개념이 드롭십Dropship이다. 하지만 미국 내에 창고가 없는 해외기업은 현실적으로 이러한 요구를 수행할 수 없다. 따라서 소매유통기업에서는 반드시 제품 공급사가 미국 내에 창고를 운영하는지 확인하고 계약을 추진하게 된다. 이런 조건이 안 되면 계약은 성사되지 않는 것이 일반적이다.

5) 납품대금 지급 ｜ B2B 거래에서 언제 납품대금을 받느냐 하는 것은 가장 중요한 부분이다. 미국에서는 대체적으로 1~3개월 외상 거래를 한다고 보면 된다. 프라이스는 2개월 Net60을 요구했다. 이는 그 회사의 방침이라 변경이 어렵다.

그렇다면 여기서 반드시 챙겨야 하는 것은 거래회사에 대한 평가다. 프라이스의 경우에는 정해진 2개월 내에 납품대금을 주지 않는 것으로 유명한 회사였다. 이 회사와 거래했던 많은 회사들이 제품을 공급하고 3~4개월이 지나도 납품대금을 받지 못했다고 했다. 심지어 6개월, 1년이 지나 겨우 대금을 받았다는 회사도 있었다. 이러한 소문을 듣고, 오일러 헤르메스 보험회사에 신용조사를 의뢰했더니 프라이스는 신용보증을 할 수 없다고 했다.

하지만, 나의 입장에서는 거래를 놓칠 수 없었다. 프라이스는 매장 하나하나의 규모가 베스트바이보다 컸다. 다양한 전자제품 및 매우 전문성 있는 전자부품을 취급하는 기업으로 이 분야 소매유통에서 상당히 중요한 업체였다. 그 때문에 납품대금 회수를 염두에 두고, 무리하지 않는 범위에서 거래를 진행할 수밖에 없었다. 어떻게든 거래실적과 거래선 확장이 중요한 상황이었다.

6) 반품에 대한 처리비용 ｜ 영토가 넓은 미국에서는 아주 중요한 부분이다. 운송비용과 맞물려 있지만, 반품은 운송비용을 2배나 더 지불해야 한다는 것을 항상 생각해야 한다. UO 빔은 초소형 고가

의 제품으로 다른 제품에 비해 운송부담은 적었지만, 그래도 미국 내 운송비용으로 1대 운송하는 데 15~18달러는 지불해야 했다. 일반운송비는 12~15달러였지만, 고가의 제품이므로 수신자가 받았다는 사인을 받는 데 추가적인 비용이 들었다. 배송비용을 평균 15달러만 산정해도 왕복 30달러다. 제품가격을 400달러로 잡고, 반품율을 15%로 계산하면 매출액의 1% 이상이 반품을 위한 운송비로 날아가 버린다.

하지만 제품가격이 100달러 미만인 일반적인 중저가의 제품일 경우에는 반품 운송비용으로 5% 이상을 지불해야 하는, 배보다 배꼽이 더 큰 경우가 발생할 수 있다. 따라서, 제품의 크기나 단가에 따라 물류비용은 커다란 비중을 차지할 수 있으므로 최대한 반품을 줄일 수 있는 방법을 연구해야 한다.

반품율을 줄이기 위해서는 1)소매유통매장의 담당자들이 고객들에게 제품의 특성을 충분히 잘 설명할 수 있도록 제품교육을 철저히 시킨다. 2)제품의 기능별로 고객이 잘 이해할 수 있도록 각 기능별로 튜토리얼 비디오 Tutorial Video를 만들어 유튜브에 올려놓는다. 3)유튜브에서 튜토리얼 비디오를 쉽게 찾을 수 있도록 매뉴얼과는 별도의 안내서를 만들어 제품 박스에 넣어주는 것이 좋다. 4)최종 반품된 제품은 몇 개를 모아서 한꺼번에 반품하도록 유통매장의 지점장에게 협조를 요청하면 반품에 따른 물류비용을 조금은 줄일 수 있다.

7) 제품의 반품율과 C/S의 관계 | 미국시장에서 C/S는 제품을 구입한 곳으로 연락하는 것이 보편적이다. 제품 박스 내부에 C/S를 받을 수 있는 연락처, 유튜브 찾기에 대한 상세한 안내를 해주고, 실제로 C/S 담당자를 운영하는 것이 좋다. 실제 제품이 반품되면 단순히 반품에 따른 운송비 부담에 그치는 것이 아니다. 반품되는 순간 그 제품은 'Open Box 개봉제품', 'Used 중고제품' 또는 'Refurbish 수리제품'으로 판매단가는 최소 10~20% 이상 낮추어 판매해야 한다.

구입 2~3개월 후에도 반품 가능한 미국 비용, 리뷰, 거래 연속성 부담 고려해야

내가 경험한 바로는 아마존과 대형 소매유통기업에서 나의 제품의 경우 최상의 상태였을 때도 일반적인 반품율이 15% 이상이었고, 최대로 반품이 이루어졌을 경우 30% 이상이었던 적도 있었다. 따라서 이 부분에 대한 비용도 반드시 고려해 두어야 사업의 연속성을 보장할 수 있다.

반품은 반드시 좋지 않은 리뷰가 뒤따른다. 제품리뷰는 아마존이나 이베이와 같이 온라인 매장에서 판매에 결정적인 영향을 미치지만, 오프라인 매장에서도 아주 중요하다. 요즘은 오프라인 매장을 가진 거의 모든 회사가 온라인 판매사이트를 운영하고 있다. 제품의 리뷰가 좋지 않을 경우, 판매 중단이나 반품 처리 과정에 대한 모든 비용을 공급회사에 떠넘기는 경우도 많다. 심지어 반품을 처리하는 자신들의 직원들에 대한 보상과 패널티까지 요구하는 회사도 있다.

이러한 점들을 고려하여 프라이스에는 다소 높은 납품가격을 제안했지만, 슈퍼바이저였던 롬 존슨 및 담당 책임자와 잘 협의하여 나쁘지 않은 단가로 협상이 되었다.

그런데 프라이스는 새미스 카메라나 쿠라샤오처럼 오더를 이메일로 일괄 발송하고 본사 창고에서 받아 각 매장으로 발송하는 시스템이 아니었다. 자신들의 전용시스템을 통해 오더하는데 그것을 운용하는 회사의 전용프로그램 EDI, 월 218달러을 다운받고 연결해야 했다. 또 매일 아침에 오더를 확인해야 했다. 우리는 처음 거래여서 직원들이 이런 시스템에 익숙하지 않았기에 프라이스에서 소개해 준 업체와 긴밀한 협력을 통해 며칠 만에 시스템을 구축했다.

드디어 2015년 11월 19일, 프라이스로부터 첫 오더를 받았다. 34개 매장에서 총 75개의 오더가 들어왔다. 거래의 첫 오더로서 적은 편은 아니었으나, 만족할 만한 오더는 결코 아니었다. 한술 밥에 배부르랴 싶어 지속적으로 오더가 들어올 것을 기대하면서 힘차게 발송을 시작했다.

사실 프라이스와 거래를 시작하면서 나는 이제 물량을 판매하는 채널은 거의 완성되어 가고 있다고 생각했다. 새미스 카메라 6개 매장, 쿠라샤오 10개 매장, 프라이스 34개 매장을 합하면 50개의 미국 주류매장이 됐다. 한 매장에서 하루에 1개씩만 판매해 주면 하

프라이스 매장에 설치되어 있던 LG 단독 전시대

루에 50개, 한 달이면 1,500개 40만~50만 달러/월 판매가 가능할 것으로 기대하면서, 각 매장을 돌며 판매직원들 교육에 전념하도록 우리 직원들을 독려했다.

프라이스의 경우에는 본사에 설치되어 있는 비콘 VICON, Video Conference 이라는 사내 비디오 망을 통해 동시에 34개 매장 직원교육을 실시했다. 한편 캘리포니아주, 네바다주, 애리조나주와 같이 인근 지역에 있는 10여 개 매장은 직접 방문하여 교육을 실시했다.

당사도 매장 내에 LG전자와 같이 단독 전시대를 만들어 마케팅해 보려고 했지만, 투자비용이 너무 높아 포기할 수밖에 없었다. POP 제작은 한번 투자하면 되지만, 매장을 사용하는 비용은 매월 매장대여료를 지불해야 한다. 거기에 전체 매장 수를 고려하면 엄청난 비용이다. 당사로서는 엄두가 나지 않아 SKT 본사와 수차례 협의해

봤지만, 마케팅 비용은 지원할 수 없다는 답변만 받았다.

대형 소매유통기업은 전용 오더시스템만 운영 납품업체는 창고, 물류, 시스템 운영비 부담까지

여기서 나는 중소기업이 가진 한계를 느끼지 않을 수 없었다. 독점권을 준 한국의 SKT는 대기업이었지만, SKT는 당시 한국의 통신망관리 회사로 디바이스 제품을 직접 세계시장에서 판매한 경험은 아주 부족했다. 이런 상태의 시장을 개척하는 상황인데도 파트너 기업의 마케팅 지원을 해줘야 한다는 것을 절실하게 느끼지 못하고 있었다. 나는 자금 부족으로 LG처럼 전시대를 설치하는 것은 엄두도 못 내고 명패만 세워둘 수밖에 없었다. 하지만 반드시 빔 프로젝터 부분에서 LG, 엡손, 소니를 비롯한 세계적인 굴지의 기업들을 능가하겠다고 다짐했다. 이가 없으면 잇몸으로 먹는다. 직접 몸으로 부딪치

본사 지원이 없어도 반드시 1등 하겠다는 목표를 세우게 했던 경쟁사들 제품

면서 아이디어와 제품에 대한 정성, 시장을 관통하는 전략으로 세계적인 기업들의 벽을 반드시 뛰어넘을 수 있다는 각오를 수백 번도 더 되새겼다.

월마트는 인내와 끈기를 요구한다

월마트Walmart와 거래를 하기 위해서는 아주 많은 부서 및 협력회사와 협력해야 한다. 다행히 내가 삼성 출신이라 대기업의 조직에 대해 어느 정도 이해를 하고 있어서 월마트의 다양한 조직과 협력하는 데 도움이 되었던 것 같다.

월마트의 담당자를 컨택하면 제일 먼저 상호비밀유지협약서Mutual NDA(Non-Disclosure Agreement)를 체결해야 한다. 곧바로 시스템을 통해 50여 장의 매뉴얼을 보내주고는 이를 숙지하도록 한다. 그리고 다음과 같은 질문서를 작성해야 하는데, 5번에서와 같이 현재 납품하고 있는 회사를 알려달라고 한다. 만약 기존에 거래하는 기업이 없을 경우 감점을 받을 수 있으므로 월마트와 같은 대기업과 거래하려면 미리 거래하는 기업의 목록Reference을 확보한 이후에 시도하는 것이 유리하다.

또한, 9번과 같이 신청서Application를 제출하기 전에 기업신용조사결과D&B information를 요구하므로 D&B No.가 없을 경우에는 거래할 수 없다.

1. Federal Tax ID number: 연방세 납세 ID 번호
2. The number of employees at your company and ethnic makeup (Public traded-board makeup): 회사의 직원 수 및 민족 구성(공개 트레이드보드 구성)
3. Company contact information(Supervisor and Human Resource Director): 회사 연락처 정보(감독자 및 인사 이사)
4. Our company factory information(Size, Location, Union Information, Production Capacity, etc.): 회사 공장 정보(크기, 위치, 조합정보, 생산능력 등)
5. A list of three companies you work with: 함께 일하는 3개 회사 목록
6. Promotional budget information, as well as item patent information: 판촉 예산 정보 및 품목 특허 정보
7. Wal-Mart and Non Wal-Mart references if available: 가능한 경우 월마트 및 비 월마트 참조
8. Your company sales information for the past three years-required for proper decision.: 올바른 결정을 위해 필요한 지난 3년 동안의 회사 판매 정보
9. Please have your Dun &amp: Bradstreet(D&B) information up-to-date before submitting your application(a risk rating of 7, 8, or 9 will not be considered). A credit card to pay for the D&B report will be required. In order for your application to be submitted, you must purchase this D&B report when prompted. If you have any questions regarding your(D&B) or need to update it please call (866) 815-2749.: D&B#: 080070734

    : Dun & 신청서를 제출하기 전에 Bradstreet(D&B) 정보를 최신 상태로 유지하십시오(위험 등급 7, 8 또는 9는 고려되지 않음). D&B 보고서를 구입하려면 신용카드가 필요합니다. 신청서를 제출하려면 메시지가 표시될 때 이 D&B 보고서를 구입해야 합니다. (D&B)에 대해 질문이 있거나 업데이트해야 하는 경우 (866) 815-2749로 전화하십시오.
10. If you are dealing with a specific buyer, you must list the name where requested and if he or she have samples(yes or no).

: 특정 구매자와 거래하는 경우 요청한 곳에 이름과 샘플이 있는지 여부 (예 또는 아니요)를 기재해야 합니다.
- Wynit: Geoffrey Norman – Sample Yes
- D&H: Cory Kerns – Sample Yes
- Brookstone.com: Julia Trombley – Sample Yes
- Westwood Sales(B&H): Mike Porter – Sample Yes
- Facebook: Shgar K. Savla – Sample Yes
- AXXA: Gary Hwang – Sample Yes

이 과정을 거치고 나면 샘플을 품질보증부서에 보내고 제품의 품질평가를 받는데 이 과정에 몇 주가 소요된다. 품질평가에서 합격하면 책임보험증서와 각종 서류를 제출해야 한다. 그리고, 온라인으로 제품 정보를 올리고, 기본적으로 아마존에 등록할 때 필요한 거의 모든 자료를 요구한다. 다음에는 제품포장 및 운송과 관련하여 협력회사의 연락처를 받아서 연락해야 한다.

그 다음 단계는 ETF에서 공급자 구매Purchase Suppliers on EFT(Electronic Funds Transfer), 월마트 일반상품 공급업체 계약Walmart General Merchandise Supplier Agreement을 체결하고, 월마트의 EDI를 관리하는 외부 협력처와 오더 수령 및 관리를 위한 시스템을 셋업한다. 마지막으로 대금을 수령하는 부서, 반품을 처리하는 조직과 협력해야 한다.

이와 같이 각기 다른 10여 개의 월마트 내부 조직 및 외부협력 기관들과 협력을 해야 하므로 인내와 끈기를 가지고 진행해야 거래가 가능해진다. 최소 2~3개월, 길게는 6개월까지도 걸리기 때문에 사전에 필요한 서류 준비를 하고 담당자와 원활한 소통을 하는 것이 무엇보다 중요하다.

　월마트 또한, 아마존에서 판매하는 가격에 아주 민감하다. 아마존에서 크리스마스 세일 등의 다양한 이벤트 세일을 하게 되면, 월마트 AI가 이를 바로 인식하고 자동적으로 가격을 내려버린다. 이것은 B&H도 마찬가지다. 역으로 월마트나 B&H 등에서 가격을 조정하면 곧바로 아마존에서 반응한다.

　따라서, 아마존과 같은 온라인시장이나 월마트, B&H 같은 오프라인시장은 각각 특성은 있지만, AI가 발달하면서 따로 구분되지 않고 바로 연결, 조정된다.

　결론적으로 각 제품에 대한 전체 시장가격정책Market Price Policy을 갖고 있지 않으면 대혼란을 겪거나 동시에 거래선을 다 잃어버릴 수도 있다는 것을 절대 잊어서는 안 된다. 나 역시 여러 거래선과 긴밀한 협조를 하지 않았다면 한꺼번에 여러 거래선을 잃어버렸을 것이다.

브룩스톤의 260개 오프라인 매장 vs. 온라인 판매

　브룩스톤Brookstone은 한때 가젯Gadget 제품으로 유명한 회사였다. 10~20년 전에는 신기한 제품이나 새로운 개념의 제품을 보려면 브룩스톤에 가야 한다고들 했었다. 지금은 그런 개념이 많이 무너졌다. 그럼에도 공항이나 유명 쇼핑센터 등 미국 내에 260여 개의 매장을 가지고 있는 기업으로서, UO 빔을 판매하기에 딱 좋은 곳이었다.

우리는 여러 경로를 통해 접촉을 시도했지만 브룩스톤의 구매담당자를 찾는 것이 쉽지 않았다. 몇 개월간의 노력 끝에 컨택을 하여 샘플을 발송했더니, 얼마 전에 새로운 휴대용 Portable 프로젝터를 선정했다면서 UO 빔 판매를 거절했다. 처음 만난 담당자와는 거래를 틀 수가 없었고, 샘플은 돌려받지 못했다.

하지만 몇 개월 후, 다른 경로를 통해 다시 다른 담당자를 컨택해서 거래를 성사시키게 되었다. 그런데 온라인 판매와 오프라인 판매를 모두 하겠느냐는 질문이 왔다. 오프라인 판매라고 하면 260개 매장에 제품을 깔아야 하므로 브룩스톤의 재정건전성 확인이 매우 중요해졌다. 260개의 매장에 3~4개씩만 공급한다고 해도 1천 대 25만~30만 달러 정도를 매장에 선공급해야 하고, 대금결제가 Net60인 경우, 기본적으로 40만~50만 달러 이상을 외상거래한다는 계산이 나왔다. 자금도 부족하고 만약에 공급 이후 60일 이내에 대금을 지불해 주지 않으면 진짜 곤란해질 수 있기 때문에 심각하게 검토를 거쳤다.

따라서, 위닛 Wynit 공급을 위해 협력했던 오일러 보험회사를 통해 브룩스톤의 신용도를 확인한 결과, 재정상태가 매우 좋지 않다는 정보를 입수했다. 당장 부도가 나지는 않겠지만, 아주 조심해야 한다는 의견이었다. 가젯 제품을 판매하는 데는 무척 중요한 거래라서 거래는 하되, 적절한 범위에서만 하는 것으로 결정했다. 그래서 260개 오프라인 매장은 포기하고, 온라인거래만 하는 것으로 하여, 2016년 2월 13일 드롭십 벤더 Drop Ship Vendor 계약을 체결했다.

브룩스톤은 가젯 제품 판매에서는 워낙 명성이 있어서 판매량은 상당했다. 반면 Net60로 계약했음에도 제품을 납품하고 대금을 받기까지는 90일 이상이 소요되는 것이 일상이었다. 거래를 시작하고 1년이 지나면서 대금 지급이 늦어지기 시작했고, 1년 반쯤 지난 2018년 8월 2일 파산보호신청 Chapter 11 을 했다는 소식이 전해졌다. 당사는 2만~3만 달러 정도 납품대금이 밀려 있었지만, 2016년 가을부터 판매량이 호전되어 재정상태가 나쁘지 않은 상태라 큰 타격은 없었다. 잔금도 나중에 변호사를 통해 브룩스톤을 인수한 회사에 메일을 보내 6개월 정도 지나 채권으로 회수할 수 있었다.

위닛은 앞에서 언급하지는 않았지만, 2017년 9월에 파산보호신청으로 1억 달러 이상의 부도를 냈다. 만약 그때 거래를 했다면 보험회사의 신용평가로 최소액만 거래했겠지만 그래도 몇 백만 달러의 납품대금을 제때 받지 못해 어려움을 겪었을 수도 있었다. 물론 부도와 파산이 되더라도 인수기업이 제대로 해주면 전혀 못 받는 것은 아니다. 문제는 현금흐름이 어려워진다는 것이다. 기업은 판매량을 늘리는 것도 중요하지만, 현금흐름을 방해하는 요소를 제거하는 것도 굉장히 중요하다. 이렇듯 위닛, 브룩스톤 등의 사례를 통해, 거래선을 확보하고 제품을 판매하는 것보다 납품대금을 받는 것 역시 중요하다는 교훈을 얻었다.

신개념 전시매장 베타에서 UO 빛을 뽐내다

베타b8ta는 '우리의 미션, 발견을 위해 디자인된 소매Our Mission, Retail designed for discovery'라는 슬로건을 내걸고, 아래와 같은 새로운 개념으로 매장의 전시대를 제조기업이나 유통기업에 임대하여 수익을 올리는 기업이다. 구체적인 내용은 b8ta.com 에 들어가면 쉽게 볼 수 있다.

> 'The next generation of retail is all about discovery, and we are building the infrastructure and tools to power it. From our award-winning experiential stores in cities nationwide, to our powerful software & analytics platform used by retailers across the globe, we are the company shaping the future of shopping in person.'

> '차세대 소매업은 발견에 관한 것이며 우리는 이를 뒷받침할 인프라와 도구를 구축하고 있다. 수상 경력에 빛나는 전국 도시의 체험 매장부터 전 세계 소매업체에서 사용하는 강력한 소프트웨어 및 분석 플랫폼에 이르기까지 우리는 직접 쇼핑의 미래를 만들어가는 회사다.'

체험형 콘셉트로 꾸며진 베타 매장

베타 매장은 탁 트인 공간에 테이블이 설치되어 있고, 테이블 위에 제품들이 놓여 있다. 이 제품들은 주로 시중에서 보기 힘든 아주 신기한 제품이나, 시중에 막 보급이 되기 시작한 아이디어 제품이다. 또는 온라인에서 판매를 하고 있는 제품들 가운데 고객들이 직접 만져보고 싶어 하는 제품들을 중심으로 시연해 볼 수 있도록 매장이 꾸며져 있다.

 전시된 제품 옆에는 고객들이 작동해 보는 데 필요한 튜토리얼 비디오와 설명서가 놓여 있고, 매장의 직원에게 도움을 요청하면 사용방법과 특성을 설명해 준다.

 이와 같은 매장의 구성과 형태는 애플매장과 유사하다. 베타에는 고객 행동 분석시스템이 곳곳에 설치되어 있다. 고객이 입장하면서부터 어떤 제품 앞에 멈추고, 튜토리얼 비디오와 설명서를 읽고, 제품을 시연하였는가 등 어떤 고객이 어떤 제품에 어느 정도 관심을 가졌는지를 분석한다. 그리고 이렇게 분석된 자료는 제품전시를 의뢰한 회사에 제공한다. 매장에서 제품을 구입하고자 하는 고객에게는 직접 판매도 한다.

**신박한 아이디어 제품은 베타 매장 활용,
직접 오프라인 매장 운영 어렵다면 도전!**

 그러면, 어떤 기업들이 베타의 매장에 제품을 전시하고자 할까? 신박한 아이디어 제품을 시중에 판매하기를 시작했지만, 아직까지 일반 대중들에게 자신들의 제품을 충분히 알리지 못한 기업, 직접 오프라인 매장을 운영하기 어려운 기업들이 찾는다. 또는 어느 정도 대중에게 제품을 알렸지만, 시연을 통해 시장을 확장하고자 하는 기업들이 주로 베타의 고객사가 되려고 한다.

 베타매장 전시대를 임대하는 방식은 두 가지가 있다. 임대료만으로 임대하는 방식과 임대료 일부와 제품 판매대금의 일정부분을 성과급으로 지급하는 방식이다.

나는 베타의 새로운 방식의 마케팅 방법의 효과를 알고 싶었다. 특히, UO 빔은 직접 보여주고 데모를 필요로 하는 제품이므로 잘 운영하면 아주 큰 효과를 낼 수 있을 것으로 보였다. 그래서 두 번째 임대방식으로 산타모니카, 새너제이산호세, 워싱턴DC, 휴스턴 4개 지역의 쇼룸 파트너십 계약Showroom Partnership Agreement을 체결하고, 디스플레이용 샘플과 판매용 제품을 보냈다. 임대료는 한 곳에 매월 500~1천 달러 정도여서 한 매장에서 매주 1~2대만 판매하면 홍보마케팅은 무료로 할 수 있다고 생각했다.

나는 베타도 다른 오프라인 소매 매장과 유사할 것으로 생각하여 제품을 발송하고 곧바로 직원교육에 들어갔다. 산타모니카와 새너제이는 직원들이 직접 매장을 방문하여 매니저와 운영직원들 교육을 시켰다. 산타모니카는 당사와 30분 거리라서 저녁에 매장을 방문하여 베타의 매장 안팎에서 직원과 고객들을 대상으로 데모도 해주었다. 그렇지만 나와 직원들이 데모를 할 때면 어느 정도 판매가 이루어졌으나, 데모를 하지 않으면 판매가 저조했다.

베타 매장에서 제품을 홍보마케팅하는 것은 어느 정도 가능한 것으로 판단했지만, 매월 2천~3천 달러의 비용을 지불하는 것에 비해 매출은 따라가지 못했다. 물론 베타에서 제품을 보고 아마존이나 다른 채널에서 구입하는 고객들도 있겠지만, 매월 마케팅 비용을 지불하면서 운영하는 것은 무리가 있어서 7개월 정도 운영하다가 중단했다.

베타는 좋은 시도였지만 모든 투자에는 비용 대비 효과를 계산해야 했다. 특히, 중소기업은 유통기업이든 제조기업이든 마케팅보다는 세일즈에 초점을 맞출 수밖에 없는 것이 현실이었다. 하지만, 처음 미국시장에 진입하는 기업들에는 몇 개월이라도 운영하면서 미국시장을 익히고 제품을 알리는 것을 권하고 싶다.

미국의 수백 개 대학 북스토어를 뚫는 마스터키

미국에는 3천~4천 개의 대학이 있다. 이 대학들은 저마다 각각의 크고 작은 북스토어Bookstore를 가지고 있다. 4년제 큰 대학의 북스토어는 한국의 교보문고와 비슷할 정도로 규모가 큰 것도 있고, 비교적 작은 규모의 북스토어를 가진 2년제 대학도 있다. 이들 대부분의 대학 북스토어에서는 기념품, 티셔츠, 컴퓨터와 같은 전자제품과 함께 다양한 종류의 제품들을 판매하고 있다.

UO 빔은 학생들이 프레젠테이션을 할 때 유용하게 사용할 수 있는 제품일 뿐만 아니라, 학생들을 통한 효과적인 마케팅도 가능할 것 같아 대학교를 공략해 보기로 했다.

그런데 미국 대학교 북스토어에는 어떻게 제품을 진입시키고 판매하는 걸까? 나는 LA 주변에 있는 UCLA, USC 등 대학을 수없이 방문하며 북스토어 관계자를 찾아 직접 접촉하면서 UO 빔을 진입시키기 위해 노력했다.

이뿐만이 아니었다. UCLA에서 주관하는 미니 CES에 참여하여 교수 및 학교 관계자들에게 UO 빔을 알리며 도움을 요청하기도 했다. 또 USC, CSU Fullerton 등 대학교의 북스토어에도 UO 빔을 진입시키고 판매량을 늘리기 위해 POP를 설치해 주기도 했다.

이와 같이 '맨땅에 헤딩'하고 있었는데 어느 날, 북스토어 관계자가 반스앤노블Barns & Noble을 통해서 확장하면 쉬울 것이라는 조언을 해주었다. 처음에는 좀 의아해했지만 곧 반스앤노블이 대학의 북스토어와 깊은 관계가 있다는 것을 이해하게 되었다.

반스앤노블은 미국 50개 모든 주에 600개 이상의 매장을 가지고 있는 전국체인망을 가진 대형서점이다. 한국의 교보문고처럼 책 판매는 물론 매장 내에서 젊은이들이 선호하는 다양한 제품을 판매하고 있다.

무엇보다 반스앤노블 칼리지Barns & Noble College는 미국 전역에 750개 이상의 대학 구내서점Campus Bookstore들과 연계하여 운영하고 있고, 6백만 명 이상의 학생, 학부모, 졸업생 고객을 가지고 있었다. 이와 함께 학교 브랜드 전자상거래 사이트School-branded e-commerce sites도 운영하고 있으므로 반스앤노블 칼리지를 활용하면 미국 대학의 북스토어 진입이 아주 용이하다는 것을 알게 됐다.

  나는 처음에 반스앤노블 칼리지를 통해 제품을 공급하는 방법을 몰랐으므로 3개 대학교에 하나 하나 거래선을 확보해 나갔다. 하지만, 안타깝게도 한꺼번에 수백 개의 대학교에 납품하는 방법을 알았을 때는 이미 내가 공급하는 제품의 제조기업인 SKT는 판매를 중단했고, 크레모텍은 생산이 어려운 상태였다. 물고기떼가 지나간 다음에 그물을 손에 쥔 모양이었다.

  반스앤노블 칼리지에 벤더로 등록하기 위해서는 https://www.bncollege.com/contact-us/에서 요구하는 자료를 입력하여 할 수 있다. 벤더 등록을 하기 위한 조건으로 공정노동조합Fair Labor Association에 가입해야 하는데 매년 일정 금액을 회비로 낸다는 점을 고려해야 한다. 한국의 많은 기업들이 이러한 큰 시스템을 이해하고 잘 활용할 수 있으면 정말 좋겠다.

스테이플스, 어번 아웃피터스, 시어스 등 수많은 오프라인기업

  당사KDC가 협력한 오프라인기업은 위에서 언급한 기업 이외에도 10여 개 기업들이 더 있다. 이 기업들은 대부분 거래형태가 비슷해서 앞서 다루었던 오프라인기업 사례를 참고하면 되리라 본다. 그렇지만 스테이플스Staples, 어번 아웃피터스Urban Outfitters, 시어스Sears 는 워낙 큰 대기업이고 기억에 남는 특별한 것들이 있다.

스테이플스는 1986년에 설립된 미국 대표 문구점으로 미국 전역에 1천 개 이상의 매장과 40개 이상의 물류창고Warehouse를 운영하고 있다. 최근에는 온라인의 강세로 매장 수는 줄고 있는 추세이고, 자체 온라인 운영을 강화하고 있는 기업이다.

나는 스테이플스와는 브룩스톤, 월마트와 같은 이유로 오프라인 유통은 하지 않았다. 즉, 스테이플스의 온라인 매장에서 오더를 받고 드롭십하는 것으로 거래했다. 스테이플스는 다양한 사무용품을 취급하고 있었으며, 빔 프로젝터도 여러 품목을 취급하고 있어서 적극적으로 거래했다.

스테이플스의 벤더로 결정되면, 공급업체 통합 플레이북Staples Exchange Vendor Integration Playbook이라는 방대한 자료를 보내준다. 잠깐 목차를 보자.

1. Contents and Instruction	콘텐츠 및 지침
2. Vendor Onboarding	공급업체 온보딩
3. Administration and Alerts	관리 및 경고
4. SKU Creation and Content Load SKU	생성 및 콘텐츠 로드
5. Inventory Update	재고 업데이트
6. Order Processing Overview	주문 처리 개요
7. Flat File Integration	플랫 파일 통합
8. API Integration	API 통합
9. EDI Integration	EDI 통합
10. Glossary and Appendix, FAQs-Staples Exchange	용어집 및 부록, FAQ-주요 교환

이 자료는 각각 10페이지에서 많은 것은 50페이지가 넘는다. 미국은 역시 모든 것을 자료로 이야기한다는 것을 느낄 수 있는 대표적인 사례였다. 우리 중소기업들이 미국과 거래하기 위해서는 자료를 읽고 기록하는 것에 익숙해져야 한다는 생각이 든다.

어번 아웃피터스는 주로 젊은이들의 옷, 신발, 미용, 건강제품 및 액세서리를 주로 취급하는 기업으로 20개 정도의 국가에 250개 정도의 매장을 운영하는 다국적 생활소매 Multinational Life Retail 기업이다.

재미있는 것은 이 회사 이름의 약자가 UO였는데 우리 회사의 제품이 UO 빔이라면서 취급해 보는 것이 어떻겠냐고 제안하여 한동안 거래를 했다. 큰 거래는 아니었지만, 다양한 거래처를 통해 판매하면서 대중들에게 노출을 늘리는 것이 마케팅의 핵심 아닌가!

시어스는 1892년에 설립된 미국의 대표적인 백화점 체인기업으로 우리에게는 시카고의 시어스 타워 Sears Tower, 후에 WillisTower로 더 잘 알려진 기업이 아닐까 한다. 시어스와는 드롭십 형태로 잠깐 거래를 했는데 2018년 10월에 파산하는 바람에 중단되었다.

어쨌든, 한국의 중소기업인들에게 정말 하고 싶은 이야기는 미국에 있는 아주 큰 기업도 내 제품을 기다리고 있다는 것이다. 내 제품이 다른 제품에 비해 훌륭한 장점을 가지고 있고, 경쟁력을 가지고 있다면 망설이지 말고 연락해 보자. 회사 소개 자료와 제품의 특성을 소개하는 자료를 잘 만들고, 미국의 상대 기업이 필요로 하는 것을 사전에 파악한다면 그 거래는 성공할 수 있기 때문이다.

아무쪼록 망설이지 말고, 겁먹지 말고, 철저히 준비하고 과감히 공격하라고 조언하고 싶다.

세 번째 전략타깃: 미국의 모세혈관 중소 온라인기업을 잡아라

정말 신기한 것이 있다. 우리는 세상을 살면서, 가끔은 메이저만 생각한다. 미국 온라인에서 상품을 판매한다고 하면 응당 아마존을 생각한다. 우리에게 가장 익숙하기 때문에 그렇게 생각하는 것은 어쩌면 당연한 일이다. 하지만, 미국에서는 아마존 이외에도 수많은 중소 온라인기업들도 저마다 독특한 영업마케팅을 통해 제품을 판매하면서 생존하고 있다.

사실 한국의 많은 중소기업들이 상당한 꿈을 안고 아마존에 상품을 리스팅한다. 처음 미국시장에 진출하고자 하는 중소기업들은 아마존에 등록만 하면 저절로 판매가 될 것으로 생각하고 거기에만 매달리는 경우도 많다. 물론 그것조차도 준비할 것이 많기 때문에 리스팅하는 것 자체도 쉬운 일은 아니다. 진짜 더 중요한 것은 아마존에 올린 우리 제품을 얼마나 많은 고객들이 알고 구입해 주느냐이다.

잠재고객들에게 이러이러한 특성을 지닌 제품이 세상에 나왔다고 알리는 방법, 마케팅하는 방법은 아주 다양하다. 킥스타터Kickstarter, 인디고고Indiegogo를 통해 생산 전에 자금도 모으고 제품도 알리는 방법부터 유튜브, 각종 SNS, 인플루언서, 다양한 제휴사 등을 활용할 수 있다.

하지만, 여기서 빼놓을 수 없는 것이 '맞춤형 전략'이다. 나의 제품 특성에 맞는 미국의 다양한 중소 온라인기업들을 찾아 온라인 판매를 하는 것도 중요한 마케팅이라는 것이다. 중소 온라인기업들을 통한 판매는 제품을 판매하는 동시에 마케팅도 된다는 점에서 우리 중소기업들이 적극적으로 활용할 수 있는 타깃이다.

터치오브모던과의 모던한 만남

터치오브모던Touchofmodern.com, 이하 ToMo은 자신들의 회사를 아래와 같이 소개한다.

> Touch of Modern is the leading ecommerce app for men to discover cutting edge products. Catering to male millennial tastemakers, Touch of Modern focuses on offering unique and new-to-market products not easily found at traditional retailers, with more than 250+ new items added daily. Touch of Modern was named one of the 500 fastest growing private companies in America by the Inc. 5000 for two consecutive years, and its founders were awarded the "Forbes

30 Under 30" in 2016. Founded in 2012 and headquartered in San Francisco, the company has over 14 million users.

ToMo는 최첨단 제품을 발견할 수 있는 남성을 위한 최고의 전자상거래 앱입니다. 남성 밀레니얼 테이스트메이커를 대상으로 하는 ToMo는 기존 소매점에서 쉽게 찾을 수 없는 독특하고 새로운 시장 제품을 제공하는 데 중점을 두고 있으며, 매일 250개 이상의 새로운 품목이 추가됩니다. ToMo는 Inc. 5000에서 2년 연속으로 미국에서 가장 빠르게 성장하는 500대 민간 기업 중 하나로 선정되었으며 창립자는 2016년에 'Forbes 30 Under 30'을 수상했습니다. 2012년에 설립되었으며 샌프란시스코에 본사를 두고 있습니다. 회사의 사용자는 1,400만 명이 넘습니다.

사실, 나는 ToMo를 잘 몰랐다. 2016년 1월 라스베이거스에서 열린 CES에서 ToMo의 바이어 토니Tony를 만나서 알게 되었다. 토니는 자신들이 운영하는 ToMo의 사이트에 UO 빔을 소개하면 마케팅에 도움이 되지 않겠냐며 이벤트를 권유했다. 어둠 속에서 빛을 만난 기분이었다.

당시에 나는 한인파트너들이 모두 UO 빔 판매를 포기한 상태였고, 대대적인 인력 충원으로 영업마케팅에 투자하여 주류 기업인 새미스 카메라, 쿠라샤오, 프라이스 등의 거래선을 확보하여 판매하고 있었지만, 회사를 안정적으로 운영하기에는 거래량이 턱없이 부족했다. 나는 온라인에서 SNS 및 유튜브에 제품을 소개하고 인플루언서들을 통한 마케팅을 하고 있었지만, 자금의 한계, 경험 부족 등으로 하루하루 어려운 시간을 보내고 있었다.

나는 CES를 마치고 곧바로 ToMo에 연락했다. 나와 Y부장은

ToMo 본사가 있는 샌프란시스코로 달려가서 토니를 만났다. 당시 판매에 대한 압박을 받고 있는 상태였으므로 협상도 제대로 못하고 다소 불리한 조건으로 이벤트 계약을 체결했다.

곧바로 2016년 2월 초, 1차 이벤트에서 3일 동안 UO 빔 124대와 스피커UO Speaker 96대, 5월 2차 이벤트에서는 3일 동안 UO 빔 76대를 판매했다. 1차 판매 금액으로 3만 달러, 2차에 2만 달러 정도를 판매했다. ToMo에서 이벤트 기간은 불과 3일 정도이므로 하루에 30~40대를 판매했으니 적은 수량이 아님에 분명했다. 하지만, ToMo와의 이벤트 판매에는 몇 가지 문제점이 있었다.

한국에서 새롭게 미국시장으로 진입하려고 하는 우리의 중소기업들을 위해 ToMo의 운영방식과 특성을 알아보고, 내가 겪었던 문제점과 해결 과정을 알아보자.

매출 압박에 쫓길 때는 협상도 쫓긴다
전문 협상가를 만날 때는 충분한 준비를

만약 우리 중소기업들이 ToMo와 협상할 기회를 가진다면, 사전에 가격 협상에 대한 준비를 철저히 할 것을 권하고 싶다. ToMo는 시장에서 판매하고 있는 가격의 절반 이하로 공급할 것을 제안했다. 그러면서, 자신들이 공급받아서 판매한 몇 가지 제품에 대한 예를 들었다. 내가 "그 가격은 말도 안 되는 가격이다. 그 가격은 내가 구입하는 가격보다 낮은 가격이다."라고 하자, 그는 자신이 던진 가격에서 조금씩 올리면서 협상을 주도

했다. 이런 협상 과정에서 제대로 된 가격을 받기는 어려웠다.

따라서, ToMo와 협상할 때는 내가 어려운 상황이라는 것을 보이지 말고, 서두르지 말아야 한다. 단지 내 제품의 특성을 충분히 설명하여 ToMo의 고객들이 내 제품을 굉장히 좋아할 것이라는 것을 보여주는 것이 좋다. 또한, ToMo와의 거래에서는 메인 제품만으로는 이윤을 남기기 어려운 구조이므로 원가구조가 좋은 액세서리 등과 같이 세트를 구성하여 제안하는 것도 좋은 방법이다.

ToMo는 일반적으로 셀러가 제품을 리스팅해놓고 판매하는 아마존, 이베이 등과 같은 온라인 플랫폼 판매, 또는 온라인이나 오프라인 거래처가 자신들의 웹사이트에 등록만 해놓고 오더가 들어오면 공급자가 제품을 발송하는 형태의 드롭십Dropship 온라인 판매와는 아주 다른 특성을 갖고 있다.

ToMo의 특징과 문제점, 이벤트 활용하는 방법

첫째, 회원제 웹사이트 운영

회원이 아니면 웹사이트 열람조차 되지 않는다. 일단, ToMo의 회원이 되고 ToMo의 웹사이트를 방문하면 아주 다양한 최신 제품을 볼 수 있다. 마치 과거에 브룩스톤 매장을 방문했을 때와 같이 신기한 제품에서부터 최신 유행 제품들까지 빠른 시간 내에 볼 수 있다. 더욱이 ToMo의 회원들은 적게는 15% 정도에서 많게는 50%까지도 할인된 가격으로 구입할 수 있다. 이런 장점으로 얼리어댑터나 가젯 제품을 좋아하는 고객들을 중심으로 꾸준히 확장되고 있다.

둘째, 단순 이벤트 제품과 장기판매 제품 구분 운영

ToMo는 웹사이트에 리스팅하는 제품을 크게 두 가지로 분류한다. 3~5일 단기간 예약판매하는 이벤트 제품과 몇 개월 동안 장기간 판매하는 제품으로 나눈다. 새로운 제품을 선정하면 일차적으로 3~5일 단기간 예약판매를 실시하고, 1차 이벤트에서 성공하면 2차 이벤트를 하고, 이벤트를 하는 과정에서 회원들의 관심이 높고 판매가 지속될 것으로 판단된 경우 장기판매로 들어간다고 했다.

셋째, 사진 촬영, 제품 특성 정리, 리스팅까지 자체 진행

ToMo는 위에서 언급한 바와 같이 웹사이드에서 이벤트 형식으로 운영하기에 자신들이 재고를 부담하지 않는다. 또한, 판매자가 직접 제품을 올리는 것도 허용하지 않았다. 제품을 올리거나 내리는 모든 결정은 ToMo가 직접 했다. ToMo는 제품 공급가와 판매가, 개략적인 이벤트 일자를 나와 협의하고 계약을 체결했다. 이벤트가 열리기 최소 7일 전까지 샘플과 제품 특성 관련 자료를 보내달라고 했다. 자료를 보내주자 ToMo가 사진을 찍고 특성을 정리하여 리스팅했다. 사실, 내가 경험한 ToMo의 사진 촬영 기술은 수준 높은 전문가의 작품과 같았고, 리스팅은 고객이 매혹적으로 느낄 수 있도록 특성을 잘 정리해서 올렸다. 곧바로 마케팅에 들어갔다.

넷째, 사전 예약판매제로 운영

ToMo는 제품 공급자와 이벤트를 통한 목표 수량을 설정하고 가격 협상을 하지만, 목표에 도달하지 못해도 가격은 동일하고, 어떠한 책임도 지지 않는다. ToMo는 이벤트를 하는 동안 판매되고 있는 수량을 판매자가 직접 볼 수 있도록 사이트를 오픈해 준다. 이 수량은 고객과 제품 공급자가 같이 볼 수 있다. 이벤트가 끝나면 ToMo는 제품 공급자에게 예약판매된 수량을 확정하여 오더를 낸다. 오더를 받은 제품 공급자는 오더 받은 수량을 한꺼번에 ToMo로 발송한다. ToMo는 이를 받아 예약 주문한 회원들에게 배송한다. 이러한 방식이어서 우리는 어떤 고객이 오더를 했는지 전혀 알수 없었다.

ToMo는 납품대금을 Net60일로 지급한다고 했지만, 잘 협의하여 30일 결제로 대금을 받았다. 사실, 대금을 받기까지 혹시 하는 마음도 들었지만, 대금은 1차, 2차이벤트 모두 아주 정확하게 결제해 주었다.

가장 큰 문제점은 마케팅 방식

한국의 중소기업이 미국시장에서 전혀 알려지지 않은 제품을 판매하는 초기에는 ToMo를 통한 이벤트 판매가 좋은 기회가 될 수 있다. 아주 낮은 공급가격으로 제품을 공급해야 할 수도 있지만, 아무튼 제품을 판매하면서 인지도를 높이는 마케팅을 한다는 것은 큰 장점이 될 수 있다.

하지만, ToMo는 자신들이 이벤트 하는 제품을 구글Google과 아마존애드Amazon ad 등을 통해 할인판매한다는 광고를 대대적으로 실시한다. 이 때문에 오프라인 거래처가 있는 경우나 아마존 등 온라인에서 판매를 하고 있을 경우에는 판매에 악영향을 미칠 수 있다.

특히, 오프라인과 온라인 거래처와 정상적인 가격MAP, Minimum Average Price을 제시하고 판매를 약속한 상태라면 매우 주의해야 한다. 경우에 따라서는 ToMo의 할인판매로 인해 기존의 거래처와 거래가 끊기거나 약속위반으로 문제가 생길 수도 있다.

ToMo는 이벤트 계약이 끝난 후에도실수로? 계속 할인판매 광고를 올린다

UO 빔은 2월에 1차, 5월에 2차 이벤트가 끝났다. 2개월 정도 지난 7월경부터 UO 빔의 판매는 아마존에서 판매자 순위Seller Ranking 100~150등 정도를 하면서 상승기류를 타고 있었다. 하루에 3~5대약 1,500달러 정도 판매가 되고 있었는데, 어느 날부터 판매가 전혀 되지 않고, 갑자기 200~300등으로 밀려났다. 갑작스런 판매 부진의 이유를 분석하던 중에 아마존의 판매자 목록Seller List에서 다음 페이지와 같은 ToMo의 광고 링크를 발견했다. 빨간색 밑줄 부분을 보자.

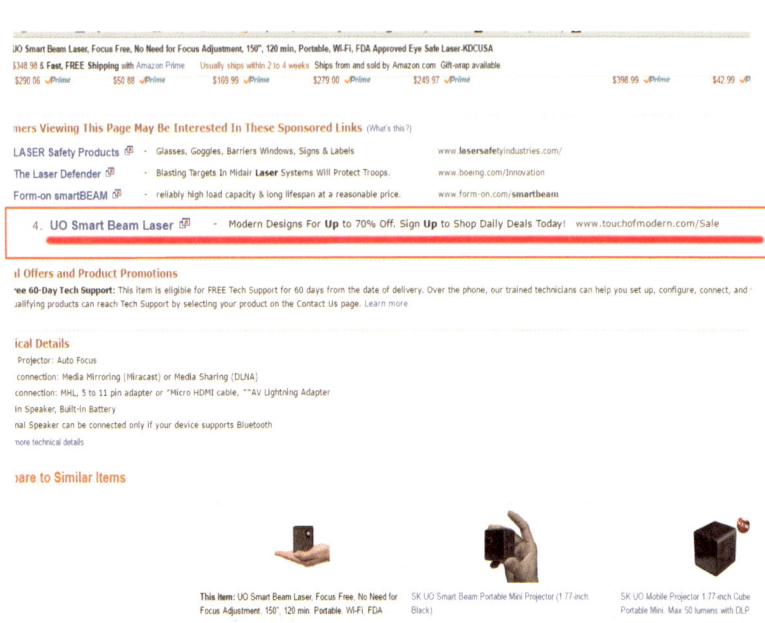

이벤트 계약이 끝났는데도 ToMo에 걸려 있던 광고 링크

    이때는 ToMo와 어떤 이벤트도 계획되어 있지 않은 상태였는데도 당사의 아마존 리스트에 링크를 걸어 광고를 하고 있었던 것이었다. 이 때문에 아마존에서 UO 빔의 판매량은 뚝 떨어졌다. 나는 급히 UO 빔을 판매하고 있는 다른 협력사Affiliate와 구글 광고 등을 서칭해 보았다. 구글 광고와 일부 어필리어트Affiliate 사이트에서 위와 같은 ToMo의 광고가 링크되어 있는 것을 쉽게 찾을 수 있었다.

    나는 즉시 이 사항에 대해 ToMo에 내려줄 것을 요청하는 서신을 보냈지만, 처음에는 응답이 없었다. 다시 2차로 변호사를 통해 즉시 내려달라는 서신을 재발송했다. 변호사가 서신을 보낸 바로 다음 날, ToMo는 실무자의 실수로 잘못 올라갔다는 답변과 함께 구글과 아마존 리스트에 걸려있던 링크를 내렸다. 링크가 없어지기가 무섭게 다시 아마존에서 판매량이 증가하기 시작했다.

　이를 통해, ToMo의 할인Discount 광고가 판매에 엄청난 영향을 미친다는 것을 확인했다. 당사로서는 ToMo의 광고로 인해 1주일 이상 판매량이 떨어졌고, 다시 회복하는 데 며칠을 소모했으므로 약 10일 이상의 기간 동안 상당한 매출액 손실을 입었다.

　이처럼 ToMo는 아마존을 포함하여 내가 올려놓은 많은 웹사이트와 구글까지 이 링크를 걸고, 70%까지 할인판매를 제시하면서 잠재고객들을 유치하고 있었던 것이다. 판매자들이 다 알고 있듯이 요즘 미국 고객들은 제품을 구입할 때, 거의 대부분은 아마존이나 구글에서 자신이 원하는 제품이 얼마인지, 세일하는 것은 없는지 확인한다.

　특히 UO 빔과 같은 고가의 제품은 가격비교 사이트 등을 반드시 확인한다. 그런데 이와 같은 할인광고를 발견하면 고객들은 어떻게 하겠는가. 당연히 ToMo의 웹사이트를 클릭할 것이다. 잠재고객들이 ToMo를 방문하여 회원 등록을 하고 UO 빔을 찾으면, 곧 이벤트를 할 예정이라고 하면서 잠재고객들을 확보하고 묶어둔다. 어느 정도 고객이 모였다고 분석되면 다시 제품 공급자Seller에게 연락하여 이벤트를 다시 하자고 제안한다. 이러한 방법이 ToMo의 마케팅 전략 가운데 하나라는 것을 처음에는 전혀 몰랐다.

나는 한국에서 미국으로 진입을 원하는 중소기업인들에게 ToMo를 통한 이벤트를 권한다. 다만 진입 초기 시장에서 판매하면서 마케팅하는 차원에서 활용하는 것을 권한다. 하지만 나의 경험에서 볼 수 있듯이 조금만 관리를 잘못하면 성장하는 시장에서 발목을 잡힐 수 있다. 정신 바짝 차리고 철두철미하게 관리할 수 있어야 한다.

한국의 중소기업들이 미국에 진입하는 초기에는 순수 마케팅 비용을 가능한 한 최소화하는 것이 필요하다. 따라서, 이익을 적게 남기더라도 ToMo와 같은 온라인 이벤트 기업이나, 협력회사 Affiliate Company들을 많이 활용하여 내 제품을 판매할 수 있도록 만드는 것이 대단히 중요하다. 내 제품을 판매하려고 하는 기업들은 제품을 판매하기 위해 자신들의 웹사이트나 고객들에게 어떻게든 마케팅을 하기 때문이다.

물론, ToMo가 자신들의 회원들에게 UO 빔을 판매하기 위해 어떠한 마케팅을 얼마나 많이 했는지는 이 방법을 제외하고 확인할 방법이 없다. 당시 당사에서는 ToMo 외에도 팬시닷컴 Fancy.com 등 온라인 회사들은 물론, 다양한 오프라인 거래선의 웹사이트, 어필리어트 및 컨벤션 데모, 특히 페어 Fair 등에서 길거리 데모 등을 통해 아주 다양한 마케팅을 하고 있었다. 따라서, 어느 채널에서 어느 정도의 효과가 있었다는 분석을 하기가 대단히 어려운 실정이었다. ToMo도 UO 빔이 아마존에서 톱 셀링 Top Selling을 하는 데 어느 정도 영향을 미쳤다는 것을 부인할 수는 없다.

하지만, ToMo와 같이 할인판매 링크를 걸어 정상적인 판매에 영향을 미치는 기업들을 관리하지 않으면 톱 셀러가 될 수 없다는 것도 명확한 일이다. 나는 위와 같은 해프닝을 통해 아마존, 구글 및 다양한 거래선의 광고 링크 하나하나가 판매에 엄청난 영향을 미친다는 것을 인식할 수 있었다. 직원들은 매일 아침저녁으로 하루에 2~3차례 상황을 점검하고 바로 바로 대응할 수 있는 체계를 갖추어 갔다.

한국의 많은 중소기업인들은 아마존에서 톱 셀러가 되고 싶어한다. 하지만 어떻게 해야 하는지는 잘 모르는 듯하다. 이에 대한 대답은 간단하다. **아마존 판매량은 그 제품에 대한 종합 마케팅의 결과다.** 아마존이 수단이 아니라 결과라고 생각하면 아마존에서 톱 셀러가 되려면 어떻게 해야 하는지 답을 쉽게 구할 수 있을 것이다. 지름길은 없다.

이따금 우리는 "인플루언서 한 명만 잘 만나면 된다.", "리뷰 하나만 잘 올리면 대박 난다.", "유튜브 하나만 잘 만들면 된다.", "어필리어트 하나만 잘 만나면 된다.", "SNS 광고만 잘하면 된다."라는 말을 듣는다. 나는 이런 모든 말들은 그냥 "나는 잭팟을 터뜨리고 싶다."라는 이야기처럼 들린다. 물론 행운을 얻을 수는 있다. 하지만, 기업을 하는 분들은 누구나 행운보다는 노력이라는 것을 믿고 있다고 생각한다.

스택커머스닷컴, 쉽지 않지만 오래간다

　스택커머스닷컴StackCommerce.com은 온라인 마켓플랫폼 기업으로 직원이 80명 이상 되는 상당한 규모의 회사다. 거래 초기에는 담당자와의 연락도 쉽지 않았고, 상호 신뢰가 없는 상태에서 대기업들이 요구하는 이상의 자료를 요구하는 등 까다로운 부분이 있었다. 하지만, 조금씩 신뢰가 쌓이면서 아주 좋은 기업이라는 생각을 하게 되었다. 무엇보다 좋은 가격으로 협상이 되었고, 한번 셋업을 하고 난 이후에는 꾸준하게 판매가 일어났다.
　스택커머스닷컴은 웹사이트에서 자신들의 파트너Partner(Vendor)들에게 지급해 온 대금이 1억 5천만 달러가 넘고, 온라인 마켓플랫폼에 올라와 있는 제품이 5백만 개가 넘었다고 강조하고 있다. 또한, 스택커머스닷컴 내부에 스택미디어StackMedia를 운영하고 있으며, 여기에서 CPC 광고를 하고 있다. 거래하는 파트너 기업이 원할 경우, 그 파트너 기업에 가장 적합한 광고매체를 연결시켜 파트너 기업의 매출액을 올릴 수 있도록 하여 스택커머스닷컴도 동반 성장한다고 주장한다.
　나는 2016년 3월 9일 벤더계약을 체결한 이후, 현재까지 아주 좋은 관계를 유지해 오고 있다. 스택커머스닷컴의 운영방식은 일반적인 온라인 마켓플랫폼을 운영하는 방식이지만, 아마존과는 다소 다른 부분이 있다. 아마존의 경우, 내가 판매할 가격은 내가 결정하지만, 스택커머스닷컴의 경우에는 벤더계약을 체결하는 과정에서 담당자와 협의하여 판매가격과 공급가격을 결정한다.

일단 벤더계약이 체결되면, 사진과 제품 관련 자료 및 샘플을 제공하고 담당자와 협의하여 리스팅하는 일정을 결정한다. 납품대금은 Net30인데, 한 달에 한 번씩 결제하는 것을 기본으로 한다. 납품대금은 거래하는 은행 계좌번호Bank Account No와 라우팅 번호Routing Number 등을 넣고 설정하면 자동으로 매월 입금되므로 전혀 신경 쓰지 않아도 된다. 지금까지 6년 이상을 거래했지만, 대금 지급이 지연된 경우는 한 번도 없었다.

제품 발송은 거의 대부분 온라인 마켓플랫폼 기업과 유사하게 고객에게 직접 드롭십하는 것을 원칙으로 한다. 스택커머스닷컴과 계약을 체결하고 벤더가 사용하는 사이트를 셋업하면, 고객으로부터 들어오는 오더를 볼 수 있다. 오더가 들어오면, 고객 정보가 CVS 파일 데이터로 들어오고, 이를 활용하여 제품을 발송하고, 발송한 추적번호Tracking No.를 기록하여 CVS 파일을 올려주면 일단 고객과의 거래는 완료된다.

스택커머스닷컴은 자신들이 개발하여 벤더들에게 제공하는 벤더 포털Vendor Portal을 통해, 다음을 확인할 수 있다.

1) Down Loading Customer Orders 고객 주문 다운로드
2) Uploading Tracking 추적 업로드
3) Track Earnings 수익 추적
4) Payment History 결제내역

한 가지 팁은 일단 거래가 시작되고 구입한 고객들에 대한 자료가 오면 향후의 고객관리를 위해서 CVS 데이터로 오는 고객 정보를 모두 저장해 두면 도움이 될 수 있다.

기본적인 연락을 하고 싶다면 아래의 정보를 활용하면 된다.

팬시닷컴, 연간 2만 달러짜리 마케팅의 허망함

팬시닷컴Fancy.com은 고객들이 선물을 찾을 때, 잘 알려지지 않은 제품, 독특한 디자인 상품을 판매하는 사이트다. 즉, 새로운 개념의 선물을 찾는 고객들이 주로 찾는 특화된 온라인 쇼핑몰이다. 팬시닷컴은 거의 대부분 직원이 여성들로 구성된 회사로 제품을 선정하는

과정이 상당히 까다로워 진입이 어려웠다는 생각이 든다.

팬시닷컴의 회사 소개에서 밝힌 설립 철학은 다음과 같다.

Your New Favorite F Word

Built on a foundation of discovery, The Fancy was established to help the discerning consumer navigate a world of limitless options. We source, hand-pick and curate a thoughtful collection of exceptionally designed & consciously crafted pieces from independent brands around the world. Say goodbye to the days of searching endlessly for eye-catching designs, as we've done the work to bring value-driven brands and beautiful products to one place. Whether you are looking for the perfect gift or sustainable made home décor, we provide a boutique shopping experience that gives your life a splash of Fancy

당신의 새로운 좋아하는 F 단어

발견을 기반으로 구축된 팬시는 안목 있는 소비자가 무한한 옵션의 세계를 탐색할 수 있도록 돕기 위해 설립되었습니다. 우리는 전 세계의 독립 브랜드에서 특별히 디자인되고 의식적으로 제작된 작품을 소싱하고, 손으로 선택하고, 선별합니다. 가치 지향적인 브랜드와 아름다운 제품을 한 곳으로 모으는 작업을 해 왔기 때문에 시선을 사로잡는 디자인을 끝없이 검색하던 시대는 이제 안녕입니다. 당신이 완벽한 선물을 찾고 있든 지속 가능한 홈 데코를 찾고 있든 우리는 당신의 삶에 팬시를 선사하는 부티크 쇼핑 경험을 제공합니다.

나는 당사의 마케팅 매니저 권유로 팬시닷컴과 2017년 9월 3일부터 1년간 2만 달러 캠페인Campaign 계약을 체결했다. 브랜드 파트너Brand Partner로서 팬시닷컴을 통해 온라인 뉴스레터, 페이스북 등 다양한 방법으로 브랜드 마케팅을 실시했다. 브랜드 마케팅은 거의 팬시닷컴이 주도적으로 매일 다양한 채널을 통해 UO 빔을 노출하면서 대중들에게 알리는 것이었다. 사실 이 캠페인을 통해 얼마나 큰 마케팅 효과를 얻었는지는 알 수 없었다. 팬시닷컴을 통한 판매 금액은 한 달에 1천 달러 정도였으므로 마케팅 비용에 비해 터무니없이 작았다.

8	Homepage Features a month	
4	Newsletter Features a month	
2	Social post a month	
1	Homepage Brand (per quarter)	
2	Newsletter Brand (per quarter)	
1	Week Featured Store (per quarter)	
1	Week Explore Page Banner (per quarter)	Flat Rate Package
1	Dedicated Brand Collection	
2	Featured Fancy Themed Collections	
1	Premium Holiday Placement - Placement on BOTH Cyber Monday and Black Friday	
1	Full Lifestyle Photo Shoot in NYC	

팬시닷컴이 대행한 1년간 마케팅

만약에 한국에서 새롭게 진입하는 중소기업이 있다면, 팬시닷컴에서 제품을 판매하는 것은 권하고 싶지만, 브랜드 파트너로서 장기간 마케팅 대행을 맡기는 방식은 권하고 싶지 않다. 팬시닷컴도 대금 지불이나 약속은 아주 잘 지키는 회사로서 거래는 원만했다.

뉴에그, 반품율 높으면 바로 퇴출

사실 뉴에그Newegg(newegg.com)는 중소 온라인 마켓플랫폼이라고 하기에는 회사의 규모가 꽤 크다. 2001년 프레드 창Fred Chang이라는 중국계 미국인Chinese American이 캘리포니아주 LA 부근의 시티 오브인더스트리City of Industry에 컴퓨터 및 전자제품 전문 유통기업으로 설립했다. 이를 2016년 중국의 항주신세기정보기술유한회사 Hangzhou New Century Information Technology Co., Ltd.가 인수하여 현재는 매출액이 연간 5억 달러가 넘는 미국 나스닥 상장기업으로 성장시켰다.

나는 UO 빔이 최첨단 소형전자제품이므로 뉴에그와 긴밀하게 협력하는 것이 반드시 필요하다고 판단했다. 마침 가까운 곳에 위치해서 직접 방문하여 담당자를 만나 적극적인 협조를 부탁하였다. 솔직히 미국에서 비즈니스를 함에 있어 인종을 언급하는 것은 적절치 않지만 뉴에그의 많은 직원들이 아시아인들로서 상당히 친근감이 있는 것은 사실이었다.

아무튼 뉴에그의 담당자와 잘 협력하여 뉴에그의 플랫폼에 리스팅하였다. 뉴에그 플랫폼을 활용하여 제품을 판매하는 데는 큰 문제점이 없었지만 운영 규정 중 하나인 반품율 관리에 발목이 잡혀 상당한 고통을 치렀다.

뉴에그는 전체적인 협의는 상당히 원만했는데 전자제품 전문업체답게 아주 섬세하였다. 온라인 마켓플랫폼에 리스팅하기 전에 다음 표와 같이 UO 빔의 상세한 스펙을 요구했다. 물론 이러한 스펙들은 어느 온라인 플랫폼이든 고객들이 구입할 때 참고로 할 수 있도록 어떤 형식으로든 올려져야 하는 내용이었지만, 뉴에그같이 요

Common_Package Contents:	**Monitor Display_Brightness:**
Global_Electrical Outlet Plug Type:	Monitor Display_fNumber:
Manufacturer Warranty_Labor:	Monitor Display_Focal Length:
Manufacturer Warranty_Lamp:	Monitor Display_Horizontal Refresh Rate:
Manufacturer Warranty_Parts:	Monitor Display_Keystone Correction:
Monitor Connectivity_Input Audio Connectors:	Monitor Display_Lamp Life:
Monitor Connectivity_Input Audio Signals:	Monitor Display_Lamp Replacement & Market Cost:
Monitor Connectivity_Input Video Compatibility:	Monitor Display_Lamp:
Monitor Connectivity_Input Video Connectors:	Monitor Display_Lens:
Monitor Connectivity_Network Connectors:	Monitor Display_Maximum Resolution:
Monitor Connectivity_Other Connectors:	**Monitor Display_Native Resolution:**
Monitor Connectivity_Output Audio Connectors:	Monitor Display_Other Accessories:
Monitor Connectivity_Output Video Connectors:	Monitor Display_Panel:
Monitor Connectivity_USB:	Monitor Display_Projection Methods:
Monitor Convenience_Built-in Speakers:	Monitor Display_Throw Distance:
Monitor Convenience_Compatibility:	Monitor Display_Throw Ratio:
Monitor Convenience_Features:	**Monitor Display_Type:**
Monitor Convenience_Noise Level:	Monitor Display_Vertical Refresh Rate:
Monitor Convenience_Regulatory Approvals:	Monitor Model_Brand:
Monitor Convenience_Users Controls:	Monitor Model_Combo Player:
Monitor Dimensions_Dimensions:	Monitor Model_Model:
Monitor Dimensions_Humidity Range:	Monitor Model_Series:
Monitor Dimensions_Temperature Range:	Monitor Power_Power Consumption:
Monitor Dimensions_Weight:	Monitor Power_Power Supply:
Monitor Display_Aspect Ratio:	**Projectors Display_Contrast Ratio:**
Monitor Display_Display Colors:	Sports Global_Sports League:
Monitor Display_Display Size:	Sports Global_Sports Team:

구하는 경우는 그렇게 많지 않았던 것 같다.

뉴에그에서 플랫폼을 이용하여 소매 판매 또는 도매 판매를 하는 방법 등 다양한 협력 방법이 있는데, 당사와 협력했던 방법은 아주 적극적인 방법은 아니었다. 내가 향후에 다른 전자제품이나 뉴에그에서 잘 취급할 수 있는 제품으로 다시 협의를 한다면, 좀더 적극적인 협력을 통해 다양한 판매방식을 시도해 보아야겠다는 생각이 든다.

대부분 온라인 마켓플랫폼을 운영하는 기업들이 자신들의 플랫폼에서 판매하는 셀러들과 셀러 제품을 평가하는 기준을 가지고 있듯이 뉴에그도 상당히 엄격한 내부 운영 규정을 갖고 있었다.

뉴에그의 내부 운영 규정

1) Order Defect Rate 주문 불량률
2) Pre-fulfillment Order Void Rate 사전처리 주문 무효 비율
3) On-time Order Fulfillment Rate 정시주문 이행률
4) Refund Rate 반품율
5) Customer Message Response Time 고객 메시지 응답 시간
6) Policy Violation 정책 위반

많지 않은 항목이었으나, 상당히 엄격하게 셀러와 셀러 제품을 평가하였고 이를 기준으로 자신들이 운영하는 플랫폼에서 판매를 하

지 못하게 하거나 영구 퇴출시켰다.

　미국 온라인 마켓플랫폼에서 제품을 판매할 경우, 이 평가에서 가장 주의를 해야 하는 것은 반품율Refund Rate이다. 다른 항목들은 셀러가 조금만 성실하게 관심을 가지면 좋은 평가를 받을 수 있지만, 반품율은 아주 체계적으로 낮추기 위한 노력을 하지 않으면 평가 기준을 맞추기가 쉽지 않다.

　뉴에그의 경우, 반품율을 2.5% 이하로 유지해야 했는데, 미국에서 전자제품의 반품율을 2.5% 이하로 유지한다는 것은 상당히 어려운 수준이었다. 내가 판매했던 UO 빔의 경우에는 평균 10~20%의 반품율이었고, 아주 많은 경우에는 30%까지 반품율이 올라갔다. 이런 상황에서 반품율을 2.5% 이하로 유지한다는 것은 거의 불가능했다.

　뉴에그와 거래하면서 내가 지켜야 하는 위의 여섯 가지 규정이 있는 것은 알았지만, 어떻게든 맞출 수 있겠지 하고 조금 편하게 생각했다. 따라서 반품율을 줄이기 위한 체계적인 노력은 하지 않았고, 담당자와 협의만 잘하면 되지 않을까 하는 생각을 했었다. 그러다 제품 판매를 진행하면서 그러한 나의 안이한 생각은 여지없이 깨졌다.

　이 규정을 어기면 시스템적으로 판매를 중단시키고 대책을 요구했다. 처음 판매 중단을 당했을 때는 담당자에게 연락하여 상황을 설명하고 대안을 강구하는 등 대책을 수립했다. 그것만 해도 다시 판매를 재개하는 데 1주 정도 소요되었다. 그러나 두 번째는 2주 이상이 소요되었고, 세 번째는 3진 아웃당했다.

사실, 아마존 벤더에서도 비슷한 일이 발생했다. 아마존에서 고객으로부터 반품이 쏟아졌고, 이로 인해 판매 중단이 되기도 했다. 아마존에서 반품율을 낮추고 처리했던 과정은 Part 3에서 아마존 판매를 설명할 때 좀더 구체적으로 설명하고자 한다.

아무튼 우리는 어떻게 하면 높은 반품율을 조금이라도 낮추고, 온라인 마켓플랫폼 기업에서 퇴출당하지 않으려면 어떻게 대처해야 할 것인가 하는 것이 대단히 중요한 화두가 되었다.

사용법이 어려워 반품하는 경우
반품율 낮추는 효과적 방법 네 가지

한국은 반품이 아주 까다롭다는 이야기를 많이 들었다. 하지만 미국은 반품이 아주 쉽다. 앞에서도 잠깐 A/S 및 C/S에 대해 언급한 바가 있지만, 한국과 미국은 A/S와 C/S를 운영하는 체계가 많이 다르기 때문이기도 하다.

1) 제품 박스를 열면 바로 보일 수 있는 곳에 사용자 매뉴얼과 간편사용설명서 Quick Users Guide를 넣어주어야 한다. 일반적으로 전자제품의 매뉴얼은 아주 복잡하고 부피를 줄이기 위해 작은

글씨로 되어 있어, 사용자들이 쉽게 따라 하기가 어렵다. 따라서, 가장 기본적인 기능만이라도 한두 페이지로 정리하여 간편사용설명서를 만들어 가장 쉽게 보이는 곳에 넣어주는 것이 필요하다. 일단, 고객들은 가장 기본적인 작동이 가능하면, 그 제품에 대해 호감을 갖기 때문이다.

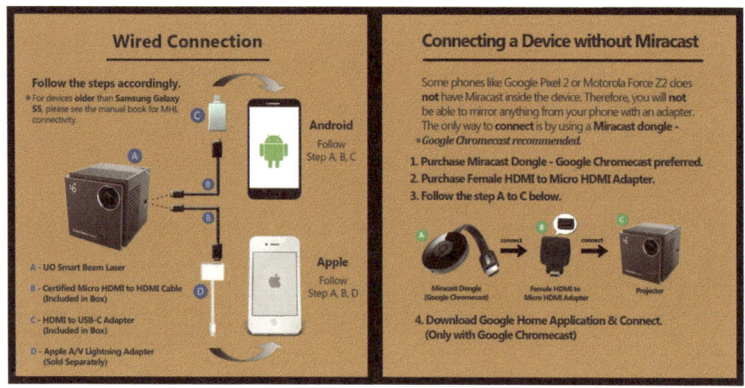

제품 박스 안에 넣어 준 간편사용설명서

2) 간편사용설명서에는 C/S 관련 연락처를 아주 쉽게 볼 수 있도록 만들어 주어야 한다. 일례로, 아래와 같이 양면으로 만들어 제품 박스 내부의 윗부분에 넣어주면, 박스를 열었을 때 가장 먼저 볼 수 있으므로 반품율을 몇 퍼센트는 줄일 수 있다. UO 빔의 경우, 실제로 20%에 가까운 반품율에서 5~10% 정도는 줄일 수 있었다.

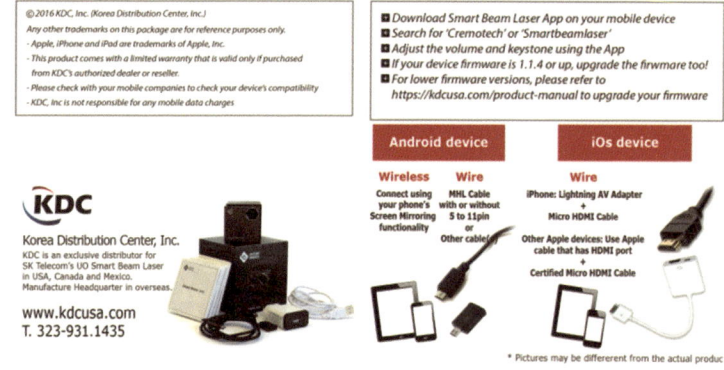

고객이 직접 사용법을 문의할 수 있는 연락처 제공

3) 제품의 각 기능별로 쉽게 설명한 튜토리얼 비디오를 만들어 유튜브에 올려놓아야 한다. 튜토리얼 비디오는 제품에 대해 전혀 경험이 없는 초보자가 비디오를 따라 했을 때, 작동이 가능한지 테스트해 보아야 한다. 이를 유튜브와 웹사이트에서 고객들에게 알려주면, 이 또한, 반품율을 3% 이상 줄일 수 있다.

4) 위에서 말했듯이 유튜브에 각 기능별로 튜토리얼 비디오가 잘 준비되어 있으면, 고객지원은 아주 쉬워진다. 따라서 C/S 인력 낭비도 줄일 수 있다.

사실, 위와 같이 반품율을 낮추기 위한 준비는 제품을 판매하기 전에 준비하고 대비해야 되는 사항들이다. 나는 이러한 것을 사전에 준비하지 못했다. 따라서 높은 반품율로 인해 뉴에그에서 몇 차례 판매 중단이 되었고, 담당자들을 설득하여 다시 판매하는 과정을 되풀이하면서 상당한 판매손실을 감내해야 했다. 결국 장기간 판매 중단 조치를 받으면서, 반품율을 낮추는 방법을 조금씩 익히게 되었다. 나는 한국에서 새롭게 미국에 진입하는 중소기업인들이 나와 같은 시행착오를 겪지 않기를 간절히 바란다.

뉴에그의 연락처는 다음과 같다.

Contact Us
For technical questions, please email us at datafeeds@newegg.com
For general questions, please reach out to your Category Manager or email us at marketplacesupport@newegg.com

언비터블닷컴, 에임스온라인비즈 등 온라인 중소유통기업

언비터블닷컴Unbeatable.com을 검색하면 볼 수 있듯이 아주 다양한 제품을 판매하는 종합쇼핑몰로서 당사와는 오랫동안 꾸준하게 좋은 관계로 거래했다.

에임스온라인비즈Aimsonlinebiz는 러브더스타일닷컴Lovethestyle.com.au으로 연결이 되는 호주의 온라인기업이다. 처음 거래를 튼 이후 큰 문제 없이 지속적으로 거래를 유지해 왔다. 호주의 경우에는 운송비는 어느 정도 되지만, 관세나 부가세로 문제가 된 적은 없었다. 호주의 경우 1천 달러까지는 무관세이고, 특히 원산지 증명만 있으면 한호 FTA에 의해 무관세가 가능했기 때문이었던 것 같다.

  이들 기업 이외에도 상당히 많은 중소 온라인 유통기업들과 거래를 하였는데, 위 회사들의 판매 사이트를 검색해 보면 이 온라인기업들도 특이한 제품을 소싱하기 위해 엄청난 노력을 하고 있다는 걸 알 수 있다. 따라서, 내 제품이 다른 제품에 비해 어떤 독특함이나 특장점이 있다고 판단되면, 자신감을 갖고 온라인 중소기업들과 협력의 문을 과감히 두드려야 한다. 두드리면 열릴 것이다!

전 세계의 모든 온라인 중소 유통기업들은 당신의 제품을 기다린다. 자신감을 가지고 과감하게 노크하라! 판매하면서 마케팅하기에 정말 좋은 기업들이다.

Part 3

마침내 아마존 1등, 끝이 아닌 시작이다

 아마존 1등은
마케팅 종합성적표다

아마존 가격이 세계 표준인 이유

드디어 아마존이다. 정글이다. 세상 모든 것을 팔면서 A부터 Z까지 고객을 미소 짓게 하겠다는 곳이다. 독자들은 앞의 글들을 통해서 어느 정도 미국시장의 큰 체계를 파악했을 것이다. 물론 앞의 글들을 읽지 않았더라도 상관없다. 이제부터 독자들을 쥬라기 공원으로 모시고 가겠다. 뼈만 남은 화석이 아니라 살아 있는 유통공룡 아마존을 잡으러 가는 것이다.

아마존은 독불장군인가 물귀신인가?

먼저 염두에 두고 잊지 말아야 할 것이 있다. 우리 기업들은 단순히 아마존 하나만을 생각하고 가격 결정이나 운영을 해서는 안 된다는 것이다. 아마존은 온라인, 오프라인의 다양한 거래처 판매활동과

SNS, 인플루언서, 컨벤션, 현장 데모 등 다양한 마케팅활동과 A/S, C/S와 같은 모든 경영활동의 결과물로서 판매가 이루어진다. 따라서 아마존의 판매량에 따라 다른 채널에서의 판매량도 결정되고, 다른 거래처의 마케팅과 판매량에 따라 아마존의 판매량도 결정된다. 즉, 아마존과 다른 모든 채널이 유기적으로 결합되어 있다는 뜻이다. 물론 나의 웹사이트에서 판매되는 판매량도 아마존과 연계되어 있다.

따라서 아마존을 아마존 하나만의 단순한 온라인 판매망으로만 생각해서는 답을 얻기가 쉽지 않다. 아마존에서 판매량을 늘리고, 좋은 결과를 얻기 위해서는 다른 많은 거래처와 연계하여 판매와 마케팅 계획을 수립해야 한다. 그럴 때 비로소 효과적인 좋은 결과를 얻을 수 있다.

아마존에 등록된 가격은 아마존만의 가격이 아니다. 고객들이 베스트바이, 월마트에서 제품을 구입할 때도 아마존의 가격을 조회한다. 어떤 제품을 구매할 때, 아마존에서 같은 제품의 가격을 조회하는 것은 일상적인 일이 되었다. 아마존 가격은 제품을 구입할 때 사용하는 바로미터이다. 아마존에 리스팅된 판매가격은 아마존에서만 판매하는 가격이라고 생각해서는 안 된다는 뜻이다.

다른 회사와 거래할 때도 아마존에서 판매하는 가격을 기준으로 협상한다. 내가 오프라인 도매유통기업인 위닛과 거래하는 과정에서 겪었던 사례에서 언급했듯이, 오프라인 도매유통기업과의 거래에서도 아마존 판매가격이 계약의 성사 여부를 결정하는 주요 요소로 작용한다. 오프라인기업의 바이어도 아마존에 등록된 판매가격을 소비자가격으로 생각하고 자신들의 구입가격과 판매가격을 결정한다.

따라서, 아마존의 판매가격은 개인고객뿐만 아니라 오프라인 대량거래를 위한 거래처에서도 사용하는 기준 가격으로 작용한다. 아마존의 판매가격을 결정할 때는 반드시 해당 제품에 대한 글로벌 가격정책 Global Price Policy을 수립한 후에 진입하는 것이 필요하다.

해외수출의 첫걸음은 글로벌 가격정책 수립부터

사실, 중소기업의 입장에서는 내 제품이 세계시장에서 얼마나 판매될 수 있을 것인가를 예측하는 것은 매우 힘들다. 하지만, 아무리 중소기업이라 하더라도 미국시장에 진출하려는 의지를 가진 기업이라면, 그냥 아마존에 대충 올려놓고 어느 정도만 팔리면 된다고는 생각하지 않을 것이다.

글로벌 가격정책을 세우려면, 우선 어떤 시장경로를 통해 어떻게 판매한다는 판매계획, 즉 판매목표를 먼저 세워야 한다.

판매목표 및 계획

1) 아마존에서만 판매할 계획이다.
2) 아마존과 온라인 중소기업들까지 판매할 계획이다.
3) 아마존, 온라인 중소기업 그리고 오프라인 소매유통까지 판매할 계획이다.
4) 아마존, 온라인 중소기업, 오프라인 소매, 도매유통기업들까지 판매할 계획이다.

이와 같이 판매계획을 설정하고 나면 단계별로 각각의 공급과 판매가격을 시뮬레이션해 본다.

위의 1)번과 2)번의 경우는,

• 제조기업(공급가) → 아마존 또는 온라인 중소기업 판매가

아마존을 포함한 온라인 소매유통매장에서 판매할 가격과 이윤을 시뮬레이션해서 결정한다. 또한, 시뮬레이션을 할 때는 판매 이후 3개월, 6개월, 1년이 경과했을 때 가격을 낮추는 정도와 반품에 대한 원가 부담 등도 포함하여 시뮬레이션해야 한다.

위의 3)번의 경우는

• 제조기업(공급가) → 소매유통(판매가) = 아마존 판매가

오프라인 소매유통거래처B&H, 프라이스, 새미스 카메라 등에 공급할 경우에는 해당기업의 마진만 고려하면 되므로 대체적으로 도매유통 거래처에 비해 높은 단가를 제시해도 된다. 전자제품을 취급하는 소매유통기업은 마진을 15~20% 정도를 고려하면 된다. 하지만 홍보 마케팅 비용 및 거래처 직원들의 성과급 등 다양한 비용을 지불해야 한다는 것을 고려해야 한다.

이 경우까지는 대체로 아마존 수수료와 포장 및 운송비용을 고려하면, 온라인 중소기업의 마진이나 오프라인기업의 마진이 유사할 수 있으므로 공급가격은 기업별로 상황을 고려하여 잘 조정하고, 판매가격만 유지할 수 있도록 잘 협의하면 큰 문제는 없을 것으로 판단된다.

위에서 4)번 오프라인 도매유통거래처까지 판매할 계획이면,

- 제조기업(공급가) → 도매유통(공급가) → 소매유통(판매가)
  = 아마존 판매가

제조기업에서 오프라인 도매유통거래처에 공급할 단가를 결정하고, 다음으로 오프라인 도매유통거래처가 오프라인 소매유통거래처월마트, 애플, 베스트바이에 공급할 가격을 예상하면, 오프라인 소매유통의 판매가격MAP(Minimum Average Price, 최소 평균가격)을 결정할 수 있다.

이 가격을 기준으로 각 유통거래처와 협상을 해야 하고, 이 가격

으로 아마존의 판매가격을 결정하는 데 사용하면 된다. 이렇게 판매 및 공급가격을 단계별로 시뮬레이션해 보면, 내 제품이 도매유통까지 판매가 가능할지, 아니면 소매유통까지만 가능할지 확인하고 결정할 수 있다. 이처럼 사전에 내 제품의 유통가능 채널을 결정하는 것은 시행착오를 줄이고, 거래선을 구축하기 위해 투자되는 시간을 적절히 조정할 수 있는 가능성이 생기므로 아주 중요한 요소가 된다.

> *** 한국 중소기업 사장들의 생각**
>
> 내가 미국에서 만난 한국의 많은 중소기업인들은 미국 진출에 대한 강한 의지와 대단히 적극적인 마인드를 가지고 있었다. 하지만 많은 중소기업인들이 가격에 대한 시뮬레이션을 정밀하게 하지 않고, 대략적인 가격을 제안하는 경우가 많았다. 정밀하게 비용분석을 거쳐 바이어의 입장에서 공급가와 판매가를 제시하기보다는 대부분 자신들이 100달러에 판매하고 있으니까, 어림잡아 미국의 유통기업에 40~50달러 정도로 공급하면 충분히 판매수익을 남길 수 있을 것으로 생각하는 경우가 많았다.

유통채널별 비용 vs. 나의 비용
경쟁사 판매가격 vs. 나의 판매가격
시뮬레이션으로 유통범위 결정

1) 국제물류비용
2) 관세율

글로벌 가격정책을 만들 때는 다음을 고려하여 시뮬레이션해야 한다.

3) 오프라인 도매유통거래처의 마진율

4) 오프라인 소매유통거래처의 마진율

5) 아마존과 같은 대형 온라인 마켓플랫폼 수수료

6) 중소 온라인 거래처의 영업마진

7) 드롭쉽의 경우 발생하는 미국 내 물류비용

8) 포장비용

9) 반품율

10) A/S 비용

11) 리퍼 제품Refurbish 가격

12) 마케팅 비용

13) 기타 부대비용

이렇게 시뮬레이션하는 과정에 미국에서 판매되고 있는 경쟁사 제품의 판매가격과 내 제품의 원가구조를 잘 분석하면 내 제품은 어떤 유통채널을 통해 어디까지 유통이 가능한 가격구조를 가졌는지 대략적으로 결정할 수 있다.

또한, 이러한 분석을 통해 아마존의 리스팅 가격을 결정해야 향후에 발생할 수 있는 거래처 간의 가격충돌Price Conflict을 사전에 방지할 수 있고, 각 거래처별로 제안해야 하는 공급가격을 사전에 결정해놓을 수 있다. 물론 거래처별로 단가 협상이나 조정은 당연히 하는 것이지만, 기준이 없으면 시장을 확장할 수 없는 경우가 발생하거나, 거래 도중에 거래처별로 가격 문제가 발생하여 거래가 중단되는 일이 생길 수도 있다.

또한, 제조기업이나 어떤 지역의 독점적 판매자인 경우에는 자신들이 직접 운영하는 아마존의 가격뿐만 아니라, 거래처에 리스팅해 놓은 판매장에 혹시 다른 셀러들이 있는지도 확인해야 한다. 만약 있다면 다른 셀러들의 판매가격을 항상 관심을 가지고 점검해 보아야 한다.

물론 아마존에서는 제조기업과 독점권자를 보호하기 위해 상표 등록Brand Registry을 하게 하여 보호하고 있지만, 이것만 100% 믿어서는 안 된다. 경우에 따라서는 유사한 카테고리에 약간 다른 이름으로 동일 제품을 등록하여 좀 더 싼 가격으로 판매하는 경우도 있으므로 판매 제품의 가격은 항상 촉각을 곤두세우고 확인해야 한다.

또한, 아마존에서는 반드시 바이박스Buy Box를 차지해야 제대로 된 판매가 가능하다. 바이박스를 차지하는 것은 아마존 리스팅하기에서 좀 더 상세하게 다루겠지만, 판매가격은 바이박스를 차지하는 데 필수불가결한 아주 중요한 요소다. 다시 한번 강조하지만 내가 판매하는 가격과 경쟁자들이 판매하는 가격을 항상 점검하는 체계가 되어야 한다.

아마존에 리스팅하기 전 준비해야 할 것들

아마존에서 제품을 판매하려는 셀러Seller는

 Amazon Seller Central
https://sellercentral.amazon.com/

을 방문하면 아마존에 가입할 수 있는 최근 기준을 볼 수 있다.

이 사이트에서 아마존 셀러로 가입할 때, 가장 먼저 결정해야 하는 것은 개인Individual으로 가입할 것인가, 아니면 프로페셔널Professional 기업으로 할 것인가이다. 아주 중요한 결정은 아니지만, 아마존 등록비용Subscription Fee에서 차이가 있다. 개인으로 등록하면 1판매Sale당 0.99달러를 지불하고, 기업으로 등록하면 한 달에 39.99달러를 지불해야 하므로 한 달에 40개 이상을 판매하는 경우에는 기업으로 등록하는 것이 유리하고, 40개 이하의 경우에는 개인으로 등록하는 것이 유리하다.

물론 등록한 이후에 변경이 가능하므로 큰 문제가 되지 않는다. 하지만 개인으로 등록할 경우, 아마존 프라임은 이용할 수 없다. 아마존에서 판매를 원하는 기업이라면, 매월 39.99달러를 지불하는 프로페셔널을 선택하는 것이 장기적으로 더 바람직하다.

다음으로, 제조기업이나 미국지역에서 독점판매권을 가진 브랜드 오너Brand owner라면 상표등록Brand Registry을 하는 것이 여러 가지 측면에서 유리하다. 상표등록을 하면 상품권, 지적재산권 등을 보호받을 수 있고, 광고마케팅과 고객 유치에 도움이 될 수 있기 때문이다.

상표등록을 위해서는 은행 계좌, 신용카드, 정부에서 발급한 Tax 정보, National ID 및 전화번호가 있어야 하므로 미국에 법인이 있는 경우는 등록이 편리하다. 해외에서 등록하는 셀러들도 등록은 가능하므로 아마존 셀러 센트럴 Seller Central 등록에 필요한 기본적인 서류들을 미리 점검하여 등록 준비를 하도록 한다.

일단, 셀러 센트럴에 등록하여 ID와 PW를 만들고 나면 다음으로 판매할 제품을 리스트 업 List-up 또는 리스팅 Listing 해야 하는데, 이는 상품등록 등의 작업 전반을 말한다. 등록을 할 때 아래와 같은 것들이 필요하므로 미리 정리해서 준비해 두면 시간을 단축할 수 있다.

- 가격: 아마존 가격과 협력사 가격 등 글로벌 가격정책
- 웹사이트(상표등록할 때 활용)
- 회사 도메인 Domain, 이메일
- 사진(500×500 또는 1000×1000 픽셀)
- 동영상(제품설명 동영상 및 광고 동영상)
- 제품에 대한 스토리 메이킹 Story Making
- 유사한 제품과 비교한 특성
- 액세서리(옵션 Variation 이 필요할 경우)
- 포장박스(드롭십 Dropship 및 아마존 책임배송 Amazon FBA)

- 고객배송, 프라임Prime, 벤더Vendor 배송 방법: 배송업체 계약
  (아마존은 주로 UPS, USPS: 배송단가 절감)
- 품질보증 방안
- 은행 계좌Bank Account

A+템플릿으로 핵심적이고 효과적으로 꾸미기

아마존에서 리스팅하는 것은 오프라인에서 매장을 꾸미는 것과 유사하다고 생각하면 된다. 어떤 상권(범위Category 선택)에, 기본 인테리어 디자인(템플릿Template 선택)은 어떻게 하고, 내 제품들(상표등록Brand Register)은 어떻게 진열(사진, 동영상, 제품 특성 나열, 스펙Spec 기재 등)할 것인지를 결정하는 것이다. 즉 어디에서 어떻게 고객의 시선을 끌고, 제품의 스토리를 만들어 고객들의 마음을 사로잡을 것인지를 생각해야 한다.

아마존에는 수백 만의 셀러들이 있고, 내가 판매를 원하는 제품과 유사한 제품을 판매하는 경쟁사 또한, 수없이 많다. 내가 판매했던 UO 빔의 경우에도 1천 곳 이상의 셀러들이 빔 프로젝터를 판매하고 있었고, 소형 빔 프로젝터도 수없이 많은 셀러들이 판매하고 있었다.

그러면, 그렇게 수많은 셀러들이 나와 유사한 제품을 판매하고 있는데, 어떻게 고객들이 내 제품을 쉽게 찾고, 찾았을 때 고객들이 잘

이해하고, 내 제품을 구입할 수 있게 할 것인가가 관건이 되는 것이다. 이것이 아마존 온라인 스토어를 어디에, 어떻게 만들 것인가를 고민해야 하는 이유다.

내 제품을 리스팅할 카테고리 결정

처음 아마존을 접하는 셀러들이 마주치는 관문은 내 제품을 어디에 리스팅할 것인가 하는 것이다. 이것을 결정하는 것이 카테고리Category를 정하는 일이다.

UO 빔은 소형 빔 프로젝터인데, 어느 카테고리에 등록하면 가장 많이 판매할 수 있을 것인가가 결정의 기준이다. 프로젝터니까 비디오 제품, 학생들이 많이 사용하니까 학용품, 프로젝터는 레저용으로 많이 사용하니까 아웃도어용품 등등 다양한 카테고리가 떠오를 것이나. 이런 경우에는 너무 많이 고민하지 말고 그냥 아마존에서 빔 프로젝터를 검색하여 다른 대부분의 빔 프로젝터가 등록되어 있는 카테고리에 넣으면 된다고 생각한다.

그런데 가만, 혹시 이런 생각을 하는 독자들도 있을 것 같다. '이 카테고리는 유사한 제품들로 경쟁이 아주 심하니까 다른 카테고리에 등록하는 게 더 좋지 않을까?' 물론 가능한 발상이다.

과거에는 다른 종류의 카테고리를 여러 개 선택하여 약간 다른 제품 제목Product Title을 사용하고 약간 다른 제품설명Product description을 사용하면 아마존에서 다른 제품으로 인식했다. 하지만 몇 년 전부터는 아마존 AI가 유사한 제품을 여러 카테고리에서 판매하는 것을 막고 있다. 아마존의 '고객 집착' 정신은 0과 1밖에 모르는, 피도 눈물도 없는 아마존 AI한테도 강력하게 집착되어 있다.

경우에 따라서는 아마존 AI가 무작위로 통합시켜 버리는 작업을 하기도 한다. 여차 잘못하면 아마존으로부터 경고를 받거나, 내가 원하지 않는 엉뚱한 카테고리에 합병될 수 있으므로 주의해야 한다. 나도 이런 경험이 있었다.

경쟁이 심해도 고객이 쉽게 찾는 카테고리를 선택하라

내가 식당을 오픈한다고 가정할 때, 내 식당을 유명한 먹자골목에서 시작할 것인가, 아니면 식당이 거의 없는 다른 상가들이 모여 있는 곳에 나 홀로 개점할 것인가. 아마존에서 카테고리를 결정하는 것도 이것과 유사하다. 먹자골목은 다양한 종류의 식당이 많으므로 고객들은 일단 먹자골목으로 몰려든다. 전문 카테고리는 고객들이 쉽게 찾을 수 있다. 하지만, 먹자골목에서 음식 맛이나 서비스 등 내세울 수 있는 경쟁력이 없다면 어느새 간판이 바뀌는 비극이 일어난다. 전문 카테고리에는 비슷한 종류의 제품들이 다양하게 있으므로 내 제품에 특성이 없거나 특성을 잘 표현하지 못하면 고객들은 쳐다보지도 않는다.

내 경험에 비추어 보면, 나와 유사한 제품을 많이 판매하는 카테고리에 들어가는 것이 가장 좋은 방법이라고 생각한다. 즉 먹자골목에 들어가 음식맛, 서비스, 나만의 특기로 승부를 거는 것이다.

다음 단계 역시 중요하다. 내 제품의 특성을 가장 잘 보여줄 수 있는 템플릿Template을 선정하는 일이다. 그 템플릿을 잘 활용하여 고객들이 내 제품을 쉽게 찾을 수 있고, 찾았을 때 내 제품의 특성을 한눈에 잘 이해할 수 있도록 매장을 멋지게 꾸며 주는 것이 필요하다.

그러면 지금부터 템플릿 선정에 대해 알아보자.

정성껏 오프라인 매장 꾸미듯 고급 기능이 있는 A+템플릿

우리가 일반적으로 말하는 아마존 템플릿에는 론치패드Launch Pad와 핸드메이드Handmade가 있고, 핸드메이드에서는 아마존 기본 템플릿과 아마존A+템플릿Amazon A+ Template이 있다. 처음에는 신제품을 위주로 제품을 소개하는 아마존 론치패드Amazon Launch Pad도 이용할 수 있는데, 방문고객이 다소 다를 수 있으므로 권하고 싶지 않다. 장기적인 측면에서 아마존A+템플릿을 권하고 싶다. 사실 템플릿을 하나 꾸민다는 것은 오프라인에서 매장 인테리어를 하는 것과 동일한 노력과 시간이 필요하므로 나의 제품에 맞는 템플릿 선정부터 신중을 기하는 것이 중요하다.

먼저 카테고리를 정하고, 매장을 꾸밀 수 있는 템플릿을 결정하고 나면, 이제 본격적으로 리스팅에 들어가는데, 한번 올리고 나면 바꾸는 것은 쉽지 않다. 물론 작은 부분을 수정하는 것은 몇 분 내에 바꿀 수 있지만, 중요한 사진이나 제품 주요특징Five Bullet Point 등을 바꾸는 것은 짧게는 며칠, 길게는 몇 주까지 걸릴 수 있다. 처음 만들 때, 신중을 기해 기획하고 정성을 다해 만드는 것이 좋다.

다음 그림이 아마존의 가장 기본적인 템플릿이다. 이에 대한 각각의 기능과 만들 때 주의하여야 하는 점을 이야기해 보자.

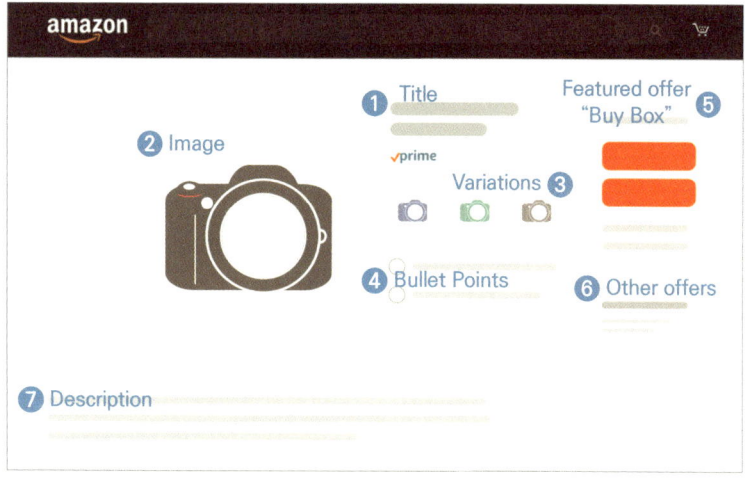

가장 중요한 것은 제품타이틀상품명 만들기

① 제품타이틀Product Title은 기본적으로 상품 식별 정보를 포함시키는 등 아마존에서 제시하는 작성 준수 원칙을 따라야 검색에서 제외되지 않는다. 핵심은 내가 표현하고자 하는 키워드를 200자 이내에 모두 넣어야 한다는 것이다. 이 키워드에 따라 고객이 검색할 때 내 제품이 노출될 수도 있고 그렇지 않을 수도 있다. 그렇다면 그 핵심

키워드는 얼마나 중요하고, 또 어떻게 선정해야 하는 걸까.

제품타이틀은 내 제품을 가장 잘 표현하는 키워드인 동시에 고객이 쉽게 검색할 수 있는 단어를 사용해야 한다. 또한, 제품 등록을 모두 마친 이후, 아마존 마케팅 서비스 AMS 등을 활용하여 마케팅할 때도 큰 영향을 미친다. 내가 쓰고 싶은 단어보다는 고객이 쉽게 찾을 수 있는 단어를 사용하는 것이 좋다. 오로지 제품과 고객 입장에서 제품타이틀을 만들어야 한다.

독자들께 팁을 준다면, 내 제품의 카테고리에서 가장 강력한 경쟁사들 카테고리 Top10~20이 사용하고 있는 어휘 Words 들 가운데 내 제품을 표현할 수 있는 단어를 선택하는 것도 고객들에게 노출을 높일 수 있는 방법이다.

*제품타이틀 작성 꿀팁

1. 200자 내에서 핵심 키워드를 최대로 노출시킨다.
2. 각 단어의 첫 글자는 대문자(전치사, 접속사, 관사는 예외)
3. 숫자를 사용할 것(Five → 5)
4. 구두점, 비언어 ASCII 문자 사용금지(/. -, &, ©)
5. 홍보문구, 주관적 표현(Best Seller 등)은 사용하지 않는다.
6. 판매자 이름 포함 금지, 크기, 색상 옵션은 하위 ASIN에서 표시

**첫인상을 결정하는
시선 집중 사진&동영상**

　어떤 경로를 거쳐, 일단 고객들이 내 제품의 온라인 스토어를 방문하면 가장 먼저 내 제품을 대면하는 것은 ② 메인 사진Image이다. 메인 사진은 내 제품의 얼굴이다. 아마존의 규정에 따르면 500×500 또는 1000×1000 픽셀로 가능한 화질이 좋고 선명한 사진을 사용해야 한다. 온라인 스토어를 빨리 만들겠다고 나중에 바꾸면 된다는 생각으로 갖고 있던 사진 가운데 골라서 급히 올리는 것보다는 처음부터 내 제품을 충분히 설명할 수 있는 선명하고 좋은 사진을 올리자.

　가장 기본이 되는 메인 사진은 제품 뒤 배경이 흰색일 것, 제품이 화면 전체의 80% 이상이 되어야 한다고 아마존이 규정하고 있다. 하지만, 제품의 브로슈어에 올리는 사진과 제품의 인증서 등 특성을 강조하는 단어나 데코레이션Decoration 등을 넣는 것도 가능하다. 따라서 리스트를 심의하는 아마존 직원과 긴밀하게 협력하는 것이 필요하다. 아마존 직원과 협의하는 과정에서 한 직원이 허락을 하지 않더라도 포기하지 말고 다른 직원과 다시 협의하거나, 매니저를 바꾸어 달라고 하여 필요성을 강조하면 허용될 가능성을 높일 수 있다.

　다음의 UO 빔 메인 사진의 경우, 한동안 내가 아마존의 메인 사진으로 사용했던 것이다.

　하지만, 현재 아마존의 규칙으로 볼 때, 아래위의 문구가 다소 복잡하므로 아마존에서 허락하지 않을 가능성이 높다. 나의 경우도 처음에는 아마존에서 이 제품 사진을 메인 사진으로 사용하는 것을 거절했었다. 그래서 이 사진을 보조사진으로 사용하면서, 아마존 담당자를 수차례 설득한 결과 사용할 수 있게 된 것이다.

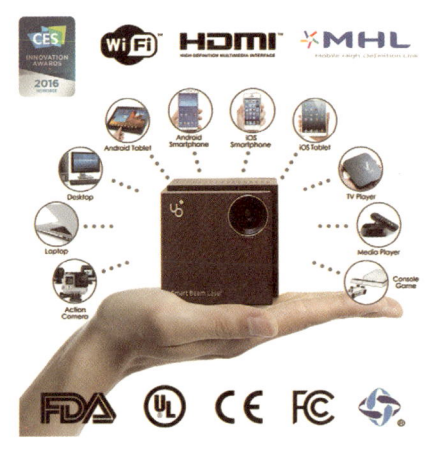
KDC가 사용한 메인 이미지

이 사진이 아주 좋다는 뜻은 아니다. 하지만, 내가 표현하고자 하는 것을 가능한 한 한눈에 알아볼 수 있도록 한다는 측면에서 나쁘지 않다고 생각한다.

독자들은 현재 아마존에 올려져 있는 다른 제품의 메인 사진들을 참고하여 내 제품을 한눈에 표현할 수 있는 사진을 촬영하고 만드는 것이 좋다. 그런데 아마존 담당자가 거절하면, 내가 참고로 한 다른 제품의 사진을 근거로 강력한 협조 요청을 하면 설득될 가능성이 높다. 내가 메인 사진의 타입을 강조하는 이유는 너무 아마존의 규칙에 얽매이지 말고 내가 표현하고자 하는 것을 관철시키는 것이 더 중요하다는 뜻이다.

일단, 고객이 내 제품에 관심을 갖게 되면 메인 사진 옆에 있는 보조사진과 동영상을 보게 되므로 보조사진과 동영상 또한, 대단히 중요하다. 일반적으로 기본 템플릿을 사용할 경우, 보조사진란에는 사진만 올리도록 하는데, A+템플릿을 사용하면 사진뿐만 아니라 동영상도 올릴 수 있으므로 가능한 한 A+템플릿을 사용하기를 권한다. 보조사진란의 사진과 동영상, 주로 제품의 앞면, 옆면, 뒷면 사진뿐만 아니라 고객이 직관적으로 좋아할 수 있는 사진을 올리는 것이 좋다. 특히 동영상의 경우 제품에 따라 제품의 성능을 설명하는 동영상이나 고객이 혹할 수 있는 홍보 동영상을 올리면 고객의 관심을 끄는 데 유리하다.

색상, 액세서리, 세트 구성은 선택 옵션을 활용하라

③ 베리에이션Variations은 내 제품의 모양이나 성능은 같은데 제품의 색상, 사이즈, 향기 등이 다양한 경우 이용한다. 고객들이 제품을 구입할 때 다양한 선택을 쉽게 할 수 있도록 해주는 역할을 한다. 또한, 메인 제품과 액세서리, 세트로 구성할 수 있는 제품의 경우에도 베리에이션을 이용할 수 있다.

하지만, 이것을 이용하면 아마존 표준 식별번호ASIN, Amazon Standard Identification Number가 하나가 되므로 제품을 다양하게 노출시키는 측면에서는 불리할 수 있으므로 장단점을 잘 판단하여 결정하는 것이 필요하다.

물론, 고객들에게 다양한 색상과 사이즈, 향기 및 세트 제품을 편리하게 선택할 수 있도록 하나의 ASIN에는 옵션을 넣어주고, 다른 각각의 제품은 다른 ASIN을 사용하여 별도의 제품으로 등록하는 방법도 있다. 따라서 이를 모두 활용하면 다양한 노출과 고객의 편리성을 동시에 추구할 수도 있다.

제품타이틀만큼 중요한 파이브 불릿 포인트 작성

아마존에서 고객을 유도하는 방법은 ① 제품타이틀로 고객들이 검색하여 들어오게 만들고, ② 메인 사진과 보조사진 및 영상으로 관심을 가지게 하고, 그 다음으로 ④ 불릿 포인트Five Bullet Points를 읽고 구입하도록 만드는 것이다.

④ 앞에 글머리 기호가 붙은 불릿 포인트는 5개까지 작성이 가능하므로 이를 파이브 불릿 포인트Five Bullet Points라고 한다. 이것은 가장 기본적으로 제품의 특성을 고객들에게 알려주도록 만들어놓은 공간이다. 아마존을 찾은 고객들은 자신들이 찾는 특정 제품이 있을 경우에는 검색해서 제품을 찾으면 바로 구입한다. 그렇지만 찾는 제품이 아직 결정되지 않은 고객들은 어떤 제품을 검색하고 난 다음 반드시 그 제품의 성능에 대해 조사하는 과정을 거친다. 이때 어필할 수 있는 기본이자 핵심 정보가 바로 파이브 불릿 포인트다.

특히, 셀러가 판매하는 제품이 고가이거나 특허를 받은 제품, 매우 독특한 특성을 갖고 있을 경우에는 불릿 포인트를 잘 활용하여 고객의 마음을 사로 잡는 것이 필요하다.

일반적으로 많은 셀러들은 단순히 자신들의 제품 특성을 나열해 주는 것에 그친다. 나의 경우에는 UO 빔이 세상에 하나밖에 없는 제품이었고, 일반인들에게는 잘 알려져 있지 않았고, 익숙하지도 않은 고가 제품이었으므로 제품을 개발하게 된 동기부터 설명했다. 그리고, 나의 제품이 가진 특성, 경쟁사의 제품들에 비해 안전하고 기술적으로도 우월한 제품이라는 것을 스토리 형식으로 만들어 고객들에게 알리기 위해 노력했다.

한국은 경쟁사와 비교 우위를 설명하는 것이 법적으로 아주 제한되어 있지만, 미국은 경쟁사와 비교하여 알리는 것에 대한 제한이 없다. 단, 광고가 사실에 근거하지 않으면 법적으로 큰 처벌을 받을 수 있다. 반드시 경쟁사의 기술과 자신들이 사용하고 있는 기술

- Until now, most projectors used LED, LCD or DLP as the light source and they all possessed one bothersome problem Focus needed to be adjusted manually
- Thanks to laser technology, Focus-Free functionality was born. Image was in focus every single time on laser projectors
- There are three portable laser projectors: UO Smart Beam Laser, Sony MPCL1 and Celluon PicoPro. Sony's and Celluon's laser can cause harm to human eye
- The team behind the creation of UO Smart Beam Laser invented highly advanced laser technology that is completely safe to human eye approved by FDA
- UO Smart Beam Laser is the only true portable laser projector in the world that delivers focus free and vivid image all the while being safe

을 잘 이해하고 합법적인 범위 내에서 경쟁사에 비해 우위에 있음을 설명해야 한다.

나는 내가 빔 프로젝터를 사용하면서 가장 불편하게 생각했던 점, 즉 거리에 따라 항상 초점을 조정해야 했던 것을 가장 먼저 내세웠다. 주로 이동하면서 사용하는 소형 빔 프로젝터의 경우, 거리를 이동할 때마다 초점을 다시 조정하는 것은 너무 힘든 일이었기 때문이다. 이러한 인류의 불편함을 해결하기 위해 당사는 노력해 왔으나, 이것은 기존의 LED, LCD, DLP를 활용한 기술로는 해결할 수 없었고, 레이저 기술의 사용으로 이 문제를 해결했다고 썼다.

잘 작성된 불릿 포인트 SONY, CELLUON을 퇴출시키다

레이저 빔 프로젝터는 초점이 없는 방식, 즉 초점을 맞추시 않아도 모두 초점이 맞는 방식인 포커스 프리 Focus Free를 실현할 수 있었다. 그러나 레이저의 직진성은 인체에, 특히 눈에 해로울 수 있었다. 따라서 UO 빔 개발자는 이러한 문제를 해결하기 위해 오랫동안 엄청난 연구 투자를 하여 인체에 해가 없는 Laser Class 1의 레이저 빔 프로젝터를 개발할 수 있었다. 이것이 UO 빔이다. 하지만 경쟁사인 소니의 MPCL1과 셀루온이 채택하고 있던 레이저 빔 프로젝터는 사람의 눈에 해로운 Class 3 기술을 활용하고 있어 대단히 위험한 제품이다. 나는 이를 증명하기 위해 UO 빔은 FDA로부터 Laser Class 1 승인을 받았다는 것을 강조했다.

사실, 이러한 문구를 작성해놓아도 일반 고객들은 이해하지 못할 수도 있었다. 그렇지만 나는 세계 최초의 새로운 제품을 세상에 알리기 위해서는 개발하게 된 스토리도 중요하다는 생각에 불릿 포인트 전체를 활용하여 스토리를 만들었다. 한 칸에 150자 5개까지라는 한계가 있었으므로 내가 전하고 싶은 내용을 정리하는 것이 쉽지 않았다. 초기에는 아마존 담당자로부터 제재도 받았지만, 세계에서 하나밖에 없는 제품이라는 점을 가지고 담당자를 설득하여 올릴 수 있었다.

그 결과, 소니의 MPCL과 셀루온의 PicoPro는 한동안 아마존에서 판매 금지를 당하기도 했다. 사실, 신규제품으로 출시하여 기존의 소니 MPCL벽을 뛰어넘는 것도 초기 단계에서는 쉬운 일이 아니었지만, 의외로 쉽게 기존의 두 레이저 빔 프로젝터의 벽을 뛰어넘을 수 있었다. 이 불릿 포인트야말로 아마존에서 소형 빔 프로젝터 판매 1위, 빔 프로젝터 전체 카테고리에서 2위를 달성하는 데 큰 도움이 되었다고 생각한다.

"발 없는 말이 천리를 간다."라는 말이 있다. 말보다 더 강한 것은 글이다. 공신력 있는 매체에 글을 쓰거나 인터뷰를 하고, 그 글이나 인터뷰가 널리 퍼지고 사람들끼리 주고 받게 되면, 그것은 사실이 되고 진실이 된다.

내가 힘들게 만든 ASIN에서 다른 셀러들이 나보다 더 잘 판다면?

⑤ 주 판매자Featured offer("Buy Box")가 표시되는 이 부분은 제품 등록을 하고 난 이후에 판매를 할 때 정말 중요하다. 'Buy Box'는 아마존에서 사용하는 용어Amazon Jargon 중 하나인데, 등록된 제품의 주 판매자를 나타내는 표현이다.

바이박스Buy Box는 매일 매 순간 점검해야 하는 부분이다. 내가 리스팅해놓았다고 안심하면 안 된다. 비록 내가 내 제품을 상표등록Brand Registry해서 올려놓아도 다른 셀러가 아무 노력도 없이 내 ASIN에서 제품을 등록해서 판매할 수 있다.

만약 다른 셀러들이 같은 ASIN에 등록해서 더 낮은 가격으로 판매할 경우, 그가 바이박스를 가져갈 수 있다. 물론 바이박스가 단순히 판매가격으로만 결정되는 것은 아니다.

다른 셀러가 내기 등록한 제품의 바이박스를 차지하면 나는 ⑥기타 판매자Other offers로 밀려난다. 이 바이박스를 차지하느냐, 빼앗기느냐가 판매량을 결정한다. 바이박스를 차지한 셀러가 등록된 제품 판매량의 최소 80~90% 이상을 판매한다. 만약, 바이박스를 다른 셀러에게 빼앗기면, 내가 등록한 제품을 다른 셀러가 판매하도록 하는 꼴이 된다. 오프라인 마켓을 비유하면, 내가 만들어놓은 상점에 다른 사람이 들어와서 주인 노릇을 하면서 물건을 팔아 이익을 보는 것과 같은 모양새다.

나도 독점권자로서 아마존에 등록했고, 상표등록을 했지만, 이런 일을 수없이 당했다. 어느 날, 내가 등록한 ASIN에서 판매는 많이 되고 있는데, 나에게는 오더가 들어오지 않았다. 확인한 결과, 다른 셀러가 내 바이박스를 차지하고 있었다.

그러면 어떻게 해야 바이박스를 획득하고 지킬 수 있을까. 이 부분은 사실 수많은 시장 변수가 있어서 정해진 답은 없다. 단지, 바이박스를 차지하는 최소 조건으로 이것만은 기억하자.

Buy Box를 차지하는 최소 조건

1) 가격은 낮을수록 유리하고,
2) 배송은 아마존 프라임 또는 셀러 프라임으로 되어 있어야 하고,
3) C/S는 판매자 실적Seller Performance에 영향을 주는 요소, 즉 고객응답율, AtoZ Claim, 부정적인 응대Negative Response로 감점이 되지 않아야 한다.
4) 재고량은 충분히 있어야 한다.
5) 셀러의 아마존 판매기간과 경험도 하나의 요소가 된다.

세계적인 기업, 아마존의 경쟁력은 어디에서 나오는가?

다음 표에서 제시한 아마존 경쟁력의 원천 중에서 아마존이 직접 할 수 있는 것은 무엇일까. 저렴한 가격은 셀러들의 시장경쟁으로 달성할 수 있다. 또 믿을 수 있는 품질 또한, 셀러 관리를 통해 이루어질 수 있다. 그러면 두 번째의 신속한 배송은 어

> **아마존 최강 경쟁력의 원천은 이것!**
>
> 1) 저렴한 가격(같은 제품을 여러 셀러가 판매)
> 2) 신속한 배송(FBA, Prime 배송)
> 3) 믿을 수 있는 품질(진성 리뷰를 통한 고객의 선택)

떨까? 아마존에서는 신속한 배송을 위해 미국 전역에 100개 이상의 초대형 아마존 창고Amazon Fulfillment Center를 지어놓고 자동화를 위해 엄청난 투자를 해 왔다. 아마존은 물류업을 하고 있다고 해도 과언이 아니다.

아마존에 리스팅하면 미국 전역에 노출되는 것일까?

아마존에서 초보 셀러들은 아마존에 제품을 등록만 하면, 미국 전역으로 내 제품이 노출되는 것으로 생각하는 경우가 많다. 하지만 이것은 철저한 오해다. 셀러가 배송하는 방법을 선택하는 조건에 따라 노출되는 지역이 달라진다. 그것은 미국과 같이 큰 나라의 경우, 지역별로 배송에 걸리는 시간이 다르기 때문이다.

아마존에서는 셀러들에게 FBAFulfillment By Amazon, 아마존 책임배송로 배송하는 것을 권한다. FBA를 활용하면 아마존의 미국 전역에 100개가 넘는 초대형 자동화 창고로 제품이 보내지고, 이를 고객들에게 배송하게 된다. 충분한 재고량이 있을 경우 미국 전역으로 골고루 배송되고, 넓은 지역의 많은 고객들에게 노출될 수 있다.

　따라서 FBA를 선택하고 충분한 재고량을 발송하면 판매량도 달라진다. 셀러가 FBA에 재고를 적게 발송하면 100개 넘는 모든 창고에 골고루 발송할 수 없다. 극히 제한된 창고에만 발송되고, 보유한 재고량에 따라 지역별로 프라임 배송이 어려운 지역은 노출이 잘 되지 않을 수도 있다. 당연히 가능한 한 재고량은 많은 것이 좋다. 그렇다고 너무 많은 재고를 발송하면 재고비용 부담과 창고료 부담이 클 수 있으므로 적절한 재고량을 유지할 수 있도록 조정해야 한다.

　여러 가지 여건으로 일반 셀러가 드롭십을 선택할 경우, 바이박스를 놓칠 수 있다. 하지만 FBA를 선택하지 않더라도 배송방법을 프라임으로 선택하면, 배송에 대해서는 FBA와 같은 평가를 받을 수 있다. 그렇더라도 고객이 프라임 배송을 선택하면 셀러가 2일 배송비용을 지불해야 하므로 고객의 선택에 따라 상당한 배송비용을 지불해야 하는 경우가 발생한다.

　이 정도면, ⑤ 주 판매자 Featured offer('Buy Box')의 중요성과 바이박스와 연계되는 배송문제는 어느 정도 이해할 수 있으리라 생각된다. 그러면 ⑥ 기타 판매자 Other offers에 대해 간단하게 살펴보자.

**'Buy Box'를 차지하지 못하면
고객 선택에서 뒤로 밀린다**

사실 아마존의 많은 고객은 ⑥ 기타 판매자 Other offers에 관심이 없다. 관심이 없는 것이 아니라 다른 판매자를 확인할 필요가 없으니 바로 구매 버튼을 누른다. 기타 판매자를 찾는 경우는 고가의 제품을 저렴하게 구입하고자 할 때, 다른 판매자들한테서 반품이나 수리 제품Used, Refurbish을 선택하려고 할 때 이를 이용하는 경우가 있다. 신제품을 구입하려고 할 때는 당연히 바이박스를 차지하고 있는 셀러에게 제품을 구입하는 경우가 대부분이므로 반드시 바이박스를 차지하기 위한 노력을 기울여야 한다.

아래 그림에서 볼 수 있듯이 지금까지 이 장에서 언급했던 ①~⑥까지는 표준 템플릿이나 A+템플릿Standard version Template, A+ Template

은 거의 유사하다.

하지만, ⑦ 제품설명Description에서 제품의 특성 설명과 사용방법 및 다른 제품과의 비교 등 다양한 정보를 노출할 수 있다. 특히 사진과 동영상 등을 활용하여 제품을 충분히 이해할 수 있도록 온라인 스토어를 화려하게 꾸밀 수 있다는 것이 다르다. 초기에 온라인 스토어를 만드는 데 힘들고 어려움이 있더라도 A+템플릿을 사용하는 것을 권한다.

아마존에서 판매하는 세 가지 방법

이제 아마존 온라인 스토어에 제품을 등록했으니, 신나게 팔아야 한다. 아마존에서 판매하는 방식은 앞에서도 대략적으로 보았지만, 이 장에서는 좀 더 구체적으로 알아보도록 하자.

아마존 셀러, 아마존 프라임, 아마존 벤더, 뭐가 좋을까?

첫 번째, 아마존 셀러Amazon Seller는 가장 기본적이고 기초적인 방식이다. 아마존 온라인 스토어에 등록된 제품을 고객이 구입하면 셀러가 직접 고객에게 발송하는 방식이다.

두 번째, 아마존 프라임Amazon Prime은 셀러가 아마존 스토어에 등록된 제품을 아마존 창고에 미리 발송해놓고, 고객이 주문하면 아마존이 발송하는 방식이다.

아마존 벤더Amazon Vendor는 아마존 스토어에 등록된 제품에 대해 셀러가 아마존에 납품하겠다는 제안을 내고, 아마존이 승인하면 계약을 체결하고 아마존에 납품한다. 고객이 주문하면 아마존이 판매자Sold By Amazon로서 아마존 창고에 있는 제품을 발송하고 관리하는 방식이다.

그러면 각각은 어떤 장단점이 있을까.

아마존 셀러는 고객이 오더한 것을 셀러가 직접 발송한다. 운송비에 대한 부담이 아마존 프라임에 비해 조금 더 클 수 있다. 더욱 큰 단점은 셀러가 배송하기 어렵다고 판단되는 지역에 있는 고객에게는 아마존 스토어가 노출되지 않을 수도 있다는 것이다. 장점은 셀러가 고객에게 직접 배송하므로 고객에게 어려운 점이 발생하거나 반품할 경우 고객과 직접 소통으로 고객서비스 만족도를 높일 수 있고, 반품도 줄일 수 있다.

아마존 프라임은 아마존이 미국 전역에 운영하는 100개 이상의 창고로 미리 배송해놓고, 고객이 구입하면 셀러를 대신하여 그 창고에서 고객에게 배송한다. 배송이 빠르고, 셀러보다 비교적 배송비가 저렴하며, 배송 관련 인건비를 절약할 수 있다. 특히 셀러의 온라인 스토어가 미국 전역에 있는 고객들에게 골고루 잘 노출될 수 있어 매출 상승에 도움될 수 있다.

반대로, 아마존 프라임으로 구입한 고객은 반품이 자유로우므로 반품율이 높다. 또한, 고객이 반품할 경우 아마존이 받아 셀러에게 다시 배송하는 방식으로 운영되므로 배송비 부담이 커진다. 게다가 반품된 제품이 판매한 제품 그대로 반품되었는지, 다른 제품이 반품이 되었는지 즉시 알 수도 없다. 만약 반품율이 높은 경우에는 큰 손실이 발생할 수 있다.

아마존 벤더는 셀러가 아마존에 공급업체로서 납품하고 아마존이 판매하는 형식 Sold by Amazon 이다. 실제적으로 셀러는 아마존에 납품하면 그 제품은 아마존의 자산이 된다. 아마존이 자신의 제품을 잘 판매하기 위해 노출을 높일 수도 있고, 고객들은 아마존이 판매하는 제품에 대해서는 더 높은 신뢰를 가지므로 판매량을 늘릴 수 있다. 또한, 10% 미만의 반품에 대해서는 아마존에서 자체적으로 중고제품 Used 이나 개봉제품 Open Box 등으로 판매하므로 반품에 대한 부담을 줄일 수 있다.

하지만, 반품율이 높아지거나 고객들이 제품에 불만을 가지면 아마존은 아마존 벤더 계약을 해지하고 납품을 중단시킬 수 있다. 높은 반품율로 인한 아마존 벤더 계약 중단을 피하려면 반품에 대한 부담을 셀러가 져야 하는 경우도 발생할 수 있다. 나도 UO 빔의 반품율이 아주 높아 아마존 벤더 담당자로부터 경고를 받았고, 반품에 대해 내가 부담하는 것으로 수정계약을 하고 아마존 벤더를 6개월 이상 추가로 지속했지만, 결국 취소 결정을 받았다.

당사에서는 아마존 벤더, 아마존 프라임, 아마존 셀러를 같은 하나의 ASIN에서 동시에 진행했기 때문에 아마존 벤더 취소로 인한 충격은 별로 없었다. 하지만 아마존 벤더로 납품할 경우에는 통상적으로 아마존 프라임과 아마존 셀러 판매를 병행하지 못하도록 하는 것이 기본정책이다.

당사의 경우에는 아마존 벤더를 하는 과정에 갑작스러운 판매 증가로 연속적으로 매진Sold out이 되는 사태가 일어났다. 그래서 일시 중지Pauses해 있던 아마존 프라임과 아마존 셀러를 즉각 재개하여 판매를 계속해 나갔다. 이에 대해 아마존 벤더 담당자도 매진되어 고객의 니즈를 맞추지 못하는 것은 더 큰 문제이므로 아마존 벤더와 아마존 프라임에서 동시에 판매하는 것을 허락해 주었다.

만약에 아마존 벤더가 단독으로 ASIN을 운영할 경우, 아마존 벤더 계약을 해지하고 ASIN을 없애 버리면, 그때까지 그 ASIN에 쌓였던 리뷰가 사라질 수 있으므로 아마존 담당자와 긴밀한 협의를 하여 이를 방지해야 한다.

아마존 벤더는 매주 월요일 오더를 실행했는데, 담당자가 오더를 내는 것이 아니고 시스템적으로 AI가 오더를 하므로 갑작스럽게 판매가 증가하거나 다른 변동사항이 있으면 대처가 어려웠던 경우도 있었다. 그렇지만 AI는 계속적으로 진화하고 있으므로 현재는 갑작스러운 변화에도 잘 대처할 것으로 본다. 만약 문제가 발생할 경우, 즉시 아마존 담당자와 협의하여 문제를 해결하면 된다.

아무튼 일반 셀러 입장에서 가능하면 아마존과 잘 협상하여 아마존 벤더를 하면 판매량도 증가시킬 수 있고, 아마존 마케팅에 따른 비용도 다소 절감할 수 있으므로 권장하고 싶다. 아마존 벤더로 아마존에 납품할 경우에는 판매가격을 아마존에서 결정할 수 있다. 그러나 아마존 이외의 거래선에 문제가 생길 수 있으므로 주의가 필요하다.

나의 경우에는 아마존과 초기에 가격 협상을 하면서, 당시에 거래하고 있던 오프라인 거래선의 판매를 고려하여 아마존에 최소평균가격MAP(Minimum Average Price)을 먼저 제시하고 가격 협상을 했다. 따라서 아마존이 월마트와 경쟁을 위해 두세 차례 가격을 낮추었을 때, 즉시 아마존과 협의하여 가격을 원상 복귀시킬 수 있었다.

이제부터는 아마존과 아마존 경쟁사들의 가격경쟁과 AI 활용에 대해 살펴보자.

아마존, 월마트의 AI는 결코 잠들지 않는다

아마존과 월마트는 치열한 경쟁관계다. 월마트가 가격을 떨어뜨리면 아마존 AI가 즉시 월마트의 가격과 매칭하거나 더 떨어뜨려버린다. 아마존 벤더로 판매할 경우에는 이 점에 유의해야 한다.

이 판매가격 문제는 아마존과 월마트뿐만 아니라, 어느 정도 중견기업 이상이면 AI를 활용하여 서로 가격을 조사하고 있고, AI가 자동으로 가격을 조정하기 때문에 항상 거래선의 판매가격을 점검해야 한다. 만약 판매가격에 문제가 발생할 경우 즉시 조정에 나서지 않으면 연속적으로 판매가격이 떨어지거나, 어느 시점에는 거래가 중단될 수 있다. 따라서 아주 신중하고 신속하게 각 거래처와 협의하여 대책을 마련해야 한다.

특히 크리스마스, 추수감사절 등 특별행사를 해야 할 경우 판매가격 조정에 아주 조심해야 한다. 나의 경우에는 자체 웹사이트에서 특별행사를 하거나 비앤에이치B&H, 월마트 등 협력사에서 특별행사를 필요로 할 경우 가격을 낮추지 않았다. 대신 액세서리 등 선물을 지급하거나, 할인쿠폰을 고객들에게 지급하여 가격을 할인 받게 하는 방식으로 판매가격을 유지하는 방법을 사용하기도 했다.

납품대금은 아마존 셀러, 아마존 프라임은 2주에 한 번씩 정산되는 반면, 아마존 벤더는 Net60으로 납품 후 60일 결제로 되어 있다. 따라서 아마존 벤더를 통해 대량으로 아마존에 납품할 경우, 현금흐름 계획을 잘 수립하는 것이 좋다.

다 사람이 하는 일!
담당자에 따라 문제가 해결될 수도 있고, 안 될 수도 있다

아마존 벤더의 경우에는 회사마다 아마존 담당자가 별로도 지정된다. 그 담당자를 통해서 계약도 추진하고 문제점이 발생하였을 경우, 협의도 할 수 있다. 하지만, 아마존 벤더 이외에는 아마존에 전담 담당자가 별도로 정해져 있는 것이 아니라, 사안별로 달라질 수 있으므로 주의해야 한다. 또, 한 담당자가 해결할 수 없는 문제도 다른 담당자는 해결할 수 있는 경우가 많으므로 꼭 해결해야 하는 사안에 대해서는 여러 담당자와 협의할 필요가 있다. 어떤 경우는 매니저를 바꾸어 달라고 부탁하여 매니저를 통한 문제해결 방안을 찾아보면 더 쉽게 문제가 해결될 수도 있다.

아마존에서 광고하기

아마존에 스토어만 만들어놓으면 판매가 될까? 판매는 된다. 고객들이 지나가다가 우연히 들러 일주일에 몇 개 사 주면 감사할 따름이다. 하지만 셀러의 입장에서 일주일에 몇 개 판매하려고 아마존에 입점한 것은 아닐 것이다. 그러니 내 제품에 대한 다양한 광고를 해야 한다.

광고를 잘한다는 것은 쉬운 일이 아니다. 아마존에서 내 제품이 팔리는 것은 아마존에서 광고를 하기 때문만은 아니다. 그러니 최소한 고객들이 구입할 제품을 찾을 때, 내 제품이 노출되도록 해줘야 매출액을 조금이라도 더 증가시킬 수 있다.

아마존은 아마존 셀러들이 광고할 수 있도록 하는 AMS Amazon Marketing Services를 제공한다. https://sell.amazon.com/에 접속하면, 아마존 등록, 광고 운영에 대해 기본적인 교육자료가 상세하게 설명되어 있다. 아마존 광고를 하기 전에 이를 충분히 알고 있으면 AMS를 사용하는 데 도움이 될 것이다.

영어가 부족한 경우에는 부분적으로 한글로 작성된 사이트도 있으므로 참고하기 바란다.

Amazon Ads
https://advertising.amazon.com/ko-kr/library/guides/getting-started-with-sponsored-ads

위의 사이트에 접속하면 아마존 마케팅 지원은 크게 스폰서 브랜드 광고Sponsored Brand, 헤드라인 검색(Headline Search) Ads, 스폰서 제품 광고Sponsored Products Ads, 스폰서 디스플레이Sponsored Display, 아마존 DSP, 비디오 광고, 오디오 광고, 맞춤형 광고 솔루션 등으로 나누어 설명하고 있다. 세부적인 내용들은 독자들이 직접 사이트에 접속하여 익히는 것이 더욱 편리할 것이다. 여기서는 아마존 광고의 기본적인 설명 이외에 내가 이들을 운영하면서 느꼈던 몇 가지를 공유하고자 한다.

 온라인 스토어 마케팅은 기본적으로 키워드Key Words 마케팅이다. 내가 내 제품과 관련 연관 검색어를 분석, 조사해서 가장 가까운 키워드를 정리한다. 그런 다음 상품등록을 하면서 연관 검색어를 등록하고, AMS에서 광고를 생성할 수 있으므로 제작은 비교적 쉽다. 또한, 비용은 클릭당 발생하는 CPCCost Per Click로 지불하고 앞의 표

	A	B	C	D	E	F	G	H	I	J	K
1	Status	Keywords	Match	CPC Bid	Impr.	Clicks	CTR	ACPC	Spend	Sales	ACoS
2	Enabled	pico	Phrase	3	58,532	1,598	2.73%	0.86	1,376.01	4,830.56	28.49%
3	Enabled	projector	Phrase	0.9	67,905	1,358	2.00%	0.44	593.79	3,764.03	15.78%
4	Enabled	portable projector	Phrase	2	26,669	814	3.05%	0.82	665.36	3,105.70	21.42%
5	Enabled	smart beam	Phrase	0.5	8,092	533	6.59%	0.14	71.98	3,069.60	2.34%
6	Enabled	uo	Phrase	0.5	5,887	253	4.30%	0.12	29.64	2,404.12	1.23%
7	Enabled	uo smart beam	Phrase	0.5	2,374	90	3.79%	0.11	10.06	1,725.28	0.58%
8	Enabled	uo smart	Phrase	0.5	2,126	98	4.61%	0.11	10.74	1,358.87	0.79%
9	Enabled	uo smart beam laser	Phrase	0.5	1,975	74	3.75%	0.1	7.4	1,025.16	0.72%
10	Enabled	mini projector	Phrase	1	20,903	696	3.33%	0.61	424.7	684.14	62.08%
11	Enabled	laser projector	Phrase	0.5	2,904	75	2.58%	0.88	66.26	345.14	19.23%
12	Enabled	celluon	Phrase	0.5	2,099	54	2.57%	0.1	5.4	345	1.57%
13	Enabled	laser beam	Phrase	0.5	1,702	28	1.65%	0.13	3.65	332.8	1.10%
14	Paused	epson	Phrase	0.5	1,731	12	0.69%	0.3	3.55	0	-
15	Enabled	halloween projector	Phrase	0.5	1,825	38	2.08%	0.4	15.1	0	-
16	Enabled	phone projector	Phrase	0.5	2,025	108	5.33%	0.41	43.79	0	-
17	Paused	best amazon projector	Phrase	0.5	0	0	-	-	0	0	-
18	Enabled	rif 6	Phrase	0.5	4	0	0.00%	-	0	0	-
19	Enabled	sony projector	Phrase	0.5	1,579	25	1.58%	0.81	20.29	0	-
20	Enabled	wifi projector	Phrase	0.5	1,554	43	2.77%	0.46	19.68	0	-

와 같이 그 결과를 볼 수 있으므로 어떤 키워드가 효과적인가 쉽게 알 수 있다.

모든 광고와 마찬가지로 아마존 광고AMS도 등록하는 것보다 어떻게 효과적으로 운영할 것인가가 더 중요하다. 앞의 표는 내가 UO 빔 프로젝터를 마케팅할 때 사용했던 키워드의 일부와 효과를 분석한 것이다. 이 표는 AMS에서 다운받은 것으로 판매를 우선순위로 하여 정리한 것이지만, A~K 어느 것이라도 우선순위로 나열할 수 있으므로 편리하게 분석할 수 있다.

독자들은 이 표를 보고 어떤 키워드로 광고하는 것이 가장 효과적이라 생각하는가? 어느 키워드로 가장 많은 판매가 일어났는가? 키워드로 가장 많이 판매한 것은 'Pico'이다. 그러면, Pico 키워드를 가지고 CPC Bid에서 ACoS까지 각각이 어떤 의미를 가지고 있는지 알아보자.

2번 라인의 CPC Bid를 보면 3이라고 되어 있다. 이것은 아마존 고객이 Pico를 검색하면, 아마존에서 Pico라는 키워드를 사용한 무수히 많은 제품들이 있는데, 그 많은 제품들 가운데 내 제품을 그 고객에게 우선적으로 노출시키고, 만약에 노출된 상태에서 내 제품을 클릭하면 클릭당 3달러까지도 지급할 용의가 있다는 뜻이다.

그런데 다행히 Pico라는 키워드를 사용한 경쟁자들이 많지 않은 덕분에 고객의 클릭당 실제 지불한 금액ACPC은 0.86달러였다. 따라서 Pico라는 키워드를 검색한 58,532명에게 노출Impression하였고, 그 가운데 1,598명이 클릭하여 광고비로 1,376.01달러를 사용하였다.

결과적으로 Pico라는 키워드를 통해 광고비는 1,376.01달러를 사용하여 4,830.59달러어치를 판매하였다. 따라서 판매 대비 광고비 ACoS는 28.49%로서, 판매액의 거의 30% 가까운 광고비를 지불했다는 뜻이 된다.

그러면, 이렇게 높은 판매 대비 광고비를 30% 가까이 지불하면서 계속 광고를 해야 하는가라는 의문을 제기할 수밖에 없다. 장기적인 투자 관점에서는 ACoS가 높더라도 판매가 많이 되었으면 좋다고 할 수 있다. 하지만 단기적인 투자 대비 판매의 효율성 분석에서는 'Pico'라는 키워드는 적합하지 않다고 볼 수 있다. 따라서 이 대목에서는 마케팅 팀장이나 CEO의 결정이 필요하게 된다.

앞의 표에서 어떤 키워드가 가장 효과적이었는지 보자. 그것은 5번째 줄의 'smart beam'에서부터, 'uo', 'uo smart beam', 'uo smart', 9번째 줄의 'uo smart beam laser'까지가 아닐까 한다. 이것은 모두 ACoS가 0.79~2.34%까지이므로 아주 양호하다. 100달러를 판매하는 데 아마존 광고 마케팅 비용으로 불과 0.79~2.34달러를 지불하였으므로 성공적인 마케팅이라 평가할 수 있다.

하지만, 이 키워드를 분석해 보면 꼭 그렇게 볼 수만은 없다. 고객이 내 제품명인 'UO Smart Beam Laser'를 이미 알고 있지 않았으면, 이 키워드로 검색했겠는가 하는 것이다. 어디에서 보았든, 누구에게 들었든 내 제품명을 이미 인지하고 있었기 때문에 이 제품명의 일부를 검색해서 제품을 확인하고 구입을 했다고 추정할 수 있다.

그러면 내가 이 키워드를 AMS 검색 단어에 올려놓지 않았으면 검색이 되지 않았을까 하는 것이다. 사실, 내가 이 키워드를 AMS에 올려놓지 않았더라도, 고객이 'UO Smart Beam Laser'의 단어 일부를 검색했을 경우 내 제품 ASIN이 검색되었을 것이다.

> ***ASIN(Amazon Standard Identification Number)**
>
> 아마존에 판매되는 모든 제품에 부여되는 고유제품인식번호(다른 셀러가 판매하더라도 같은 번호를 사용)다. 따라서, 제품을 등록해놓은 리스트의 고유번호라고 보면 된다.

광고마케팅의 최적화 관점에서 보면, 앞의 표에서 5번에서 9번까지가 가장 효율적이다. 하지만, 장기적인 판매관점에서 보면, 임프레션Impression이 가장 높은 2~4, 10번을 무시할 수 없다.

5~9번의 키워드는 내가 다른 곳에서 여러 가지 방법으로 다양한 마케팅을 통해, 또는 다른 거래처 마케팅으로 이미 고객의 마음을 움직였기 때문에 고객들이 이 검색어를 사용했다고 볼 수 있다.

여기에서 미국으로 진출을 원하거나 아마존 온라인 스토어를 운영하고자 하는 기업인들에게 하고 싶은 이야기는 이것이다. "아마존은 다양한 온라인과 오프라인 채널을 통해 뿌려놓은 씨앗을 수확하는 곳이다."

많은 기업인들은 아마존 스토어를 만들기만 하면 판매는 저절로 일어나는 것처럼 생각하는 경우가 많은데, 이것은 큰 착각이다. 또한, 아마존에서 AMS를 이용하여 마케팅을 한다고 하루 아침에 엄청난 판매를 할 수 있는 것도 아니라는 것이다. 나는 다시 한번 강조하고 싶다. 아마존은 판매 수단이 아니라 수많은 마케팅의 결과다.

"아마존은 다양한 온라인, 오프라인, 컨벤션 등을 통해 뿌려놓은 씨앗을 수확하는 곳이다."

당사가 만들었던 Key words 500

AAXA; Acer; Affordable home theatre projector; Affordable projector; Airplay compatible projector; Airplay projector; Amazon projector; Android projector; Apple projector; Apple TV projector; ASUS; Auto focus projector; Best HD projector; Best laser projector; Best portable projector; Best small projector; Best Wi-Fi projector; Best wireless projector; Brightest laser projector; Brightest mini projector; Brightest portable projector; Brightest small projector; Brightest smartphone projector; Brightest Wi-Fi projector; Brightest wireless projector; Built-in audio projector; Camping projector; Cellphone projector; Celluon; ces awarded projector; Child safe projector; Class 1 laser projector; Class 1 projector; Cool projector; Coolest projector; Cube projector; DLNA compatible projector; Epson; Eye safe laser projector; Eye safe projector; FDA registered projector; Focus free projector;

frys projector; Game projector; Handheld projector; HD projector; HDMI support projector; Indoor projector; iOS projector; iPad projector; iPhone projector; KDC; KDC projector; Laser projector; LG projector; MHL support projector; Micro HDMI projector; miracast projector; Mobile projector; Palm held projector; Panasonic; PC projector; Pico Celluon; Pico projector; Picopro; Pocket size projector; Portable HD projector; Portable HD TV; Portable laser projector; Portable projector; Portable smartphone projector; Portable TV; Portable Wi-Fi projector; Portable wireless projector; Presentation projector; Projector; Projector with MHL; Projector with speaker; Recreation projector; RIF 6; RIF6; RIF6 projector; Samsung projector; Sanyo; Screen mirroring projector; Searching c projector; SK projector; Small projector; Smart Beam Laser; Smart laser projector; Smart portable HD TV; Smart portable projector; Smart portable TV; Smart projector; Smartphone projector; Sony MPCL1; Sony projector; Streaming projector; Tablet projector; TV projector; United Object; United object projector; UO beam laser; UO smart beam; UO Smart Beam Laser; Video audio projector; Video game projector; Video streaming projector; Walmart projector; Wi-Fi compatible projector; Wi-Fi projector; Wireless HD projector; Wireless laser projector; Wireless projector

어느 시장이나 마찬가지이겠지만, 미국시장에서 좋은 성과를 얻으려면, 좋은 제품을 좋은 가격으로, 좋은 파트너와 함께 시장을 철저하게 분석하고, 온라인과 오프라인에서 열정을 가지고 뛰어야 한다.

특히, 미국시장은 패션에 빠르지 않다. 물론 온라인 시대가 되면서 한순간에 떠오르는 상품도 있지만, 좀더 장기적인 안목으로 온라인, 오프라인, 컨벤션 등 다양한 채널을 통해 차근차근 실력을 쌓아 올리면 반드시 좋은 결과가 주어질 것으로 믿는다.

다음의 표는 아마존 AMS에서 보여주는 기록이다. 여기에서 ACoS가 전체적으로 3.54%면 나쁜 편은 아니다. 하지만 이는 단순히 아마존에서만의 마케팅 비용이므로 전체적인 마케팅 비용으로는 최소 전체 매출액의 5~10% 정도는 산정해야 하지 않을까 하는 생각이 든다.

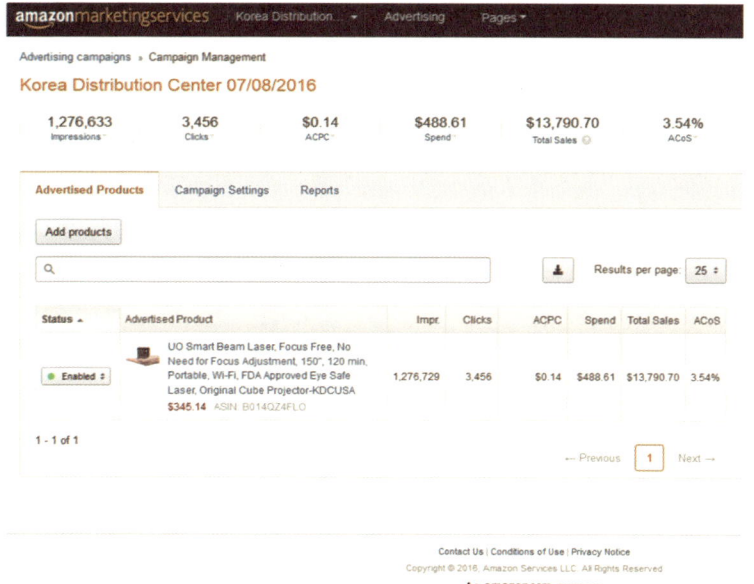

 무조건 내 밥그릇, Buy Box를 사수하라

고객의 좋은 리뷰를 받아 내는 비법

아마존 온라인 판매에서 리뷰는 심장이다. 아마존에서 제품을 구입하는 고객은 무조건 리뷰를 보고 제품을 평가한다고 생각하면 된다. 처음 등록하면 5개까지 아마존에서 고객들에게 리뷰를 남기도록 독려해 준다. 하지만 이후에는 독자적인 노력이 필요하다.

제품을 구입한 고객들의 일반적인 특징은 불만이 있으면 리뷰를 남기지만 불만이 없으면 그냥 지나간다. 그런데 고객들은 리뷰에서 평점이 최소 3.5~4.0 이상 되지 않으면 그 제품을 선택하지 않는다.

또, 좋지 않은 리뷰를 남기면서 즐기는 악성 리뷰어도 있다. 이들의 특징은 아주 섬세하게 제품을 평가하고, 자신이 올린 나쁜 리뷰가 많은 고객들로부터 호평을 받는 것을 즐긴다는 것이다.

어떻게 고객들한테서 좋은 리뷰를 많이 받을 수 있을까

사실, 아마존 셀러가 고객들로부터 리뷰를 잘 받는 것은 온라인 스토어를 운영하는 모든 셀러의 희망사항이자, 가장 큰 과제다. 나도 처음에는 리뷰를 받는 것이 너무나 큰 숙제였고, 상당한 비용과 노력을 투자하고도 좋은 리뷰를 받는 것은 쉽지 않았다.

초기에는 친구들, 친구의 친구, 사돈의 팔촌까지 동원해서 내 제품을 구입하도록 했다. 아마존 셀러에서 주문이 들어오면 셀러가 배송하므로 제품 박스에 초콜릿과 감사 편지를 넣어 보내 제품이 도착하면 리뷰를 남기게 했다. UO 빔은 400달러 이상 고가였으므로 아마존 수수료, 세금, 배송비에 초콜릿을 포함하면 100달러 정도의 비용을 지불해야 좋은 리뷰를 1개 만들 수 있었다. 엄청난 비용과 노력이 필요했던 이러한 리뷰마저도 20~30개를 만든 이후에는 부탁할 곳이 없었다.

사실 이러한 가짜Fake 리뷰는 초기에는 가능했지만, 얼마 지나지 않아 아마존 AI가 필터링하여 삭제해 버렸다. 좋은 리뷰를 만들고 나쁜 리뷰를 남기지 않도록 하기 위해 C/S에 엄청난 시간과 에너지를 투자했다. 그럼에도 C/S 기술은 부족했고, 고객은 최첨단 전자 제품인 UO 빔 사용을 어려워했다.

특히 UO 빔은 다른 디바이스와 무선으로 스트리밍하거나 유선을 연결하여 사용하는 제품이었다. Wi-Fi 상태에 따라 성능이 달라지고, 연결하는 디바이스의 기종에 따라 그 기종에 맞는 다양한 케이블, 어댑터 등을 사용해야 했기 때문에 고객들 입장에서는 사용하기 어려울 수 있었다.

외부 디바이스는 핸드폰 아이폰, 안드로이드폰, 기타 저가폰 등, 노트북, 아이패드, 컴퓨터, 게임기, 애플TV 등 수백 종류의 전자제품과 연결하여 사용할 수 있었고, UO 빔을 구입한 고객들이 사용하고자 하는 방법은 우리의 생각을 뛰어넘는 경우가 많았다.

또한, 시중에 판매되는 마이크로 HDMI 케이블과 C-type 어댑터는 아주 민감한 제품이었다. 제품마다 성능이 매우 달랐다. 모두 인증을 받은 제품이었지만, UO 빔을 연결했을 때 정상적으로 동작하는 제품이 있는가 하면 정품으로 상당히 비싼 가격을 지불했음에도 정상적으로 작동하지 않는 것도 있었다. 아마도 미세한 전자적 충돌이 발생하는 것 같았다.

나는 이러한 문제를 해결하기 위해 수십 종류의 마이크로 HDMI 케이블과 C-type 어댑터를 구입해서 하나하나 테스트를 하고, UO 빔과 매칭이 잘 되는 제품을 선택하여 대량으로 구입하여 액세서리를 선물로 주기도 하고 판매도 하였다.

아무튼 어떠한 상황이든 고객이 사용상의 어려움으로 불만을 가지면 좋지 않은 리뷰를 남기는 것은 당연한 일이고, 좋지 않은 리뷰를 올리면 판매는 뚝뚝 떨어졌다. 이러한 과정을 거치면서 나름대로 좋지 않은 리뷰를 좋은 리뷰로 바꾸고, 기본적으로 좋은 리뷰를 많이 남길 수 있는 방법을 터득해 갔다. 내가 했던 방법이 모든 제품에 적용되는 것은 아니지만, 새롭게 진입하는 이들을 위해 공개해 본다.

제품 사용법이 어려워서 화난 고객한테서 좋은 리뷰 받는 법

첫째, 앞에서 언급했지만, 고객들이 가장 기본적인 성능을 쉽게 사용할 수 있도록 간편사용설명서 Quick Guide Manual를 한두 장 2~4페이지짜리로 만들어 박스에 넣어 개봉하면 바로 볼 수 있게 했다. 조금이라도 어려움이 있으면 반드시 당사의 C/S 파트로 연락을 달라고 연락처도 넣어주었다.

둘째, 메인 제품 이외에 고객이 필요할 것으로 예상되는 액세서리는 모두 구비해서 판매했다. 특히 나의 제품과 매칭이 잘되는 액세서리를 선정하여 고객이 시행착오를 겪지 않도록 해주었다.

셋째, 고객이 사용하고자 하는 기능을 기능별로 튜토리얼 비디오로 만들어 웹사이트와 유튜브에 올리고, 고객들의 연락이 오면 최선을 다해 설명했다. 그리고 고객이 만족하면, 반드시 좋은 리뷰를 올리도록 유도했다. 고객들에게 액세서리, 기타 선물 등을 무료로 배송해 주기도 했다.

넷째, 아마존에 FBA로 보내는 제품 포장박스 속에도 리뷰를 남기고, 인증샷을 보내주면 액세서리 세트 50달러 상당 판매 제품 등을 무료로 배송하겠다는 선물 쿠폰을 넣어주었다. 이 쿠폰을 받은 30~40%는 당사의 C/S로 연락이 왔고, 인증샷을 보내는 방법을 설명해 주면

인증샷을 보내왔다. 이렇게 보내온 인증샷에는 나쁜 리뷰를 남기는 경우가 거의 없었다. 최소한 별 4~5개를 남겨 주었다.

이때 조심해야 하는 것은 C/S 직원이 전화를 받았을 때, 고객에게 절대 좋은 리뷰를 남겨 달라는 말을 해서는 안 된다. 고객이 만족할 수 있도록 C/S하면서 리뷰를 남기고 인증샷을 보내주면 즉시 선물을 보내주겠다는 원론적인 응대를 해야 한다. 만약에 좋은 리뷰를 남겨 달라는 말을 하고, 아마존이 알게 되면, 심각한 문제가 발생할 수 있다.

실제로 리뷰를 남기고 인증샷을 보내주면 선물을 보내주겠다는 것은 효과가 상당했다.

이렇게 하려면 FBA로 보내는 것은 제품 박스 속에 선물 쿠폰을 넣어주어야 했는데, SKT에서 제품 박스에 실링 레이블까지 붙여왔기 때문에 이를 일일이 제거하여 재포장을 했다. 일반적으로 제조회사의 경우에는 공장에서 선물 쿠폰을 제작하여 직접 제품 박스에 넣어 놓으면 아주 이상적일 것으로 생각된다.

이 방법을 사용한 이후에는 리뷰 때문에 어려움을 겪은 경우는 거의 없었다. 이 방법은 반드시 추천하고 싶다. 이를 위해서는 세심한 사전 준비가 필요하다.

셀러 랭킹100, 위시리스트에 올려라

어떤 판매처든 제품이 잘 팔리면 그 제품을 예쁘게 생각한다. 그리고 더 잘 팔릴 수 있도록 좋은 장소에 전시할 기회를 준다. 아마존도 마찬가지다. 즉 빈익빈 부익부가 적용된다. 판매량이 부족한 입장에서 보면 슬픈 이야기가 될 수 있다. 하지만 자본주의 세상에서는 어쩔 수 없다.

그러면 내 제품이 내 카테고리에서 몇 등이고, 내 카테고리에서 상위 100등 이내에 들고 있는 제품은 어떤 것인지 알 수 있는 방법은 없을까? 대부분 셀러들은 이 사실을 잘 알고 있을 것으로 믿지만, 의외로 자신의 제품 ASIN이 몇 등인지 모르는 셀러들이 많다.

사실 자신이 구축해놓은 ASIN이라고 하지만, 혼자서 판매하는 것이 아니다. 앞에서 바이박스Buy Box를 설명할 때 보았듯이 다른 셀러들이 나의 ASIN에 들어와서 판매할 수도 있고, 심지어 내가 만들어놓은 ASIN의 바이박스를 차지하고 있을 수도 있다.

아무튼 내가 만든 ASIN이 내가 속해 있는 카테고리에서 몇 등을 하고 있는지 그 순위가 다음 페이지의 그림처럼 셀러랭크Best Seller's Rank에 표시된다. 이 셀러랭크는 최근의 ASIN 매출액과 과거의 매출액이 병합되어 결정되고, 1시간에 한 번씩 업데이트 되는 것이 기본이다. 더 많은 시간이 걸릴 수도 있으므로 전체적인 판매 경향을 보는 것이 좋다.

셀러랭크가 100등 이내에 들면 별도의 베스트셀러Best Seller 카탈로그에 올라가므로 고객들이 검색할 때, 노출 면에서 아주 유리해진다. 특히 50등 이내에 들면 베스트셀러 첫 페이지에 올라가므로 매우 좋은 결과를 기대할 수 있다.

내가 판매했던 UO 빔의 경우 비디오 프로젝터 및 액세서리Video Projector & Accessories 카테고리에서 100~150등 2~5대700~1,700달러/일, 50~100등 5~10대1,700~3,500달러/일, 10~50등 10~30대3,500~11,000달러/일, 2~10등 30~100대11,000~35,000달러/일 정도로 판매되었다.

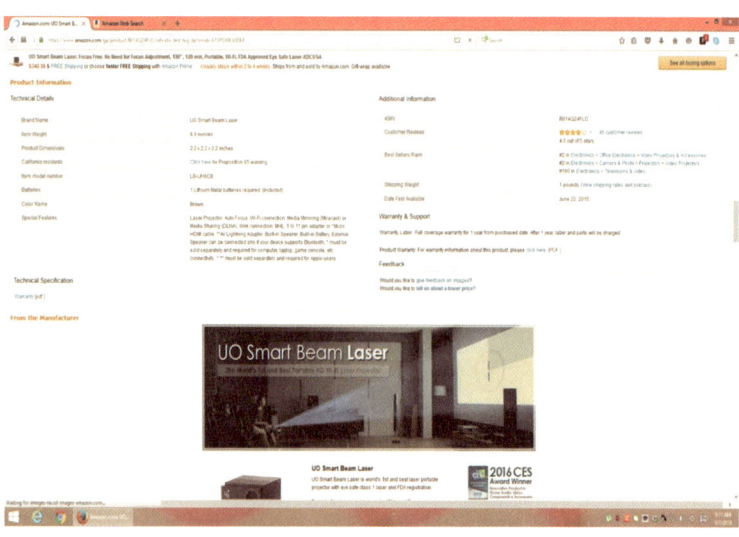

UO 빔에 대한 상세 제품 평가 화면

갖고 싶은 상품랭킹 Amazon Most Wished은 향후 판매량 예측 신호등

잠깐 이 책의 앞부분인 프롤로그로 되돌아가 보자. 6쪽과 7쪽에서 소개했던 그림들은 '아마존 베스트 셀러Amazon Best Sellers'와 '아마존에서 가장 갖고 싶은 제품Amazon Most Wished List'의 순위를 올려놓은 실제 화면을 캡처한 것이다. 리스트에서 상위권에 있다는 것은 고객들이 선물로 받고 싶어 하는 제품, 고객들이 가지고 싶은 제품이라는 뜻이다. 고객들이 당장에는 구입할 수 없으나, 그 제품을 대단히 선호하고 있다는 것을 나타내므로 향후 판매량이 좋아질 것이라는 신호로 예측할 수 있다.

아마존 셀러들은 누구나 자신들이 올려놓은 카테고리에서 100등 이내에서 시장을 점유하고 싶어 한다.

좀 더 희망을 높이자면, 10위권 이내에서 유지하는 것이 최대의 꿈이다. 한 제품을 10위권 이내에서 계속 유지할 수 있다면, 한 제품으로 아마존에서만 연매출액 500만~1천만 달러를 판매할 수 있다. 물론 내가 판매했던 제품인 경우에 그랬다. 내가 생각하기에 다른 제품들도 비슷하다는 생각이 든다.

그리고 좀 더 큰 카테고리, 즉 전자제품 카테고리에서 Top10 이내에 들면 연간 몇천만 달러의 매출액을 올릴 수 있을 것으로 판단된다. 사실 한 가지 제품으로 하나의 마켓플레이스에서 그렇게 판매할 수 있다는 것은 대단한 일이다. 특히 중소기업제품이라면 그

것은 거의 기적적인 일이 아닐까 한다.

그런데 어느 마켓플레이스와 마찬가지로, 아마존에서 랭킹이 올라가면 올라갈수록 경쟁이 극심해지고, 경쟁자들이 내 제품을 구입하고 좋지 않은 리뷰를 남기기 시작한다. 일종의 악플이다. 이 악플을 남기는 경쟁자들은 그 분야에 아주 전문가들이기 때문에 반박을 하는 것은 매우 어렵다.

고객들이 남겨놓은 리뷰를 보면, 어떤 리뷰는 제품에 대해 매우 상세하게 평가한 것이 있다. 이러한 리뷰의 경우, 그것을 읽어본 고객의 숫자가 많고 참고가 되었다는 고객수도 많다. 이런 리뷰를 강력한 리뷰라고 한다. 이런 강력한 리뷰가 좋은 리뷰일 경우에는 판매에 상당한 도움이 되지만, 좋지 않은 악성 리뷰일 경우 판매에 정말 치명적인 영향을 미칠 수 있다.

전문가 수준의 강력한 악성 리뷰는 어떻게 대응할까

1차적으로는 아마존 담당자에게 해당 리뷰가 잘못되었다는 것을 상세하게 정리하여 보고하고 삭제를 요청한다. 하지만 이러한 요청의 경우 10번 해서 한 번 정도 받아들여지면 아주 잘 반박을 한 것이고, 행운이다.

두 번째는 악성 리뷰를 올린 고객을 찾아서 어떤 고객인지 확인하고, 고객이 올린 리뷰와 실제 제품의 차이점을 아주 낮은 자세로 잘 설명하여 좋은 리뷰로 바꾸는 방법이다. 이 경우는 고객이 경쟁사의 관련자가 아니면 성공 확률이 상당히 높은 편이다. 고객에게 보상을 해주는 것도 상당히 신중하게 고려하는 것도 좋은 방법이다. 나의 경우에도 몇 번 성공한 적이 있다.

세 번째는 첫 번째와 두 번째가 모두 수용되지 않거나, 경쟁사 관련자인 경우에는 악플에 대해 하나하나 설명하는 코멘트Comment를 달아놓는 것이 필요하다. 고객이 제품에 관심이 많을 경우, 아주 강력한 악플을 보면, 그 악플에 대한 답변도 알고 싶어 하는 경우가 많다. 그러므로 반드시 고객이 내가 남긴 코멘트를 본다는 생각을 갖고, 악플의 내용을 하나하나 잘 설명해야 한다. 잠재고객이 이 코멘트를 읽고 내 제품의 성능에 문제가 있는 것이 아니라, 악플을 남긴 사용자가 잘못 사용한 것, 또는 악플을 남긴 사람이 뭔가 의도가 있었다는 것을 느낄 수 있도록 신중에 신중을 기해 코멘트를 남겨놓아야 한다.

마지막으로는 그 악플 이상의 강력한 좋은 리뷰로 대응을 해놓으면 약간의 문제 해결은 가능할 수도 있다. 경우에 따라서는 고객들 가운데 이렇게 좋은 리뷰를 자발적으로 올려주는 고객이 있을 수 있다. 그러나 대부분의 고객은 간단하게 올리는 경우가 더 많다. 이렇게 아주 좋은 리뷰는 인플루언서들로부터 받는 것이 좋다. 우리가 마케팅을 하기 위해 유튜브나 인스타그램, 틱톡 등 다양한 SNS의 인플루언서들을 컨택하는 경우가 많다. 일반적으로 해당 분야 제품을 오픈박스 하거나 리뷰를 올리는 인플루언서들은 해당 제품에 대해 전문적인 지식을 갖고 있기 때문에 아주 잘 올릴 수 있다. 이렇듯 인플루언서들을 활용하여 강력한 좋은 리뷰를 올려놓으면 판매에 많은 도움이 된다.

어쨌든 악성 리뷰에 대한 가장 좋은 대응은 강력한 좋은 리뷰와 일반적인 좋은 리뷰를 많이 받아 리뷰 평점을 최소 4.0 이상으로 올리는 것이다.

고객은 C/S 천국, 셀러는 어쩌면 지옥

잘 알려진 것처럼 아마존 '베조노믹스'의 제1원칙은 '고객 집착'이다. 가장 최상의 상품을 가장 싸고, 가장 빠르고, 가장 편리하게 제공하겠다는 것이다. 아마존의 고객이자 협력사인 벤더들에게도 이 경영철학은 관철된다.

나 역시 앞서 여러 곳에서 설명했듯이, 셀러가 제품을 판매하고 고객이 제품을 구입하여 사용하는 전반적인 과정을 C/S_{Customer Service}로 보아야 한다고 생각한다. C/S는 단순히 제품을 구입한 고객이 문의하는 데 답변하는 하나의 과정이 아니다. 제품을 연구개발하고, 생산하는 것에서부터 고객들에게 알리는 과정, 판매와 이후 고객들이 사용하고 궁금해하는 점을 문의, 답변하는 것이 포함된다. 또 반품하거나 A/S_{After Service}해 주는 모든 과정이라고 생각하는 것이 필요하다. 이 때문에 C/S를 고객서비스Customer Service가 아니라 고객만족Customer Satisfaction으로 정의하기도 한다. 하지만 이런 광의의 C/S를 이야기하기에는 너무 복잡하고 어려운 부분이 많으므로 여기서는 협의의 C/S에 대해 다루고자 한다.

　미국 C/S 체계는 한국하고는 많이 다르다. 한국은 유통하는 기업보다 제품을 생산하는 기업이 C/S를 책임지는 경우가 더 많다. 물론 OEM, ODM 등으로 생산한 경우에는 유통기업이 책임을 지지만 일반적으로 생산한 기업이 더 많은 책임을 진다.
　미국에서는 많은 경우에 유통기업이 책임을 진다. 예를 들어 삼성전자 제품을 월마트에서 판매했다고 가정하면, 고객은 제품에 대한 문의를 삼성전자에 해야 할까, 아니면 월마트에 해야 할까. 미국에서 답은 월마트다. 한국은 삼성전자일 경우가 더 많다.
　내 제품을 베스트바이를 통해 판매하면 고객은 내 제품에 대해 궁금한 점을 베스트바이에 문의한다. 내 제품이 아주 단순한 제품이면 유통기업에 문의해도 종업원이 충분히 답변을 하겠지만, 첨단 전자제품의 경우는 충분히 답변하기 어려운 경우가 많다. 이렇게 되면 고객은 두말하지 않고 반품한다. 그러면 유통기업에서도 두말하지 않고 반품을 받아준다. 이러한 C/S의 차이가 반품율을 높이는 중요한 원인을 차지하기도 한다.
　아무튼 이런 경우를 대비하여, 앞에서도 설명한 바와 같이 간편

사용설명서와 같은 안내자료를 제품 박스에 넣어주고 고객이 궁금한 점이 있을 경우, 고객이 구입한 유통기업이 아닌 원천 기업으로 연락을 하도록 안내해 주어야 반품을 줄이는 C/S의 목표를 달성할 수 있을 것이다. 이러한 방법은 온라인 오프라인 어느 채널이든 동일한 사안이라고 생각한다.

"C/S가 곧 마케팅이고, C/S가 판매량을 결정한다."

반품, 리퍼 제품 활용법과 알짜 팁

A/S는 C/S와 직결되어 있다. 고객이 제품을 구입하고 사용하던 중에 문제가 생기면 어떻게 하겠는가. 미국에서는 일반적으로 반품한다. 미국에서는 6개월 이상 지난 제품이라도 하자가 있다고 하면 반품을 받아주는 경우가 많다. 그리고 6개월, 1년이 지나도 나쁜 리뷰를 남길 수 있음에 주의해야 한다.

나의 경우에도 1년 가까운 시간이 지나서 반품해달라고 하는 어이없는 경우를 당했다. 거의 1년을 사용하고 제품이 마음에 들지 않는다며 A/S가 아닌 환불Refund을 해달라고 하기에 그렇게는 할 수 없다고 했다. 그리고 고객이 어떤 불편함이 있으면 해결해 드리겠다고 했다. 그런데 그 고객은 화를 내면서 무조건 환불해달라고 했다. 나는 아마존 환불규정 기간은 1개월임을 상기시켜 주면서 제품에 문제가 있으면 A/S를 해주겠다고 했다. 하지만 그 고객은 연락을 끊고 나서는 아마존에 아주 좋지 않은 악성 리뷰를 남겼다. 당연히 아마존에 환불을 요구했다. 이런 경우에는 대부분 셀러가 불리하다. 가능한 한 이러한 상황까지 가지 않도록 처리하는 것이 중요하다.

사실 미국에서 위와 같은 고객은 1천 명 중에 한 명도 없다. 미국의 대부분의 고객은 아주 솔직하고 신사적인 경우가 대부분이다. 미국 고객은 A/S를 요구하는 경우에도 무척 인내심이 강하다. 제품 수리를 하려면 한국에 보내야 하고 시간이 1개월, 2개월 걸린다고 해도 그렇게 하라고 하는 경우가 대부분이다.

나의 경우, 사업 초기에는 고객이 A/S를 맡기면 고객이 맡긴 제품을 한국으로 보내고, 한국에서 수리가 완료되면 받아서 고객에게 돌려주었다. 이런 경우에는 실제로 A/S를 하는데 1~2개월 정도 소요가 되는 것은 기본이었다. 하지만 어느 정도 시간이 경과한 이후에는 고객 만족도를 높이기 위해 A/S 처리 프로세스를 변경했다. 고객들이 A/S를 맡기면 오픈박스 제품이나 리퍼 제품을 교환해 주는 방법, 또는 1~2개월 후 자신이 맡긴 제품을 돌려받는 것 가운데 선택하도록 했다. 이 경우, 대부분의 고객은 오픈박스나 리퍼 제품으로 받는 것을 선택했다.

사실, 고객들에게 제공하는 오픈박스와 리퍼 제품은 현재 오픈박스, 리퍼 제품으로 판매되고 있는 것들이라 거의 신제품이나 다름없었다. 그러므로 제품을 돌려받은 고객들은 무척 만족한다. 제품을 배송한 이후 도착했다는 확인이 되면, 즉시 연락을 했다. 고객이 새로 받은 제품에 만족도를 문의하고 좋다는 의견을 받으면, 어김없이 좋은 리뷰를 요청한다. 이런 경우는 대부분 아주 좋은 리뷰를 남긴다. 솔직히 나도 초기에는 이러한 융통성이 없어 리뷰를 받는 데 참 고생을 많이 했다. 새롭게 진출하는 우리 중소기업인들은 초기에 내가 겪었던 고생을 하지 않기를 바란다.

현실적으로 내가 고객들의 A/S나 무상보증 Warranty 물량을 즉시 교체해 주면 많은 비용을 지불해야 하지만, 결과적으로는 그 이상으로 혜택을 보았다. 불량 제품을 한꺼번에 모아 천천히 한국으로 보낼 수 있어 운송비용을 줄일 수 있었고, 무엇보다 고객 만족도를 높이는 한편 좋은 리뷰를 받을 수 있어 일석삼조의 효과를 얻을 수 있었다.

아마존 Top10의 뻔뻔한 비밀

이 장에서 지금까지 했던 많은 이야기를 정리해 보고자 한다. 어쩌면 이 이야기는 이 책의 맨 마지막 장에서 할 수 있는 것이기도 하지만, 아마존의 마지막 장에서 이야기하는 것도 의미가 있지 않을까 하는 생각이 든다.

이렇게만 하면 아마존 Top10 할 수 있다

솔직하게 말하면 나도 모른다. 어떻게 하면 아마존에서 Top10을 할 수 있는지, 또 했었는지 모른다.

이렇게만 하면 아마존에서 Top10 할 수 있다고는 했지만, 내가 했던 일들을 돌이켜 보면, 한 마디, 한 문장으로 정의할 수는 없는 것 같다. 그렇다고 내가 아마존에서 Top10을 6개월 이상 지속할 수 있었던 것을 겸손하게 '운이 좋아서'라고 표현해서는 안 된다고 생각한다. '운'이라고 하면 정확한 정보가 될 수 없기 때문이다.

일단, 포괄적이고 감성적으로 표현해 보면,

> 첫째, 내 제품을 사랑했다.
> 둘째, 절박했다.
> 셋째, 제품의 특성을 정확히 파악했다.
> 넷째, 부끄러움이 없었다.
> 다섯째, 운이 좋았다.

사실, 앞에서 많은 이야기를 했는데, 이를 종합하면 그것이 답이 아닐까 하는 생각이 든다. 그러면 이것을 좀 더 구체적으로 정리해 보자.

사실, 여기서 다시 강조하고 싶은 이야기는 이것이다. 아마존은 아마존 안에서 마케팅으로 결과를 만들어 내는 온라인 스토어가 아니라는 것이다. 아마존 판매는 제품 준비에서부터 온라인, 오프라인 마케팅과 거래선을 통한 다양한 세일즈와 마케팅 및 A/S, C/S 등 모든 경영활동의 산물이다. 모든 마케팅과 모든 홍보활동을 판매로 엮어 내는 최종적인 온라인 마켓플레이스라는 점을 강조하고 싶다.

따라서 아마존에서 Top10을 하고 싶으면, 아래에서 언급한 여섯 가지 외에도, 제품 설계에서부터 생산, 그리고 자사가 가진 고유의

첫째, 제품, 포장, 매뉴얼, 간편사용설명서 등 하드웨어
- UO 빔은 다른 경쟁사에서 쉽게 모방할 수 없는 특허 제품
- 세련된 제품 박스 디자인으로 고객의 시각 만족
- 간편사용설명서Quick User Guide를 통한 고객 관리
- 제품 관련 전용 액세서리 준비를 통한 고객 불편 제거

둘째, 제품의 특성을 살린 마케팅 도구 Material
- 브로슈어: 제품 특성을 잘 살린 브로슈어
- 동영상: 제품의 특성을 잘 이해할 수 있는 동영상 제작
- 사진: 제품 특성을 고려한 사진, 제품 특성 강조
- 웹사이트: 한 제품만을 위한 전용 웹사이트, 지원 웹사이트 별도 제작
- 명함비즈니스 카드: 한 면은 연락처, 한 면은 제품 사진, 제품 특징, 거래처 등으로 고객 신뢰 증가

셋째, 제품의 특성을 살린 SNS 마케팅

- 제품의 특성에 맞는 크고 작은 인플루언서들을 통한 마케팅
- 페이스북 마케팅
- 유튜브 마케팅 등

넷째, 크고 작은 다양한 온라인, 오프라인 거래처를 통한 판매 및 마케팅

- 초기 단계 퀵 스타터Quick Starter를 통한 마케팅
- 오프라인 중소형 거래처 및 대형 거래처를 통한 판매 및 마케팅
- 온라인 이벤트 거래처 및 다양한 중소형 온라인 거래처를 통한 판매 및 마케팅
- 아마존 벤더 거래 및 AMS를 통한 판매 및 마케팅
- 웹사이트와 연계한 다양한 온라인 제휴를 통한 추천 판매 및 마케팅
- 메일침프MailChimp 등 대량 메일을 통한 판매 및 마케팅
- 뉴욕매거진New York Magazine 등 다양한 매체를 통한 판매 및 마케팅

다섯째, 제품 특성을 직접 잠재고객들에게 보여줄 수 있는 현장 데모 마케팅

- 제품 특성을 살린 페어Fair 현장 데모 마케팅
- 컨벤션, 쇼핑센터, 호텔, 길거리 현장 데모 마케팅

여섯째, 친절한 고객서비스, 애프터 서비스를 통한 고객 불편 해소

- 항상 대기하고 있는 C/S
- 1년 이내는 무상보증Warranty A/S, 1년 이후는 유상 A/S 로 고객 만족도 향상

경쟁력을 더하면 된다. 그러면 반드시 가능하게 된다.

  부디, 한국의 많은 중소기업들이 미국시장의 치열한 경쟁을 뚫고 아마존뿐만 아니라 미국의 대형 도매, 소매 유통 거래선들과 좋은 거래를 통해 '대박'날 수 있기를 간절히 기원한다.

마케팅 효과는
다양한 컨벤션 참가에서 나온다

라스베이거스를 비롯한 미국 전 지역에서는 전 세계 다양한 종류의 산업, 엔터테인먼트, 스포츠, 종교, 취미, 학술 등 각양각색의 소재를 가지고 수많은 컨벤션이 열린다. 조금만 더 관심을 갖고 눈을 넓히고, 마음만 열면 아주 저렴한 비용으로 원하는 많은 사람들을 만날 수 있다. 알고자 하는 많은 것을 보고, 듣고, 경험할 수 있는 곳이 미국이다.

미국은 각종 컨벤션 천국, 천국에서 무엇을 가져올까

이 장에서는 내가 경험했던 미국의 컨벤션 몇 개를 소개하고자 한다. 내가 소개하는 컨벤션은 미국에서 열리고 있는 컨벤션의 100분의 1, 1,000분의 1도 안 되는 아주 작은 부분이다. 그래도 한국의 많은 중소기업인들에게 미국의 컨벤션과 나의 비즈니스를 연결하는 방법에 대해 작은 아이디어라도 제공하지 않을까 하는 바람에서 이야기해 보고자 한다.

나는 나름대로 정말 많은 컨벤션, 전시회에 참가했다. 내가 미국에 건너온 2009년부터 2014년까지는 주로 한국에서 미국 전시회에 참여하는 한국의 중소기업들을 지원하기 위해 참여했으며, 2015년부터는 내 사업을 위해 뛰어다녔다. 어떤 경우에는 부스를 가지고 참가하였고, 어떤 경우에는 부스도 없이 방문객 배지Badge만 가지고 방문한 경우가 더 많았다.

일반적으로 제조기업에서 컨벤션이나 포럼 등에 참여하는 목적을 요약하면 첫째, 바이어를 찾는 것, 둘째는 향후 제품개발 방향을 잡기 위한 시장동향 파악을 위해, 그리고 자신의 완제품에 들어갈 부분품 및 부품을 찾기 위해서다.

유통기업은 조금 다를 수 있다. 첫 번째가 바이어를 찾는 것이고, 두 번째가 유통할 새로운 제품을 찾는 것이라고 생각한다. 물론 이것은 내 주관적인 견해일 수 있다.

그러면, 나는 왜 그토록 많은 컨벤션을 찾았을까?

2014년까지는 중소기업을 지원한다는 명분을 가지고 컨벤션을 참여했지만, 사실은 세상의 흐름을 보고 싶고, 알고 싶어 참여했다. 내가 사업을 시작한 2015년부터는 첫째, 바이어를 만나고, 둘째가 홍보마케팅을 위해서, 마지막으로 주 제품에 관련된 액세서리를 찾기 위한 것이었다. 따라서 2014년까지는 상대적으로 가벼운 마음이었다면 사업을 시작한 후부터는 생존을 위해 컨벤션을 찾았다.

컨벤션 = 비즈니스맨들이 가장 많이 모이는 곳 = 내 제품을 가장 많이 보여줄 수 있는 곳

나는 UO 빔을 만나면서, 이 제품을 어떻게 정의를 내려야 하나 고민해 보았다. 먹는 제품은 맛을 봐야 하고, 비누와 같은 제품은 씻어 봐야 하고, 옷은 입어 봐야 느낌이 온다. 그렇다면, 빔 프로젝터는 눈으로 봐야 그 가치를 알 수 있다.

값싼 프로젝터라면 가격 경쟁이 주축이라 디스플레이 품질을 보여주면 안 된다. 그렇지만 UO 빔이 무엇인가! 초소형에 고가의 귀한 몸이니 보여주지 않으면 그 가격에 대한 제품의 가치를 알 수 없었다. 그러면 누구에게, 어떻게 보여줄 것인가가 관건이었다. 나는 비즈니스맨들이 나의 주요 고객이 될 수 있겠다고 생각했다. 이들은 자신들이 필요한 물건은 조금 비싸더라도 구입하는 성향이 있다.

세상의 비즈니스맨들이 가장 많이 모이는 곳이 어디인가. 나는 바로 컨벤션 센터, 호텔 등이라 생각했다. 컨벤션은 자신들의 제품을 팔겠다는 비즈니스맨과 구입해서 팔겠다는 비즈니스맨들이 모든 가능성을 열어두고 만나는 곳이다. 따라서 나는 어떤 컨벤션은 빔 프로젝터 판매와는 전혀 관계없어 보이는 곳에도 참여했다. 정신 나간 사람처럼 UO 빔을 켜고 이 부스 저 부스를 기웃거리면서 비즈니스맨들의 시선을 끌었다. 정말 정신 나간 사람처럼!

그런데 이게 어찌된 일인가. 내 제품과는 전혀 관계가 없을 것처럼 보이는 화원꽃 전시회에 참여한 비즈니스맨들도 자신들의 행사 관련 데모를 할 때 정말 필요한 제품이라고 하면서 전시장에서 바로 UO 빔을 구입하겠다고 했다. 전시장에 가서 돌아다니면 여기저기에서 정말 뜨거운 반응을 보였다. 서너 시간 전시장을 돌면, 현장에서 5~10대를 판매했다. 한편으로는 전시장을 떠도는 잡상인과 같은 생각은 들었지만, 사람들의 반응을 보면 정말 신바람이 났다.

다시 말하자면, 2015년부터 내가 컨벤션에 참가했던 목적은 어떤 컨벤션은 바이어를 만나기 위해, 어떤 컨벤션은 순수 마케팅을 위해 방문했다. 바이어를 만나기 위해 참여했을 때도 나는 컨벤션 센터를 헤집고 다니면서 UO 빔을 보여주고 마케팅을 하면서 바이어를 구했다. 실제로 10개 컨벤션에 참여하면, 부스를 가지고 참여하는 경우는 1~2개뿐이었다. 8~9개는 부스도 없이 참여하였다. 이유는 돈과 시간이었다. 부스를 가지고 나가면 한 컨벤션에 적어도 1만~2만 달러는 투자하고, 부스 준비와 전시하는 기간을 포함하면 1~2주라는 시간을 소모해야 했기 때문이다.

그런데 부스 없이 방문하면 하루 정도면 웬만한 컨벤션 센터는 다 돌아다닐 수 있었다. 한나절이면 500명, 1천 명에게 UO 빔을 소개할 수 있었고, 이 과정에서 다양한 바이어를 만날 수 있었다.

이러했으니 내가 '참가한' 컨벤션이라는 표현보다는 내가 '방문한' 컨벤션으로 표현하는 것이 더 적합한 것도 많았다. 어쨌든 내가 경험했던 컨벤션 가운데 다소 이야기할 만한 몇 개를 소개하고자 한다.

세계 최대 전자박람회 세스CES, 산업용 디스플레이 전시 인포컴 InfoComm, 다양한 생활용품, 기념품 등 잡화를 취급하는 에이에스디 쇼ASD Show, 방송장비 컨벤션 엔에이비NAB, 디스플레이 개발제품 전시회인 디스플레이 위크Display Week, 호텔 비즈니스 관련 호텔 엔터테인먼트 쇼Hotel Entertainment Show, 성인인터넷 방송인들의 모임인 피닉스 포럼Phenix Forum, 성인용품 전시회인 LA 어덜트콘LA Adultcon, LA 영화산업 장비기술 전시회인 시네 기어 엑스포Cine Gear Expo, 수영장 산업전시회인 롱비치Long Beach의 풀 앤 스파 쇼Pool & Spa Show, 전 세계 자연식품 전시회로 유명한 에너하임의 내추럴 프로덕트 엑스포 웨스트Natural Products Expo West, 가발 화장품 분야의 롱 비치Long Beach의 뷰티 쇼Beauty Show, 중국인들의 축제인 포모나Pomona의 아시안 아메리칸 엑스포Asian American Expo 등이다. 여기에 언급한 각종 컨벤션이나 모임은 내가 참여한 것들의 일부이지만, 이들만이라도 간단하게 어떤 컨벤션인지 소개하고 어떤 의미가 있었는지 이야기를 나누어 보겠다. 중소기업을 운영하는 독자들이라면 한두 가지는 아이디어를 얻을 수 있을 것이다.

CES, 세계 최대 전자제품 쇼

세스CES, International Consumer Electronics Show는 미국소비자기술협회 주관으로 라스베이거스Las Vegas에서 열리는 세계 최고, 최대의 전자제품 전시회다. 나는 지난 12년 동안 한두 번을 제외하고 10번 정도는 참가했던 것 같다.

CES는 매년 1월 첫 주에 오픈한다. CES에서는 세계 최고의 전자제품 기업들이 미래에 펼쳐질 전자산업의 트렌드를 보여주면서 자신들의 능력을 과시한다. 이 세계적인 첨단 기업들은 자신들이 개발하고 있는 최신 제품을 세상에 선보이면서, 자신들의 제품을 유통할 파트너와 바이어를 찾는다. 동시에 글로벌시장에서 전자제품 유통기업들은 자신들이 판매할 제품을 찾고 협력할 파트너를 찾는다. 매스컴에서는 내일의 트렌드라고 하면서 일반 소비자들에게 알린다. CES는 전자제품을 만드는 기업과 유통하는 기업들을 연결하는 거대한 중매의 장이 된다. 또한, 미래 세상에 펼쳐질 기술의 흐름을 보여준다. 최근에는 전기자동차도 전자제품으로 취급되는 분위기로 점점 비중이 커지고 있다.

최근 2~3년간은 코로나로 인해 온라인으로 대체되거나, 참가자가 많이 감소했지만, 평소에는 이 기간 동안 라스베이거스의 물가는 엄청나게 올라간다. 호텔은 적게는 3~4배, 많게는 10배 이상 올라가며 택시요금, 음식값 등 모든 것이 천정부지다. 이 기간 동안 컨벤션에 참여할 계획이라면 반드시 예약을 해야 조금이라도 비용을 절감할 수 있다. CES는 라스베이거스 컨벤션 센터와 라스베이거스의 거의 모든 호텔 컨벤션 센터에서 동시에 열린다. 라스베이거스의 호텔들은 대부분 자체 전시장을 갖고 있다.

또한, 호텔의 스위트 룸Sweet Room, 컨퍼런스 룸은 모두 전시자와 바이어로 가득 찬다. 특히, 이미 많은 협력기업이나 파트너를 확보하고 있는 제조기업이나 유통기업은 호텔 스위트 룸을 확보하고 파트너를 개별적으로 초대하여 좀 더 고급스럽게 간단한 선물과 함께 음식과 다과를 나누며 친목을 다지기도 한다. 따라서 컨벤션 센터에 제품을 전시하고 새로운 바이어를 찾는 것도 좋지만, 어느 정도 바이어를 확보한 기업이라면, 이러한 방법을 참고하는 것도 좋을 것이다. 바로 그곳에서 숙박도 해결할 수 있으니 일석이조일 듯싶다.

한국 CES 참여기업들은 꼭 CES Awards를 신청하자

미국에서는 CES에 참여했다고 하면 그 자체로 어느 정도 인정을 받는다. 더욱이 CES에서 Awards를 받았다고 하면 고객들에게 신뢰를 상당히 높일 수 있고, 마케팅 효과를 올릴 수 있는 요소가 된다. 나와 파트너 관계에 있었던 SKT와 크레모텍이 2016년, 2017년 각각 UO Smart Beam Laser와 Laser Beam Pro 200 레이저 빔 프로젝터로 2년 연속으로 CES Awards를 받았다. 나는 이것을 명함과 제품 광고에 항상 첨부하여 마케팅했는데, 상당히 효과

CES Awards를 명함에 활용한 마케팅

가 좋았다.

　세상에 보여줄 만한 제품이 준비되었다면 과감하게 CES에 나가보자. CES에 참가하려는 기업은 사전에 일정을 확인하여 CES Awards를 신청하여 수상하기를 권한다.

CES Awards는

 https://www.ces.tech/Innovation-Awards/How-to-Enter.aspx

에 접속하여 CES Innovation Awards를 신청하는 절차에 따라 신청하면 된다. CES Awards 신청을 하려면 제품과 1천 달러 정도 비용이 들지만, CES Awards를 받으면 CES Awards 로고를 사용할 수 있는 권한을 가지고 혁신상Innovation Awards 트로피 및 다양한 혜택을 받을 수 있으므로 남는 장사가 될 듯하다.

나와 인연을 맺은 바이어들 가운데서도 CES를 통해 만난 바이어가 많았다. 폴란드 마신Marcin, 미국 온라인 이벤트 기업인 ToMo 등 상당히 많은 바이어를 CES를 통해서 만났다. 전자제품을 취급하는 기업이라면 CES에는 반드시 부스를 가지고 참여하는 것을 고려해 보는 게 좋겠다. CES가 활성화되면 부스를 구하기 어려우므로 부스는 가능하면 빨리 신청하는 것이 좋다.

인포컴, 산업용 디스플레이 전시회

인포컴InfoComm은 6월에 라스베이거스 컨벤션 센터Las Vegas Convention Center와 올랜도 컨벤션 센터Orlando Convention Center에서 매년 번갈아 개최하는 상업용 디스플레이 전시회이다. 2020년과 2021

년은 코로나로 인해 열리지 못했다.

　UO 빔은 디스플레이 제품이므로 2015년 올랜도, 2016년 라스베이거스에서 열린 인포컴에 부스를 가지고 참여했다. 일반적으로 이런 컨벤션에 참여하면, 중소기업들에 주어지는 부스는 메인 전시장이 아닌 경우가 많다. 메인 전시장이 아닌 경우에는 부스를 방문하는 바이어들이 기대보다 적은 경우가 많다. 컨벤션 참여자 입장에서는 많은 시간과 비용을 투자하여 부스를 만들었는데, 방문하는 바이어가 적으면 대단히 실망스럽다.

　나는 방문객 방문이 적은 시간대에는 직접 제품을 들고 전시장에서 사람이 가장 많이 몰리는 곳을 찾아 다니며, 제품 데모를 하고 바이어 미팅을 했다. 다행히 UO 빔은 조그마한 가방 하나면 데모할 수 있는 모든 장비를 갖출 수 있었기 때문에 이것이 가능했다.

　틈만 나면 컨벤션 센터 내에 있는 레스토랑에서, 사람들의 이동이 가장 많은 출입구, 이동통로 등에서 레이저 빔 프로젝터의 포커스 프리 특성을 데모했다. 이렇다 보니 실내 부스에서보다 길거리에서 더 많은 바이어를 만났다. 내가 UO 빔을 켜고 혼자서 CNN을 보거나, K-pop을 즐기고 있으면, 관심 있는 바이어들이 그게 뭐냐고 문의했다. 나는 냉큼 그 자리에서 제품의 특성을 설명해 주고 명함을 주고 받고 배지를 스캐닝하여 연락처를 확보했다.

　사실, 단순히 연락처 정보를 획득하는 것은 어쩌면 큰 의미가 없을 수도 있다. 어떻게 하면 잠재 바이어가 내 제품에 대해 관심을 가지도록 데모를 하고 좋은 인상을 가지게 하느냐가 중요하다. 잠재 바이어가 좋은 인상을 받으면 전시회 이후 연락해도 반응이 오겠지만, 그렇지 않으면 아무리 많은 연락처를 확보하더라도 전혀 쓸모가 없다.

명함 한 장도 마케팅 차원에서 '고객을 연결하는 네트워크'

나는 내 명함에 가능한 한 많은 정보를 넣어 두었다. 앞면은 일반적인 명함과 비슷했지만, 뒷면에는 UO 빔 제품의 특성과 현재 판매하고 있는 대표적인 거래처를 볼 수 있게 했다.

명함에 제품 및 회사 관련 다양한 정보 노출

데모를 할 때면 잠재고객들은 항상 어디서 구입할 수 있느냐는 질문을 많이 했다. 잠재 바이어는 컨벤션에서 많은 사람을 만나기 때문에 명함을 받더라도 어떤 제품을 취급하는지 기억하기 어려운 경우가 많았다. 그 때문에 이 명함 한 장만으로 잠재고객에게는 제품을 구입할 수 있는 정보를 제공하게 되고, 바이어에게는 제품과 나를 기억하는 데 도움을 줄 수 있게 한 것이다. 이 명함을 주면, 비록 내가 길거리에서 데모를 하더라도 회사의 신뢰성을 높이고, 고객들이 내 제품을 쉽게 기억할 수 있는 계기가 되었다.

미국에서는 CEO가 길거리에서 데모를 하더라도 손가락질하기보다는 경의를 표하는 경우가 더 많다. 특히, 미국 내 굴지의 회사에 납품을 하고 있는 회사의 사장이 길거리에서 데모를 하고 있으면 "너는 곧 큰 부자가 될 것이다."라는 덕담을 건네는 사람이 정말 많았다. 우리 중소기업 사장님들도 미국시장 공략을 위해 한 번쯤 생각해 보면 어떨까 한다.

에이에스디 쇼, 생활용품 잡화전시회

에이에스디 쇼ASD Show는 매년 2월과 8월 두 차례 라스베이거스에서 열린다. 전시되는 제품은 주방에 사용하는 프라이팬, 냄비 등 생활용품에서부터 인형, 장난감, 화장품, 액세서리, 가방, 각종 소품, 호신용 전기충격기, 권총, 기관총, 물담배 등 공항의 선물코너에 진열되는 제품부터 달러스토어 제품까지 정말 다양한 제품을 취급하는 기업들이 제품을 전시한다.

그리고 에이에스디 쇼를 찾는 바이어도 작은 소매상Retailer부터 글로벌 유통기업까지 다양하다. 소매상의 경우에도 조그마한 가게를 한두 개 운영하는 소매상, 호텔 리조트 소매 매장, 카워셔 매장까지 정말 다양한 기업의 크고 작은 바이어들이 방문한다.

나도 경기도 북미사무소장 때는 이러한 다양한 바이어를 만나기 위해 경기도의 10여 개 중소기업 제품을 가지고 부스를 꾸미고 에이에스디 쇼에 참가했다. 그래서 프라이팬, 미용 디바이스, 화장품, 화장품 케이스 등과 관련 바이어들을 만나 거래선을 만들었던 경험도 있다.

당시 바이어로부터 가장 많이 받았던 질문은 미국에 재고를 가지고 있느냐, 드롭십은 가능한가라는 부분이었다. 그때는 단순히 경기도 중소기업 제품을 대량으로 수출대행 업무만을 했기 때문에 미국에 경기도 기업들의 창고를 운영하지 않았다. 따라서 드롭십은 불가능했고 이로 인해 무수히 많은 바이어를 놓치는 아쉬움을 겪기도 했다.

따라서, 미국 진출을 하고자 하는 한국 기업들은 미국에 사무실과 창고를 운영하는 것을 권하고 싶다. 초기 단계에서는 작은 사무실이나 창고라도 마련하여 자신들이 운영하는 아마존을 포함한 온라인 스토어와 오프라인 거래처의 드롭십 오더를 대비하는 것이 필요할 것으로 판단된다.

아무튼 에이에스디 쇼는 아주 다양한 제품을 취급하는 잡화 전시로 보통 4일간 전시를 하는데, 특이하게 마지막 날에는 전시한 제품을 모두 도매와 소매로 판매한다는 것이다. 쇼에 참여한 크고 작은 기업들은 전시용으로 가지고 온 제품들을 다시 가져가지 않고,

전시장에서 저렴한 가격으로 처분한다. 즉 각 기업별로 적게는 수천 달러에서 많게는 수백 만 달러에 달하는 전시용 제품이 지역의 소매상이나 개인 소비자들에게 판매된다. 평소 거래가격보다 훨씬 저렴하므로 이 시기만 이용하여 다양한 물품을 확보하는 바이어도 많다.

UO 빔은 부스가 없는 편이 효율적인 상품, 그럼 현장 데모와 판매는 어떻게?

사실 부스가 있거나 없거나 관계없이 컨벤션 센터 내부를 돌아다니면서 데모하는 것은 컨벤션 규칙에 어긋나는 일이었다. 그래도 부스가 있는 경우에는 컨벤션 센터의 보안요원들이 봐 주지만, 부스도 없이 컨벤션 내부를 돌아다니면서 데모를 하고 제품을 판매하는 것은 철저하게 단속한다. 이럴 때는 우회하는 방법을 찾아보았다.

내가 부스 없이 컨벤션을 방문할 때는 제일 먼저 내 제품을 판매해 줄 만한 기업, 즉 파트너가 될 수 있는 기업을 먼저 물색한다. 우선 그 부스의 담당자와 상담하고 파트너 가능성을 협의한다. 만약에 협의가 되면, 부스 오너에게 내가 부스의 번호를 사용하겠다고 하고, 누가 UO 빔에 대해 문의하면 답변해 줄 것을 부탁한다. 그렇게 하면 그 컨벤션 센터에서 마음 놓고 데모를 하고 다닌다. 바이어를 기다리며 부스에 앉아 있는 마케팅을 하는 것이 아니라, 내가 찾아가는 마케팅을 한다.

놀랍게도 이러한 판매방식의 효과는 2배, 3배가 되는 경우가 더 많았다. 처음에는 요령도 없었고, 제품을 들고 다니면서 데모하는 것이 부끄럽기도 했고 정말 마음이 힘들었다.

하지만 나는 컨벤션 전시장을 돌아다니며 만나는 잠재 바이어들과 대화를 하면서 에너지를 얻었다. 때로는 길거리 데모를 하는 과정에 언론사나 SNS 인플루언서를 만나서 즉석 취재 요청을 받는 등 좋은 반응을 얻기도 했다. 이러한 경우, 마케팅 비용을 들이지 않고 큰 마케팅을 할 수 있어 정말 희열을 느끼기도 했다.

무엇보다 서너 시간 컨벤션 전시장을 다니면서 마케팅을 하면 반드시 5~10개 정도 제품을 판매하는 것은 기본이었다. 컨벤션 센터 내부이기는 하지만 길거리에서 300~400달러짜리 제품을 현금이나 신용카드로 판매를 하는 것은 쉬운 일은 아니었다. 그런데도 실제로 판매를 많이 할 수 있었다. 어쩌면 앞에서 언급한 명함 덕분이었는지도 모른다.

내 명함을 주면 잠재고객들은 아마존과 나의 웹사이트 등에서 실제 판매 여부를 확인했다. 그런데 현장에서 아마존 수수료나 운송 비용에 해당하는 부분을 10~20% 정도 낮은 가격으로 판매하거나 그 가격에 준하는 액세서리 등을 무료로 제공하겠다고 하면, 그 자리에서 제품을 구입하는 이들이 많았다. 오히려 나에게 감사하는 경우가 더 많았다.

특히, 내가 UO 빔을 가장 많이 판매했던 곳은 후카물담배를 취급하는 전시장이었다. 후카를 취급하는 전시장에 가보면 전시장 운영자들의 몸에는 문신이 뒤덮여 있고, 마치 '조폭' 영화에 나오는 것 같은 인물들이 대부분이었다. 처음에는 후카 전시장으로 들어가는 것조차 꺼렸으나, 그들과 대화를 나누고 UO 빔을 데모하면서 그런 선입견이 싹 없어졌다.

그들 가운데 어떤 이는 "당신이 데모하는 UO 빔이 마음에 든다."고 하면서, 본인의 부스 운영은 신경도 쓰지 않고, 주변에 있는 다른 후카 전시자들을 불러모아 자신이 직접 UO 빔 데모를 하면서 구입을 권하기도 했다. 이런 경우는 한 곳에서 여러 개를 판매하면서, 잠재 바이어를 확보하기도 했다.

또한, 컨벤션에는 해외에서 온 비즈니스맨들이 많은데, 이들은 현장에서 샘플을 구입하지 않으면 나중에 제품을 구입할 때 해외운송과 관세와 부가세를 지불해야 하고 기다려야 하는 번거로움이 있기 때문에 즉석에서 구입하기를 원하는 이들도 많았다.

사실, 내 경험으로 이렇게 컨벤션 장을 돌아다니면서 데모하고 샘플을 판매하는 것은 무척 힘든 일이었다. 하지만 효과는 부스를 오픈하여 운영하는 것 이상이었다. 혼자서 방문하거나, 직원을 1명만 데리고 가면 충분하고 효율성도 아주 높았다. 최소 직원 2명이 필요한 부스를 내고 3~4일 운영해야 얻을 수 있는 성과를 부스 없이 하루 만에 올릴 수도 있었다. 이는 내 제품이 소형에다가 데모가 필요한 최첨단 기기라는 특성을 갖고 있었기에 그에 맞는 적절한 홍보방법을 찾은 것으로 볼 수 있다. 물론 나처럼 제품에 '미치지' 않으면 하기 힘든 일일 수도 있다.

루이빌 RV 트레이드 쇼, RV 차량 등 스포츠 레저 전시회

루이빌 RV 트레이드 쇼Louisville RV Trade Show는 1986년부터 2017년까지 50년 이상 켄터키주 루이빌Louisville에서 열렸으나, 2018년부터 중단되었다고 한다. 2018년부터는 루이빌 보트, 알브이앤스포츠쇼Louisville Boat, RV & Sport Show로 통합된 듯하다. 아무튼 나는 RVRecreational Vehicle와 UO 빔 사업을 연결시키기 위해 2015년 말 이 컨벤션에 직원 2명을 출장 보냈다.

나는 RV에서 가장 문제점이 많은 것이 RV 내에 설치되어 있는 TV라고 생각하고 RV를 판매할 때, UO 빔을 옵션으로 납품할 계획이었다. 실제로 RV는 오프로드를 달리는 경우가 많아 TV를 설치한 이후에도 시스템 상에 문제를 일으키는 경우가 많다고 한다. 또한, TV는 외부로 옮길 수 없기에 TV를 설치하고도 외부 차량의 벽에 프로젝터 스크린을 설치할 수 있도록 해주는 경우도 많을 것으로 생각했다.

나는 RV 회사가 한꺼번에 모이는 컨벤션을 찾아가서 UO 빔을 데모하고 제안서를 제출하면 상당한 성과를 거둘 수 있을 것으로 생각하여 A이사와 Y부장을 출장 보냈다.

이들은 25개 RV 기업과 상담하였고, 그중 로드트렉Roadtrek, 레저 트래블 밴Leisure Travel Vans, 얼라이너Aliner, 리버사이드Riverside 4개 RV 기업들은 현장에서 샘플을 6대 구입하는 한편, 샘플을 3대 구입한 로드트렉은 곧바로 RV에 장착할 수 있도록 방법을 찾아 진행하겠다는 의지를 밝혔다고 했다. 얼라이너사는 RV에 설치하는 것과 더불어 자신들이 보유한 딜러들을 활용하여 유통하겠다는 의사를 밝혔고, 12개 기업에서는 가격과 상세 정보를 요청하였다는 보고서를 받았다.

그런데 UO 빔은 고급 RV보다는 중저가 RV에 잘 맞는다고 했다. 중저가 RV의 경우 TV의 무게가 12~15 파운드로 무거우며, 실내 공간이 협소하여 전선 배열이 어렵고, 공간이 여의치 않다는 것이다. 또 무게도 줄여야 하므로 UO 빔을 사용하면 좋을 것 같다는 의견을 받았다고 했다. 반면에 고급 RV는 내부 공간이 여유가 있고, 노년층이 많이 구입하는데, 노년층은 복잡한 전자제품을 싫어하는 경향이 높아 부적합할 것 같다고 했다.

나는 이 쇼를 통해 RV 구매층과 유통 과정을 이해하는 데 많은 도움이 되었다. 이전에는 UO 빔의 가격이 높으니 고급 RV 시장에 적합할 것으로 생각했는데, 참가한 바이어들과 상담을 통해 고급 RV가 아닌 중저가 RV 시장에 수요가 있을 것이라는 것도 이해하게 되었다. 즉 고급 RV는 노년층, 중저가 RV는 30대에서 50대 초반이 주요 고객이라는 것도 알게 되었다.

이와 같이 컨벤션에 참여하면, 바이어를 구하는 것 이외에 시장조사와 잠재고객에 대해 예측할 수 있는 중요한 설문조사도 가능할 수 있다. 출장자들의 보고에 따르면 RV와 연계한 판매목표를 36,000대/년 정도로 잡고 진행하자고 했다.

또한, RV 기업들이 모이는 트레이드 쇼TRADE Show는 매년 루이빌Louisville KY, 인디애나와 라스베이거스Indiana and Las Vegas NV, 올랜도Orlando FL에서 열리는 4개의 쇼가 메이저이며, 매년 8월 또는 9월에 독일에서 열리는 RV 트레이드 쇼RV Trade show는 유럽의 메이저 쇼라고 했다.

출장 한 번에 쏟아진 대단한 실적 보고였다. 그 자체로 쉬운 일이 아니었는데 여러 가지 좋은 판단 기준까지 얻었다. 하지만, 이들 출장 직원들이 이후 불상사가 생겨 충분한 성과를 거두지는 못했다. 아쉬움은 있었지만, 잠재시장을 볼 수 있었다는 것은 큰 성과로 여겨진다.

모든 제품에는 직접적으로 연관되는 시장이 있고, 간접적인 시장이 있다. RV 시장이 빔 프로젝터 시장과 직접적인 관계는 없다. 미국 RV 시장의 연간 출하량은 50만 대 정도이고 상당히 빠른 속도로 성장하는 시장이라고 한다. 물론 모든 RV에 판매를 할 수 있는 것은 아니지만, 10% 정도의 시장점유율만 가져와도 엄청난 시장을 확보할 수 있다. 직원들이 보고한 36,000대/년 매출목표는 과장된 것이 아니라고 생각한다.

미국으로 진출하고자 하는 한국 중소기업들이 다각적인 시각을 가지고 다양한 컨벤션을 충분히 활용할 수 있는 능력을 키워갈 수 있기를 바라는 마음 간절하다.

엔에이비, 방송장비 쇼

엔에이비NAB, National Associate of Broadcaster는 방송장비와 관련된 무역박람회다. 주로 오디오, 비디오, 영화, 게임, 팟캐스트, 소셜미디어, 스트리밍, 텔레비전 관련 기술을 비롯하여 AR증강현실, VR가상현실, 5G 기술 등 방송 관련된 최첨단 기술을 가진 기업들과 바이어들이 모이는 박람회다. 라스베이거스에서는 매년 4월, 뉴욕에서는 매년 10월에 열리는 것으로 되어 있다.

엔에이비 쇼에는 TV, 라디오 관련 방송국 관계자들뿐만 아니라 SNS 관련자들과 SNS 매체를 운영하는 기업인들과 드론, AR, VR 등 관련 기업인들이 대거 참여한다.

엔에이비 쇼에는 방송인들, 연예인들도 많이 참여했다. 내가 엔에이비 쇼 컨벤션 센터 내에서 데모를 하고 있는데, TV에서 만난 듯한 키 크고 잘 생긴 미국인이 나에게 다가와서 제품의 성능을 물었다. 나는 어디서 봤는지 정확하게 기억나지 않지만, 이런 저런 대화를 했는데, 옆에 있던 그의 친구가 그분을 ABC 방송국 사장이라고 소개했다. 그리고 그가 "제품이 좋다."라고 하기에, 나는 "좋은 제품인데 마케팅하는 것이 너무 힘들다."고 하자, "그런 일은 자기 같은 사람이 하는 것."이라고 했다.

아무튼, 이런 만남을 가진 후 몇 개월이 지났을 때, ABC 방송사에서 연락이 왔다. ABC 방송에서 대담 형식의 프로그램이 있는데, 30~40분 정도 제품 소개를 할 수 있는 시간을 주겠다고 했다. 그리고 방송 비용은 별도로 없지만, 시청자를 위해 제품 150대 기부해 달라는 제안이었다. 150대는 원가로 계산하면 3만 달러 정도였다. 만약, 이런 제안이 사업 초기라면 내가 받아들였을 가능성이 높았다. 하지만, 이 시점에 한국의 파트너인 크레모텍이 파산 직전에 있어서 제안을 받아들이지 못했다.

아무튼, 전시회마다 특성이 있고, 열심히 뛰면 생각하지 않았던 좋은 기회가 여기저기에 있다는 것을 느꼈다. 한국의 중소기업인들도 미국이 거대하고 막막한 시장이지만, 겁먹지 말고 힘차게 뛰면 전혀 예상치 않았던 뜻밖의 계기를 가질 수 있을 것으로 믿는다. 파이팅!

* 나는 NAB 쇼에 참여하면서 드론과 UO 빔을 활용하여 새로운 문화를 만들어 보고 싶은 생각이 들었다. 기존에 영상 촬영을 위해 활용하던 드론으로 영상을 프로젝션하는 데 사용하면 어떨까 하는 아이디어였다. UO 빔의 포커스 프리라는 특성은 움직이는 드론에서도 잘 먹힐 것 같았다. 어두운 공연장이나, 야간에 빌딩의 벽면에 영상을 뿌리면 재미있을 것 같은 생

각이 들었다. 그래서 드론을 구입하여 UO 빔을 장착하고 실내에서 실험을 했지만 드론이 벽면에 부딪히는 바람에 실패했다. 나는 NAB 쇼에서 DJI 드론 회사의 담당자와 협의해 보았는데, 아이디어는 재미있다고 하면서도 별다른 진전은 없었다. 나의 아이디어는 숙제로 남겨졌다.

스플리 레콘 쇼, 쇼핑몰·백화점·공항 키오스크 판매

흔히 백화점, 호텔, 쇼핑센터, 공항 등에 가면 키오스크 Kiosk, 카트 판매대를 많이 볼 수 있다. 키오스크라는 단어를 영어사전에서 검색하면 '정자 Summerhouse'라고 나온다. 이는 독립적으로 설치된 간이 구조물을 일컫는 말인데, 최근에는 무인 판매대를 키오스크라고 하는 경우가 많다. 여기서 키오스크는 카트 판매대를 의미한다.

미국의 백화점, 호텔, 쇼핑센터, 공항에도 이런 매대가 많다. 이들은 대부분 쇼핑센터, 백화점, 호텔, 공항 등이 직접 운영하는 것이 아니라 장소나 키오스크를 임대한 사업자가 운영한다. 대부분 큰 쇼핑센터, 백화점, 호텔, 공항 등에서는 카트의 기준을 주거나 카트를 만들어 주고, 이를 사업자가 임대하여 운영하는 형태이다.

쇼핑센터, 백화점, 호텔, 공항의 키오스크는 누가 차지할 것인가

나는 백화점, 호텔, 쇼핑센터 등의 키오스크에서 판매할 수 있는 방법을 찾기 시작했다. 내 제품을 데모, 판매하는 방법에는 두 가지가 있다. 하나는 직접 키오스크를 임대하여 운영하는 방법이고, 다른 하나는 현재 키오스크를 운영하고 있는 키오스크 사업자들에게 제품을 공급해 주고 판매를 맡기는 방법이다. 나는 이 두 가지 방법에 대해 동시에 협의를 진행했다.

우선 LA 내에 있는 최고의 쇼핑몰인 비벌리 센터Beverly Center, 웨스트필드 쇼핑센터Westfield Shopping Center, 글로브 몰The Glove Mall, 아메리카나 몰Americana Mall 등을 방문하여 매대를 임대하는 방법과 임대료 등을 알아보았다. 내가 직접 운영하려면 쇼핑몰에 따라 차이는 있지만, 한달 임대료 4천~6천 달러에 직원 인건비가 필요했다. 임대기간은 매월 계약하는 방식도 있지만 임대료가 대단히 높았고, 대부분은 6개월, 1년 단위로 임대계약을 체결해야 했다.

동시에 키오스크를 운영하고 있는 매대를 찾아 UO 빔을 보여주고 판매가 가능할 것인지를 타진했다. 키오스크에서 판매하는 제품은 아주 다양했는데, 나는 전자제품을 판매하거나 핸드폰을 수리하는 매장과 협의하였다. 내가 협의한 키오스크 오너들 가운데 비벌리 센터에 있는 키오스크에서 관심을 보였다. 일단 UO 빔을 데모할 수 있도록 포터블 스크린을 설치해 주고 판매를 시작했는데, 한 매장에서 일주일에 1~2대 정도는 팔렸다.

일반적인 키오스크 판매 제품은 가격이 싸고, 즉흥적인 구매의사를 결정하는 손쉬운 제품이 많았다. 또 키오스크를 운영하는 운영자는 1개의 키오스크만 운영하는 경우는 드물었다. 대부분 최소한

5개, 10개, 심지어 50개 이상을 운영하는 사업자도 있었다. 단가는 1~2달러에 구입해서 10~15달러에 판매하는 제품이 많다고 했다. 내가 실제로 판매되고 있는 제품과 구매내역서를 확인한 결과 작게는 5배, 많게는 10배 장사를 하고 있었다. 이런 가격구조라면 한국 제품은 판매가 쉽지 않겠다는 생각이 들었다.

그렇지만 제조기업이 직영하면서 판매촉진을 위한 마케팅 차원에서 운영한다면 충분히 가능한 시장이 될 수 있다는 생각이 들었다. 한국에서 미국시장에 진입하는 중소기업이라면, 키오스크 판매도 한 번쯤은 생각해 보면 어떨까 하는 생각이 들었다. 내가 조사한 바에 따르면, LA 내에 있는 대형 쇼핑몰의 경우 터키인 오너가 아주 많았다.

내 주변에도 키오스크에서 고급 액세서리를 판매하여 큰 성공을 거둔 사업가도 있다. 그분도 백화점과 고급 쇼핑센터에 키오스크를 100개 이상 운영하면서 몇 개는 직영하고, 많은 부분은 파트너 관계를 맺고 쇼핑 카트 디자인 및 제작, 판매 제품 소싱과 마케팅 방법 교육 등을 하면서 지금도 사업을 확장하고 있다.

스플리 레콘 쇼Spree Recon Show를 주제로 해놓고 왜 키오스크 이야기를 하는 걸까. 바로 스플리 레콘 쇼는 이러한 쇼핑몰, 호텔, 백화점, 공항 등의 오너 및 매니지먼트와 키오스크나 작은 숍을 운영하는 소매상들을 연결해 주는 컨벤션이다.

스플리 레콘 쇼는 매년 5월에 라스베이거스에서 개최되는데, 이 전시회는 실제로 제품을 판매하는 것이 아니라 백화점, 쇼핑센터 등 운영자와 소매상들을 연결해 주는 역할을 하므로 일반적인 전시회와는 다소 차이가 있다.

이런 키오스크를 활용한 사업은 적은 임대료와 직원으로 포스트 숍Post Shop을 열 수 있어, 리스크가 작다. 숫자가 많아질 경우 큰 사업으로 발전시킬 수 있는 계기가 될 수도 있다. 한국에서 진출하는 중소기업인들도 많은 관심을 가지고 접근해 보면 어떨까 한다.

시네 기어 엑스포, 할리우드 영화제작 기술자들의 잔치

시네 기어 엑스포Cine Gear Expo Los Angeles는 지금까지 주로 파라마운트 픽처스 스튜디오Paramount Pictures Studio에서 개최되었는데, 2022년부터는 LA 컨벤션 센터LA Convention Center에서 6월 9~12일간 개최되었다. 이 엑스포는 일반인들에게는 잘 알려지지 않은 영화제작 기술자들의 큰 모임으로 영화 및 각종 영상을 촬영하는 카메라, 촬영시설 및 영화촬영 장비기술들이 전시된다.

이 전시에서는 아티스트와 기술자들에게 콘텐츠 캡처 하드웨어, 워크플로 소프트웨어 등 최신 영화 영상 제작 서비스를 포함한 최첨단 기술과 기법을 찾고 공유하는 기회를 제공한다. 또 할리우드 커뮤니티의 영화촬영 기술, 엔터테인먼트 및 미디어 산업 기술 커뮤니티를 만들고 시네 기어 엑스포 동창회를 만들어 동영상 전문가 집단이 형성된다.

이곳 할리우드 영화제작과 관련된 배우, 제작기술자, 감독, 작가 등은 모두 유니온노조에 등록하고 유니온을 통해 관리가 되는 것처럼 보인다. 따라서, 이 시장에 진입하기 위해서는 먼저 유니온과 잘 협력을 해야 할 것 같다는 생각이 든다.

나는 내 제품이 영상 제품이고, 영화 관련 시장을 알고 싶어 3~4년 배지를 구해 방문해 보았다. 하지만 직접 관계되지 않은 시장이라 깊이 이해하기 어렵고, 잘 모르는 분야여서 약간은 겉도는 느낌이었다.

아무튼, 영화 촬영 및 편집 등 관련 장비나 소프트웨어를 취급하는 기업이 미국에 수출할 계획이라면, 할리우드에 있는 노조단체와 사전 협력하면서 이런 전시장부터 찾는 것이 시장을 여는 단초를 마련하는 길이 될 수도 있을 것이다.

풀 쇼, 내추럴 푸드 쇼, 뷰티 쇼 등

- 풀 쇼 Pool Show, 내추럴 푸드 쇼 Natural Food Show, 뷰티 쇼 Beauty Show, 아시안 아메리칸 엑스포 Asian America Expo

- 웨스턴 풀 앤 스파 쇼 Western Pool & Spa Show 매년 3월, 롱비치 컨벤션 센터 Long Beach Convention Center
- 내추럴 프로덕트 엑스포 Natural Products Expo West, 매년 3월, 에너하임 컨벤션 센터 Anaheim Convention Center
- 알이 콩그레스 RE Congress(Religious Education Congress) 종교 관련 매년 5월, 에너하임 컨벤션 센터
- 아이에스에스이 ISSE(International Salon & Spa Expo) 매년 6월, 롱비치
- 아시안 아메리칸 엑스포 Asian American Expo 매년 1월

이외에도 LA 컨벤션 센터와 LA 주변의 디즈니랜드가 있는 에너하임 컨벤션 센터, 그리고 롱비치 컨벤션 센터 등에서 매월 무수히 많은 다양한 컨벤션이 열린다. 사전에 어떤 성격의 컨벤션인지 잘 검토하고 처음에는 입장권만 가지고 참가하여 자세히 둘러보는 것이 좋다. 나의 제품, 나의 마케팅 방법과 연결시킬 수 있다는 확신이 들면, 그때 부스를 신청하여 참가하는 것이 효과적이다.

앞에서도 이야기했듯이 부스를 가지고 참여하는 경우보다 부스 없이 참여하는 것이 더 효과적인 경우도 많다. 물론 부스를 가지지 않고 참여할 경우에는 사전에 어떻게 하겠다는 시나리오를 잘 세워야 한다. 특히 한국에서 참여할 경우에는 시간과 비용을 많이 투자해야 하므로 신중할 필요가 있다고 생각한다.

컨벤션 활용 꿀팁, 프레스센터를 이용하라

마지막으로 컨벤션에 참여하면 반드시 프레스센터를 이용할 것을 권하

고 싶다. 거의 대부분 컨벤션에는 프레스센터가 설치되어 있다. 이 프레스센터는 온라인, 오프라인 언론사 리포터들이 이용하는 곳이다.

나의 경우에는 CES나 중요한 컨벤션에 참여할 때에는 프레스센터를 출입할 수 있는 프레스 배지를 구해서 가는 경우가 많았다. 프레스센터에는 전 세계의 기자들이 모여서 취재 경쟁을 벌이고 있으므로, 잘만 활용하면 언론에 쉽게 노출할 수도 있다. 또한, 요즘은 인터넷 방송 언론도 프레스센터를 이용하는 경우가 많으므로 이 분야의 리포터들을 만나기 쉬운 장소이다.

그런데 이 프레스센터를 이용할 경우에는 반드시 보도자료Press Release를 준비해 가는 것이 좋다. 프레스센터에는 각 컨벤션 참여자들이 준비해 온 보도자료들이 즐비하게 있으므로 내 것도 갖다 놓으면 언론에 노출될 수 있는 가능성이 있다.

더욱이 이 프레스센터는 점심을 무료로 공급한다. 점심시간 즈음에 방문하면 많은 언론사 리포터들이 점심을 먹으러 모인다. 같이 점심을 먹으면서 언론인들과 대화를 통해 관심을 유도할 수도 있고, 큰 마음먹고 프레스 센터에서 제품 데모를 하면 이목을 집중시킬 수 있다. 물론 이때 잊지 말아야 하는 것은 내 신분배지이 리포터라는 것이다. 점심도 공짜로 먹고, 언론인들에게 내 제품을 노출시키기도 하고, 일석이조를 이용해 보자.

Part 4

세계 1등 제품 들고
담대하게 도전하라

미국에서 해외시장 마케팅하는 방법

　내가 본사인 SKT, 크레모텍으로부터 독점판매권을 받은 지역은 북미의 미국, 캐나다, 멕시코 등이었다. 그런데 판매가 진행될수록 북미지역 이외의 해외거래선이 꽤 많아졌다. 한국 본사의 마케팅이 문제가 있는지 해외 다른 지역 거래선들에서 당사 KDC_{Korea Distribution Center}로 연락이 왔다.

　사실, 내가 미국에서 다른 나라로 판매하는 해외수출은 그렇게 반갑지는 않았다. 첫째는 물류비가 상당히 많이 들고, 관세 및 부가세로 인해 문제가 발생할 가능성이 높았다. 둘째는 물량이 많아지면 언제든지 거래선들이 본사로 오더를 바꿀 수 있기 때문이다. 세 번째는 본사가 마케팅을 제대로 하고 있다면, 해외에서 미국으로 오더가 들어오지 않을 텐데, 그렇지 못하기 때문에 이런 오더가 들어온다는 생각이 들었다. 근본적으로 이것이 더 심각하고 중요한 문제였다.

본사와 지역총괄은 상호보완, 상승관계
그래야 판매가 자연스럽게 증가한다

나는 미국에서 권한도 없이 전 세계 마케팅을 하는 것은 너무 힘들다는 생각을 했다. 유튜브나 온라인을 통한 마케팅은 한 지역에서 마케팅을 하면 자연스럽게 다른 지역으로 옮겨가고 전 세계가 공유하는 시간도 대단히 짧다. 그 때문에 본사와 지역총괄이 같이 마케팅을 하면 시너지효과가 발생하는 것이 일반적인 현상이다.

아무튼 나는 명함이나 회사의 웹사이트 www.kdcusa.com에 KDC는 북미독점권을 가진 회사이고, 본사는 SKT와 크레모텍이라는 것을 분명히 밝혀 두었는데도 해외에서 미국 KDC로 판매 문의가 들어왔다. 왜 그런 일이 벌어졌을까? 나는 이런 이유들을 추론해 보았다.

- KDC가 많은 컨벤션에 참여하여 해외 바이어들에게도 적극적으로 알렸고,
- 유튜브에 튜토리얼 비디오도 KDC가 만들어 KDC 이름으로 올렸다.
- 인플루언서들에게 샘플을 보내 오픈박스를 촬영하게 하여 KDC 이름으로 유튜브에 올렸고,
- 홍보 동영상조차 미국에서 직접 제작하여 KDC 이름으로 유튜브와 SNS에 올린 것이 많았다.
- 사실, KDC에서 직접 만든 홍보자료는 본사에서는 사용할 수 있는 권한이 없었다. 해외바이어의 경우 KDC가 만든 자료를 공급받고자 했고,
- 또한, 몇몇 바이어는 한국 본사로 연락했는데, 커뮤니케이션이 원만하지 않았다고 하면서 KDC로 다시 연락이 왔다.

이 가운데 본사에서 바이어들한테 연락이 왔을 때 제대로 응대하지 못한 것이 가장 큰 이유가 아닐까 하는 생각을 했다.

실제로 본사에서 해외 바이어에게 공급하는 가격과 내가 공급하는 가격은 완전히 달랐다. 나는 본사에서 받은 단가에 당사의 마진과 물류비용을 포함해서 공급해야 했으므로 본사에서 판매하는 가격보다 최소한 20~25% 이상 높은 가격이었다. 그럼에도 불구하고 당사에서 제품을 가지고 간다는 것은 본사에서 직접 해외로 판매할 경우, 내가 판매하는 것보다 훨씬 더 큰 시장이 열릴 수 있다고 판단했다. 시장을 버려 두는 것이 너무 아까웠다.

나는 이런 이유로 몇 차례나 본사에 해외판매권을 달라고 요청했다. 내가 전 세계시장을 뛰면서 판매할 테니 나에게 커미션을 주고, 제품은 한국에서 해외로 직접 발송하면 어떻겠냐는 제안이었다. 나는 독일, 홍콩 컨벤션 등에 적극적으로 마케팅을 하고 시장을 키울 수 있을 것으로 판단했다. 하지만 명확한 계약 없이 권한도 없는 내가 해외 바이어를 만나면 본사에서 제재를 가할 수 있었고, 다른 한편 기껏 공들인 바이어가 본사로 직접 연락을 할 경우 나는 마케팅 비용만 날리기 때문에 마음 놓고 해외시장을 개척할 수도 없었다.

이 때문에 어쩔 수 없이 나는 해외에서 연락이 오는 기업을 대상으로 소극적인 대응만 했다. 이렇게 소극적으로 대응했어도 내가 거래한 해외 바이어는 20여 개국에 30개 이상의 기업에 달했다.

사실 이 해외수출 부분은 큰 규모는 아니었다. 다만, 한국의 중소기업들이 해외로 수출할 때 조금이라도 도움이 될 수 있는 부분도 있을 것 같아 내가 경험했던 해외수출 경험을 간단하게 공유하고자 한다.

멕시코, 구매력 있는 고가시장으로

**소득격차 극심한 멕시코
고가 vs. 중저가 타깃 확실해야**

멕시코 바이어는 TSST라는 회사로서, 나의 삼성 후배인 미국 멕시코 삼성전자 법인장 출신이었던 J대표가 맡았다. J대표는 UO 빔을 나에게서 가지고 갔으므로 미국에서 판매하는 가격보다 훨씬 높은 500달러 이상에 판매해야 마진이 나왔다. 멕시코의 일반적인 근로자의 급여가 500달러 수준이었으므로 멕시코인들의 소득에 비해 워낙 가격이 셌다. 그래서 일반인들에게 판매하는 것보다는 VIP 고객들을 대상으로 판매한다고 했다.

J대표는 독점권은 필요 없고, 최선을 다해 판매하겠다고 했다. 오더는 아주 많지는 않았지만, 100~200대씩 몇 차례 오더를 주었으므로 전체적으로 1천 대 정도는 판매했던 것으로 기억된다. 나는 멕시코에 다른 거래선들도 추가로 만들어 보려고 했으나, J대표에게 피해가 가지 않는 범위에서 추진을 하는 터에 제대로 된 거래선을 확보하지는 못했다.

멕시코는 한국보다 국민들의 소득격차가 크다. 따라서, 한국 기업이 멕시코로 수출할 경우에는 무엇보다 멕시코 내의 어느 시장을 타깃으로 할 것인가가 중요해 보인다. 일반인 시장을 대상으로 가격대를 보급형으로 할 것인가, 아니면 고가제품으로 고소득자를 타깃으로 할 것인가를 결정해야 하는 것이다. 어정쩡한 제품으로 시장을 공략하면 실패할 가능성이 높지 않을까 하는 생각이 든다.

폴란드, 넘기 힘든 관세와 부가세 장벽

폴란드의 마신 미숑Marcin Michon은 라스베이거스 컨벤션에서 만났다. 당시에 그는 폴란드에서 웹사이트를 구축하고 사업 아이템을 찾기 위해 컨벤션을 찾았던 차에 나와 만나게 되었다. 그는 LA 당사 사무실을 방문해서 바로 제품 공급 협약을 체결했다. 곧바로 온라인 판매를 시작으로 오프라인 매장을 오픈하여 판매를 확장했다. 마신은 1~2년간 꾸준히 성장해서 폴란드뿐만 아니라 동유럽으로 거래선을 확장하려고 했다. 하지만 UO 빔 제품의 유통단가가 너무 높고, 물류비용이 대단히 높아 대대적으로 확장하는 것에는 한계가 있었다. 당사의 입장에서는 단가를 전격적으로 낮춰주지 못함이 못내 아쉬웠다. 내가 한국 본사에서 직송을 하였으면 충분히 경쟁력 있는 가격으로 공급해 줄 수 있었을 것이다.

30~50%되는 유럽의 관세, 부가세
현지 파트너 기업 두는 것이 유리

유럽, 특히 동구권은 물류비용이 많이 들고 관세와 부가세가 워낙 높아 실제 공급하는 가격으로 신고하면 판매할 수 없는 정도였다. 폴란드와 같은 유럽의 동구권 시장으로 수출할 경우에는 관세와 부가세, 그리고 물류비용에 대해 바이어와 긴밀하게 협력하여 부담을 줄여주어야 원만하게 거래가 지속될 수 있을 것으로 판단했다.

내가 미국 아마존에서 판매한 경우에도 물류비용과 관세, 부가세로 인해 고객과 문제가 발생한 경우가 몇 차례 있었다. 미국 아마존의 경우, 미국 내에서는 무료배송이지만, 해외에서 구입하는 경우에 배송비는 자동으로 계산될 수 있도록 세팅해놓았다. 하지만, 관세와 부가세는 고객이 해당 국가에서 부과하는 금액을 지불하도록 되어 있었다. 그러다 보니 고객이 오해를 하고 배송된 제품을 자신들의 국경 세관에서 돌려보내겠다고 하는 터에 상당한 손실을 감내해야 하는 경우가 몇 차례 있었다. 예를 들어, 제품가격 400, 배송비용 150달러면, 관세와 부가세가 300달러 이상 제품가격+배송비용+관세와 부가세율 적용이 부과되어 고객의 입장에서는 추가적인 비용부담이 더 생긴다는 느낌이 들게 했다.

이런 경우를 겪으면서, 유럽의 동구권 고객이 미국 아마존에서 주문하면, 고객에게 연락하여 폴란드의 파트너인 마신의 정보를 주고 그곳에서 구입하도록 유도했다. 마신은 폴란드어와 스페인어,

영어를 어느 정도 잘했고, 원만한 성격으로 고객 응대에 뛰어났다.

　유럽은 유럽지역 내에 파트너 기업이 없으면, 직접 온라인으로 판매하는 것은 매우 어려운 지역일 수 있다. 한국에서도 이러한 어려움은 비슷할 것으로 판단되므로 유럽에 수출하고자 하는 기업은 반드시 유럽 내 현지에 파트너 기업을 두는 것을 추천한다.

홍콩, No 관세·부가세!

　홍콩의 메인 바이어는 서칭시Searching C였다. 서칭시는 온라인 세일즈 기업으로 고객들로부터 오더를 받아서 나에게 다시 오더를 내는 기업이었다. 서칭시는 나에게 정말 좋은 바이어였다. 나는 거의 매주 한 번씩 30~40개 오더를 받았다. 7~8개월 간 고정적으로 받았고, 이후에는 오더를 내는 주기가 길어졌다.

　홍콩은 관세나 부가세 문제가 없었고, 단지 품질보증과 A/S만 잘 해주면 되었으므로 아주 좋은 거래처였다. 제품마다 조금씩 차이는 있겠지만, 홍콩은 세금으로 인해 소비자의 부가적인 부담이 없는 것으로 보였다. 또한, 첨단제품에 대한 시장도 상당한 규모였다. 한국과 홍콩은 거리도 가까워 운송비에 대한 부담도 줄어들 수 있으므로 적극적으로 시장을 공략하면 좋을 것으로 여겨졌다.

미국 등 지역 독점권자와 맺은 파트너십 홍보마케팅 자료는 본사에서 제공하도록

홍콩에서 한국에 있는 본사로 오더를 내지 않고 미국으로 오더를 냈던 것은 이해가 잘 안되는 부분이 있었다. 제품의 포장박스에도 본사에 대한 정보가 있었고, 서칭시에서도 본사로 오더를 내면 어떠냐는 질문을 한 적이 있었다. 나는 거리상 가까우므로 운송비용에는 도움이 될 수 있을 것이라고 했다. 하지만, 당사에서 만든 홍보마케팅 자료를 사용하는 것은 곤란하다고 했다. 서칭시에서는 이후에도 계속 나에게 오더를 보냈다.

만약에 현지에 맞는 자료를 만들기 위해 파트너에게 맡길 경우에는 홍보마케팅 자료를 만드는 비용을 부담하고, 사용권한은 공동으로 갖는 것이 상호 시장 확장 시에 좋을 것 같다는 생각이 들었다.

영국, 유럽 최고의 시장

영국시장은 먼저 영국 아마존Amazon UK에서 접근했다. 영국 아마존에서 1~2년 정도 판매하여 상당한 매출을 올렸다. 하지만, 물류비용과 관세 및 부가세가 너무 높았고, 반품 시에 운송비용을 감당하기 어려워 판매를 중단했다.

내가 미국에서 영국 아마존을 통해 제품을 판매하는 것은 미국에서 영국으로 직구를 하는 것과 같은 형식이 된다. 반품 시에는 이미 지불한 관세와 부가세는 돌려받는 것이 불가능했고, 제품 판매가격보다 더 큰 왕복 배송비용을 부담해야 했다. 또한, 판매를 중단한 이후에 영국의 국세청에서 엄청난 세금을 징수하는 터에, 이 문제로 한참 동안 곤욕을 치렀다.

아마존에는 해외판매 시, 운송비용과 관세 및 부가세를 세팅하는 부분이 있는데, 이 부분에서 세팅하는 방법에 따라 판매량과 고객과의 마찰이 엇갈렸다.

이러한 이유로 영국 아마존 판매를 중단하자 미국 아마존에서 UO 빔을 찾는 영국 고객들이 많았다. 영국고객들이 미국 아마존에서 제품을 구입할 때 배송비용과 관세 및 부가세를 부담하는 것으로 세팅을 해 두면, 고객이 구입할 때 너무 비싼 요금을 부담해야 하는 것이 한눈에 보여서 판매가 어려웠다. 반면에 관세와 부가세를 고객이 세관에서 통관할 때 부담하는 것으로 세팅해 두면, 고객이 구입할 때 지불하는 금액이 낮은 것 같이 보여 구입은 쉽게 했다. 하지만 결국에는 제품이 영국 세관까지 배송되어 통관하는 과정에 고객에게 관세와 부가세를 지불하고 통관하라고 하면, 제품을 반품하겠다고 하는 고객들이 있어, 갈등을 일으키는 경우도 왕왕 발생했다.

이러한 과정을 겪으면서, 고객들과 많은 조율을 하면서 판매를 이어 갔는데, 어느 날, 스마트테크 리테일그룹 유한회사Smartech Retail Group Ltd.라는 영국 바이어의 연락이 왔다. 처음에는 50~60대1.5~2만 달러 규모였다가 점차 오더하는 량을 늘려 한 번에 200대7만 달러까지 오더했다. 또한, 마이 디멘시아 임프루브먼트 네트워크My Dementia Improvement Network라는 회사에서 연락이 오는 등 영국에서의 판매는 상당히 좋은 편이었다.

어느 정도 규모가 있는 바이어를 대상으로 판매하는 경우에는 소매 온라인 판매와는 달리 다음과 같은 혜택이 주어진다.

- 한번 세팅하면 하나의 프로세스가 형성
- 관세는 한영 FTA로 원산지 증명서만 있으면 전자제품 무관세
- 부가세는 영국의 바이어가 고객들에게 부과하는 것으로 처리
- 반품은 모아서 한꺼번에 반품 진행으로 운송비 절감 등

국가들 간에는 아마존과 같은 온라인 전자상거래를 통한 직구 거래보나는 기업 바이어를 통한 대량판매를 권하고 싶다. 물론 최근에는 아마존 프라임을 통한 국가 간의 거래가 증가하고 있는 것이 현실이지만, 자칫 앞에서 남고 뒤에서 손해를 보는 경우가 발생할 수 있다.

따라서, 한국 중소기업이 다른 국가로 진출하고자 하는 경우에는 초기에 제품을 알리기 위해 아마존이나 다른 온라인기업들을 통해 소매 판매하더라도, 궁극적으로는 현지 법인을 설립하여 운영하는 것이 가장 좋은 방법이다. 그럴 여건이 안 되면 현지 기업과 파트너 관계를 체결하든지, 아니면 괜찮은 바이어를 발굴하여 대량으로 판

매하는 것이 바람직한 방향으로 보인다.

독일, 티-모바일 신뢰는 오래 간다

　독일도 EU국가로서, 관세 및 부가세 19%, 특별소비세는 150유로 이상으로 아주 높다. 내 경험으로는 UO 빔의 경우, 관세, 부가세, 특별소비세가 제품가격의 35~50% 정도였던 것으로 기억한다. 미국에서 독일로 판매하는 것은 한국에서 독일로 판매_{직구}하는 것과 유사할 것으로 생각되므로 위에서 영국의 케이스에서 다뤘던 내용과 비슷했다.

　다만 내가 독일과 관련하여 경험했던 것들을 잠깐 공유해 보겠다. 우선 독일 최고의 연구소인 프라운호퍼 연구소_{University of Stuttgart IAT/Fraunhofer IAO}에서 20대 오더가 들어오고 이를 계기로 레이저 빔 프로젝터를 활용한 새로운 연구과제에 대해 NDA_{Non Discloser Agreement}를 체결하고 협력하였으나, 별다른 성과를 얻지는 못했다. 단지 미래를 위한 씨앗을 뿌리는 데 만족했어야 했다.

　또한, 티-모바일 본사는 독일에 있었는데 미국에서도 티-모바일은 버라이즌, AT&T 다음으로 규모가 큰 통신회사였다. 나는 통신회사와 협력하는 사업을 만들기 위해 이들 회사에 연락하여 사업제안을 했다. 그중에 티-모바일의 담당 책임자와 연락이 되어 시애틀에 있는 미국 티-모바일 본사를 방문하여 미팅을 가졌다. 이 미팅이 잘 진행되어 샘플을 제공하고 협력사업을 기획해 가는 도중에 티-모바일 본사에서 조직 변경이 있었다. 그 결과 나와 직원이 만났던 담당자들이 모두 다른 분야로 옮겨 가는 바람에 미국 티-모바일과의 협력사업은 중단되었다.

이러는 과정에서 독일 티-모바일 본사에서 SKT를 통해 UO 빔 사업 협력을 제안해 왔다. 사실, 나는 북미독점권을 가지고 있었던 터라 SKT와 독일 티-모바일 간의 협력사업 진행에는 참여할 수 없었다. 그저 자료를 제공하고 협력하는 정도로 진행했는데, 당시에는 큰 성과를 얻지 못했다. 이후, 최근에 미국 티-모바일에서 한국의 SKT에서 분사한 레이저 광학엔진 전문회사 Brytn에 협력 제안이 오고 있다고 한다. 좋은 결과가 있기를 바란다.

캐나다 아마존, 반품·리뷰 받기는 힘들어도

캐나다는 미국과 가장 긴밀한 협력관계에 있는 나라 가운데 하나다. 이 두 나라는 1994년 북미자유무역협정을 체결하여 26년간 지속하다 2020년 개정했다.

캐나다 배송비용은 다른 나라에 비해서는 상대적으로 저렴한 편이었다. 하지만 150달러 이상의 제품은 세금을 내야 하는 것이 큰 부담이었다. 어떤 경우든 국경을 넘는 것은 운송비와 관세, 부가세 측면에서 상당히 부담이 된다.

나는 캐나다의 경우, 영국에서 진행한 것과 같이 미국 아마존 Amazon.com에서 시작하여 캐나다 아마존 Amazon.ca으로 넘어갔다. 캐나다 아마존의 벤더와 프라임으로 등록해서 운송비용 부담을 줄이는 등 한동안 잘 진행했다. 그러나 이 역시 반품과 리뷰 관리에 문제가 있어 좋은 실적을 내기는 어려웠다.

여기서 리뷰 관리의 경우, 앞의 아마존 리뷰 관리에서처럼 리뷰를 남기는 고객에게 작은 선물을 보내주는 것으로 리뷰를 받는 방법이 있었다. 그렇지만 미국에서 캐나다 고객에게 보내는 운송비는 상당한 부담이 되어 적극적으로 진행할 수 없었다. 결국 리뷰 관리가 제대로 되지 않았고, 리뷰 관리가 되지 않으면 실적은 악화되는 것이 당연한 일이었다.

지금 생각해 보면, 캐나다에서도 미국에서 했던 방법으로 충분히 리뷰 관리를 할 수 있었을 것 같다. 미국에서 리뷰를 남기는 고객들에게 제공했던 액세서리 등 저렴한 제품을 캐나다 아마존에 올려놓고, 리뷰를 남기면 무료 쿠폰을 주는 방법도 있었을 것이다. 사실, 어떤 문제가 발생하면, 그 문제를 풀기 위해 다양한 방법을 연구하면 분명히 답이 있었을 텐데, 그렇게 하지 못했다는 생각이 든다. 미국과 캐나다는 전화요금도 국내 요금이라 고객지원도 쉽게 할 수 있었을 텐데 하는 아쉬움도 있다.

아마존 프라임에서 해외판매를 하려면 반품 시 폐기처분해도 좋을 제품으로 선정하라

캐나다 아마존에서는 프라임에서의 반품 제품이나 벤더로 납품했던 제품이 반품되는 것은 캐나다 내에 있는 주소로만 가능하다고 했다. 그러니 하나에 400달러나 하는 제품이 반품되면 반드시 회수해야 하는데, 미국으로는 돌려받을 수 있는 방법이 없었다. 그래서 캐나다의 지인에게 협조를 구하여 반품을 받으려고 했으나, 이 또한, 쉽지는 않았다.

해외에서 아마존 프라임으로 제품을 판매하려는 경우에는 반품된 제품을 돌려받아야 되는 제품보다는 폐기처분Disposal해도 괜찮을 만한 제품으로 시작할 것을 권하고 싶다. 또한, 반품이 적은 제품이면 더 좋다. UO 빔과 같은 아주 비싼 고가 제품이고 반품이 많은 제품은 아마존을 통해 해외판매하는 것은 신중을 기해야 한다.

아무튼, 미국과 캐나다 아마존에서 노력한 결과, 캐나다에서도 UO 빔이 제법 알려졌다. 모멘트 팩토리Moment Factory라는 캐나다 몬트리올에 있는 멀티미디어 스튜디오에서 UO 빔을 대량으로 구입하겠다는 연락이 왔다. 이 회사는 자연환경에서 비디오, 빛, 아키텍처, 사운드와 특수효과를 넣어 놀이동산과 같은 스튜디오를 만드는 기업이었다. 멀티미디어 엔터테인먼트 스튜디오를 운영하는 기업답게 UO 빔 100~200대를 활용하여 놀이시설을 만들었다.

다양한 20여 개 해외 거래선

해외 거래선은 매우 다양했다. 전 세계 거의 30개 이상의 국가와 거래했다. 여기서는 모든 거래선을 나열하는 것보다는 최소한 2~3번 이상 오더하고 KDC와 긴밀하게 협의한 회사들을 소개해 보겠다. 전자제품을 취급하는 중소기업들은 한 번 정도 연락을 해보는 것도 좋을 것 같다.

- **인도:** NCS Tehno Systems Pvt Ltd, R.K Trading Co., Handpick 3D Solutions Private Limited
- **이집트:** Bela Hodod Co.
- **프랑스:** Mac way
- **이스라엘:** Band Pro Film Video Inc.
- **싱가포르:** Inprodect Associates Pte Led.
- **일본:** Discover
- **U.A.E.:** Homebazar, Walid Al Kaddah
- **괌:** CARaudioimage Guam
- **홍콩:** dg-lifestyle store, Technology Whynot
- **노르웨이:** Electric Friends, Telefast AS
- **러시아:** Smart Things for Life
- **네팔:** Yantra Gadgets Pve. Ltd.
- **타히티:** Group SIFA
- **브라질:** Escola Politecnica Da Unversidade De Sao Paulo
- **터키:** Turkcell
- **중국:** Singpoli Capital Corporation(미국 기업), TenTen Group LLC(미국 기업) 등

해외 거래선을 생각하면 후회스러운 일도 많다. 본사와 좀 더 잘 협의하여 적극적으로 세계시장을 공략했더라면 훨씬 큰 시장을 열 수 있었을 것이다. 그랬다면 SKT에서도 이 사업부문을 철수하지 않았을지도 모른다. 또 크레모텍도 파산하지 않았을 텐데 하는 생각을 하면 가슴이 먹먹해진다.

지난 일이지만, 기본적으로 본사와 KDC 간에 신뢰를 바탕으로 아주 긴밀한 협력체계를 만들었어야 했다. KDC가 시장을 개척하면 본사에서 이를 인정해 주고 지속적인 판매권을 부여하는 한편, 본사에서 직접 제품을 공급하는 체계를 만들었어야 했다. 그랬다면 실질적으로 본사와 KDC가 한 몸이 되어 해외 바이어에게 공급하는 가격을 낮출 수 있고, KDC는 마음껏 해외시장 개척에 전념할 수 있었을 것이다.

위에 소개한 회사들은 모두 빔 판매에 아주 적극적인 의지를 가졌던 회사들이었다. 하지만 제일 큰 문제점이 공급가격이었다. 두 번째가 고객서비스를 위해 반품을 할 때 발생하는 물류비용이었다.

한국 중소기업의 해외 거래선 개척, 확장은 어떻게?

첫째, 세계시장을 5개, 10개 지역으로 나누고 각 지역에 거점 파트너를 확보해야 한다. 최근에 온라인시장이 열리면서 전 세계가 하나의 시장이라고 하지만, 국가들 간에는 세금장벽, 언어장벽, 문화장벽 등이 있다.

둘째, 거점별로 파트너를 확보하면 온라인시장과 오프라인시장을 한꺼번에 같은 가격으로 제품을 공급하고, 판매가격은 거점별로 차이를 최소화할 수 있도록 거점 파트너들과 협력한다.

셋째, 사진, 동영상, 브로슈어, 튜토리얼 비디오 등 마케팅 자료는 본사에서 영어로 제작하여 기본 자료를 거점 파트너들에게 제공하고 각 거점별로 언어와 관습에 맞도록 수정하도록 한다.

넷째, C/S체계는 거점별로 운영하되, A/S는 본사가 직접 받아 물류비용을 절감할 수 있도록 한다.

물론 이것은 내가 UO 빔을 판매하면서 경험했던 해외시장에 대한 생각을 요약·정리했을 뿐이다. 각 기업의 환경과 제품별로 시장의 성격이 다르고, 바이어가 특수성이 있기 때문에 모두 다른 방법을 선택할 수밖에 없을 것으로 생각된다. 그렇더라도 각 기업들이 해외의 큰 시장을 개척하고 확대하려면, 하나의 경영 철학과 운영의 기본 틀을 가지고 운영하는 것을 권하고 싶다.

 ## 실력과 목표가 확실하면 길은 열린다

이 장에서는 내가 경험한 가장 전통적인 마케팅 방법들을 잠깐 알아본다. 대표적인 카탈로그 마케팅의 원조인 해머커 슐레머 Hammacher Schlemmer사와 미국 최고의 매거진 광고회사인 뉴욕매거진 New York Magazine의 광고를 소개하고자 한다.

해머커 슐레머, 160년의 전통을 자랑하는 카탈로그

해머커 슐레머 Hammacher Schlemmer, 이하 HS는 1848년 뉴욕에서 하드웨어 스토어로 시작하여 1881년에 카탈로그를 발간하면서 뉴욕 역사의 아이콘 중 하나로 성장해 왔다. HS는 매년 600개 정도의 신제품을 포함하여 5,000개 제품을 카탈로그를 통해 고객들에게 소개한다고 한다. HS는 매년 19개의 카탈로그 5천만 부 이상을 제작하여 3억 명 이상의 항공 탑승객들에게 스카이몰^{SkyMall} 등을 통해 노출하고 있다. 또한, 웹사이트 Hammacher.com(Top150 eCommerce websites)에 연간 1천2백만 이상의 방문객이 방문하고 있고, 1억 5천만 개 이상의 이메일 마케팅을 한다고 한다.

미국에서는 HS 이외에도 수없이 많은 카탈로그 마케팅 기업이 있지만, HS는 이 분야의 원조이자, 가장 강력한 카탈로그 마케팅 기업임에 틀림없는 듯하다.

그럼 HS를 활용하기 위해서는 어떤 협력 조건이 있는지 알아보자.

HS와의 계약은 1년 단위로 체결되고, 매년 계약이 종료되기 120일 이전에 계약 종료 통보를 하지 않으면 1년씩 자동 재계약이 체결된다. 계약을 체결하기 위해서는 사전에 샘플을 제공해야 하고, 반품은 안 된다.

가격은 1년간 동일하게 유지해야 하며, 1년 후 가격 변경 시 120일 이전에 사전 협의해야 하고 가격은 다른 거래선보다 낮게 유지해야 한다. 계약이 체결되고 구매주문서 Purchase Order를 발행하면 3일 이내 공급 여부를 결정해야 한다. 납품대금은 납품 이후 60일 Net60이 기본이고, 30일 Net30 이내에 대금을 지불할 경우 2% 할인한다. 그리고, 제품을 납품하는 경우에 공급자는 신용한도 Line of Credit로 10만 달러를 제공해야 하고, 판매 가능한 재고 Saleable inventory는 재입고 수수료 없이 전액 환불 Full Refund(No restocking fee)해야 한다. 계약은 제품별로 별도 계약을 체결한다.

**HS 기본마케팅 비용은 연간 3만 달러 정도
스카이몰 고려 20~30% 할인판매 예상해야**

마케팅 비용은 초기에 1천 달러를 한 번 one-time fee 내고 카탈로그를 발행할 때마다 1,500달러를 지불한다. 1년에 19번 카탈로그를 발행하므로 1년에 2만 8,500달러는 지불할 예산을 책정해야 한다. 또한, PO 금액의 10%를 부담해야 하고, 이메일 캠페인은 한 번에 500달러를 낸다는 것 등이 기본적인 사항이다.

사실, 당사의 제품이 고급제품이었으므로 모든 여건을 감수하고 스카이몰에서 판매해 보려 했었다. 그러나 단가를 아마존 가격이나 다른 거래선들의 가격과 차별화된 가격에 판매해야 됐기 때문에 가격파괴에 대한 부담으로 HS와 협력하는 것을 포기할 수밖에 없었다.

만약에 고급제품을 취급하는 기업으로서, 위와 같은 기본적인 조건을 감당할 수 있다는 판단이 되면 한번 시도해 보는 것도 나쁘지는 않을 것으로 본다.

한편, HS도 시대의 흐름에 맞추어 온라인 몰을 통해 다양한 가젯 제품을 판매하고 있다. 카탈로그 판매뿐만 아니라 온라인 판매 드롭십 등 다양한 방향으로 협력할 수 있을 것으로 판단된다. 이런 부분을 고려하여 HS도 판매와 마케팅 부분에서 적극적인 활용을 해보면 어떨까 한다.

연락처: 미국(1)-847-966-2770, Hammacher.com
오프라인 스토어: 145 East 57TH Street, New York City

아마존 1등은 뉴욕매거진 광고가 공짜

뉴욕매거진New York Magazine은 1968년 4월에 창간된 뉴욕을 대표하는 최고 잡지 중의 하나로서 생활, 문화, 정치, 스타일 등을 선도하고 있다.

2016년 11월 초, 뉴욕매거진의 로렌Lauren이란 작가로부터 이메일이 왔다. 본인은 뉴욕매거진의 작가인데, 연말 명절선물 안내 Holiday gift guide에 UO 빔을 포함하고 싶다고 했다. 바로 제품을 보내주면 스튜디오에서 사진을 찍고 사진이 완성되면 돌려주겠다고 하면서, 주소와 연락처를 보내왔다.

세상 사람들이 관심을 갖고 좋아하는 것은 가만 있어도 연락이 온다

이 편지는 전혀 예상을 못했는데, 참으로 의외였다. 이것이 빈익빈 부익부를 나타내는 것이 아닌가 싶었다. 당시 UO 빔은 아마존에서 Top10을 유지하면서 아마존에서 가장 가지고 싶은 프로젝터 1위를 달리고 있던 때였다. 아마 로렌 작가가 이러한 사항을 알고 연락했을 것으로 미루어 짐작했다.

나는 흔쾌히 승낙하고 제품과 액세서리를 즉시 발송해 주었다. 1~2주일쯤 지났을 때, 로렌 작가는 12월 특집호 3권과 함께 보냈던 제품을 돌려보내 주었다. 솔직히 전혀 예기치 않았던 선물을 받은 것이었다. 이러한 광고는 하고 싶어도 하기 힘든 것이었는데, 정말 큰 선물을 받았다. 광고비를 한 푼도 들이지 않고, 'New York Magazine'에 내 제품을 올릴 수 있다니! 그것도 다른 제품의 사진보다 4배 이상 크게 중심 부분에 올라가 있었다.

참으로 벅찬 감동이었다. 나는 로렌이 돌려 보내온 샘플 UO 빔에 초콜릿 한 박스를 더하여 감사 편지와 함께 연말 선물로 보냈다. 이것은 나에게 대단히 큰 사건이었고, 정말 큰 위안이었다.

나는 미국 사업의 초보자로서, 나의 생애 첫 제품을 가지고 미국 시장을 겁 없이 뛰어다녔다. 내가 가는 길이 옳은 길인지 잘못된 길인지 안내판도 없었다. 나에게 나침반을 주는 이도 없었다. 나에게는 넉넉한 자금도 없었다. 단지, 나에게는 뒤로 물러설 땅이 없었기에 앞으로 뛰어갈 수밖에 없었다.

나는 이 사건을 잊지 못할 것이다. 힘들게 사는 사람들은 '빈익빈 부익부'라고 세상을 원망한다. 맞는 말이다. 하지만 그 반대의 경우를 만드는 것은 우리의 노력이 아닐까 한다.

세상 사람들이 관심을 갖고 좋아하는 것들은 가만히 있어도 연락이 온다. 그렇지 않은 것은 아무리 도와달라고 소리쳐도 다가오지 않는다. 이것이 세상의 이치다.

아무쪼록, 우리 한국의 중소기업인들이 소리치지 않아도, 세계 최고의 명품회사에서 우리 중소기업들에 연락이 오는 그런 회사가 될 수 있기를 간절히 바라는 마음이다.

카운티 페어와 길거리 데모의 슈퍼 효과

앞에서도 잠깐 소개했듯이 미국에는 한국에서는 찾아보기 어려운 페어Fair라는 일종의 지역축제를 겸한 박람회 같은 행사가 있다. 이 페어는 주로 카운티County 행정구역 단위로 3~5주간 동안 열린다. 미국 서남부의 경우를 예를 들어 보면, 2022년 페어는 다음과 같다.

- 로스앤젤레스 카운티 페어Los Angeles County Fair (May 5~30)
  https://www.lacountyfair.com/
- 샌디에이고 카운티 페어San Diego County Fair (June 11~July 4)
  https://www.sandiego.org/members/parks-gardens/del-mar-fairgrounds-22nd-daa/events/san-diego-county-fair.aspx
- 오렌지 카운티 페어Orange County Fair (July 15~Aug.14)
  https://ocfair.com/oc-fair/general-information/#:~:text=The%202022%20OC%20Fair%20will,14%2C%20open%20Wednesdays%2DSundays.

LA 카운티를 시작으로 샌디에이고 카운티, 오렌지 카운티 순으로 페어가 열린다. 위의 웹사이트를 방문하면 정확한 정보를 얻을 수 있겠지만, 이 책을 읽는 독자들의 이해에 도움을 주기 위해 잠깐 알아보기로 한다.

미국의 카운티는 한국의 '도'와 비슷하다고 생각하면 된다. 각 카운티에서 그 카운티 내에 있는 수십만 대가 주차할 수 있는 공간을 갖춘 초대형 컨벤션 장에서 우리나라 서울대공원에 있는 놀이시설과 같은 것을 설치하고, 다양한 먹거리, 콘서트 같은 이벤트를 연다. 일종의 지역축제가 열리는 셈이다. 이 행사기간 동안에 각 카운티에 있는 주민이나 주변에 거주하는 많은 사람이 몰리는데, 하루에 평균 6만~10만 명 정도가 방문한다. 거의 한 카운티 페어에 100만~200만 명의 가족, 친구들이 모여 다양한 놀이와 먹거리를 즐긴다.

나도 실제로 방문하고 참여하기 전에는 이렇게 많은 사람들이 모인다는 광고를 믿지 않았다. 약간 과장 광고 정도로 생각했다. 그런데 직접 방문하여 경험하면서 내 생각은 완전히 바뀌었다. 정말 어마어마한 인파가 몰렸다. 특히 주말에는 몸이 부딪힐 정도로 발디딜 틈도 없이 사람들로 북적거렸다.

인파가 몰리는 곳은 마케팅을 하기 가장 좋은 장소다. 나는 시간이 허락하는 대로 이곳 페어를 길거리 마케팅 현장으로 사용했다. 온라인 마케팅을 위주로 하는 사람들은 대부분 오프라인 마케팅은 효율적이지 못하다고 생각하는 경우가 많다. 내 생각은 조금 달랐다. 제품별로 온라인에서 마케팅을 잘할 수 있는 제품이 있고, 오프라인에서 직접 데모를 보여주는 것이 효과적인 제품도 있다.

주로 기능이 간단하고 가격이 저렴한 경우에는 온라인만으로도 고객의 마음을 직관적으로 쉽게 잡을 수 있다. 기능이 복잡하고 충분한 설명을 요하는 제품이나 고가의 첨단제품인 경우는 다르다. 최대한 현장 데모를 통해 고객이 직접 느끼게 하는 것이 고객의 마음을 사로잡을 가장 좋은 방법이 될 수 있다.

아무튼, 나는 오렌지 카운티 페어와 LA 카운티 페어를 통해 아주

카운티 페어에서 길거리 데모하는 모습

많은 길거리 마케팅을 할 수 있었다.

UO 빔으로 K-POP을 즐기고 있으면 눈을 반짝이며 인플루언서가 다가온다

날이 어두워지면, UO 빔을 손에 들고 혼자서 K-pop이나 스포츠 영상을 즐기고 있는 모습을 보고 사람들이 몰려들었다. 사람들은 "휴대용 TV Portable Television"라고 놀라워하면서 어디에서 샀느냐고 물었다. 나는 이것은 내 제품이라고 하면서 명함을 주면 정말 많은 사람들이 좋아했다. 이들은 내가 UO 빔을 유통하는 회사의 CEO라는 것을 확인하고 나와 사진을 같이 찍자고 하기도 했다.

이렇게 하루 저녁에 2~3시간 정도 데모를 하면, 한 행사장에서 최소한 한두 명의 인플루언서를 꼭 만났다. 대부분 인플루언서들은 나에게 자신들이 원하는 방법으로 데모를 해줄 것을 요청했다. 내가 그들이 원하는 방법으로 데모를 해주면, 현장에서 바로 촬영했고, 어떤 경우에는 생방송을 하면서 나에게 인터뷰를 요청하기도 했다.

이 순간은 그 인플루언서들이 나의 홍보마케팅 직원들이었다. 더욱 큰 장점은 내가 인플루언서를 찾느라고 많은 시간을 소모하지 않아도 되고, 그들에게 촬영을 위한 샘플을 보내주지 않아도 되었다. 기다리지 않아도 현장에서 바로 촬영할 수 있었다. 이런 페어 현장에서는 아무리 큰 인플루언서라도 광고비를 요구하는 경우는 없었으며 오히려 서로가 만난 것을 감사해 했다. 이런 과정을 거쳐 UO

빔의 명성은 널리 퍼져 나갔다. 이런 인플루언서를 만나 데모를 하고 나면 그때까지 하루 종일 쌓였던 모든 피로가 풀리고 새로운 에너지가 충만해짐을 느끼곤 했다. 사실, 어떤 운 좋은 날에는 하루에 한 곳에서 몇 명의 인플루언서를 만날 수 있었다. 어떤 경우는 옆에 있던 인플루언서의 친구가 나에게 다가와서 "당신은 오늘 대박 났다. 저 인플루언서가 누구인지 아느냐."며 귓속말을 했다. 나는 모른다, 그가 누구인지.

물론, 모든 제품이 내가 했던 것처럼 데모를 할 수 있는 것은 아니다. 특히 페어 현장에서 데모하면 컨벤션 장에서 데모하는 것과 마찬가지로 행사장 안전을 담당하는 보안요원들이 데모를 하지 못하도록 제지한다. 만약에 부스를 설치하지 않고, 직원들에게 데모를 하도록 하면 십중팔구 한 시간도 지나지 않아 "보안요원들이 못 하게 한다."고 하면서 돌아올 것이다.

아무튼 여기서 중요한 것은 한국에서 새롭게 진출하는 기업의 경우, 이러한 행사를 잘 활용하면 제품에 따라 상당히 좋은 마케팅 성과와 동시에 매출액을 올릴 수도 있다는 것이다. 특히 먹거리를 판매하는 기업의 경우에는 이런 행사를 직접 기획하거나, 이런 행사를 전문으로 하는 이들과 협업하면 좋은 성과를 거둘 수 있을 것으로 예상된다.

실제로 이러한 페어만 참여하여 사업하는 한국인들도 있다. 앞에서 보듯이 한 곳에서 3~5주간 행사를 하고 10일 정도 쉬면서 다음

행사를 준비하는 일정으로 5월 초에 시작하여 8월 중순까지 3개 카운티를 돌면서 판매할 수 있다. 미국에서는 경마를 하는 페어에서부터 정말 종류도 다양하고 규모도 큰 페어가 많다. 이러한 페어 행사에 관심을 갖고 좀 더 조사해 본다면, 자신들의 제품에 맞는 좋은 행사들을 만날 수 있을 것이다.

내 생각에 이런 페어가 미국인들에게 잘 먹혀들어가는 것은 두 가지 이유가 있지 않나 싶다. 하나는 행사장 내에서는 알코올을 팔고, 길거리에서 술을 마실 수 있다는 것이다. 일반적으로 미국에서는 길거리에서 술을 마실 수 없다. 행사장에서는 맥주잔을 들고 건배하는 그런 분위기를 즐기려는 사람도 많은 것 같다.

두 번째는 가족끼리 다양한 행사를 즐길 수 있다는 것이다. 사실, 디즈니는 모두 한 번쯤은 다녀왔고, 또 가려면 큰 마음을 먹어야 할 정도로 비용이 든다. 하지만 페어의 경우에는 가족들이 입장하고 먹고 마셔도 일인당 30~40달러 정도면 충분하다.

> ***미국에서의 카운티 County 개념**
> 한국에서 카운티에 대한 개념은 영어사전에서 '양평군'처럼 '군'으로 해석하는 경우가 많다. 하지만, 실제로 카운티는 '강원도'처럼 '도' 정도로 해석하는 것이 좋을 듯하다. 예를 들어, LA 카운티라고 하면 LA시를 포함한 88개 도시를 모아서 LA 카운티라고 하고, 인구도 1천만 명에 이른다. 물론 인구가 1,200명 정도인 작은 카운티도 있어서 정확하게 일치한다고 할 수는 없지만, 페어를 여는 규모를 이해하는 데는 도움이 되리라 본다.

사실, 이렇게 큰 행사가 매년 열리는데, 한국에서 30~40년 전에 온 교민들 중에서 카운티 페어를 단 한 번도 와 보지 않은 이들이 80~90% 이상 될 것이라 생각된다. 한국과 미국의 문화가 다르다 보니 카운티 페어라고 하면 선뜻 마음에 와닿지 않기 때문은 아니었는지 모르겠다.

이 글을 읽는 여러분들은 이제 새로운 문화를 즐길 수 있는 사람들이라고 믿는다. 나는 이 페어에서 머리통만 한 칠면조 다리를 들고 맥주 한잔하며, 아내와 함께 즐거운 시간을 보내기도 했다. 이것이 일석이조가 아니었나 하는 생각이 든다.

정부조달사업, 전문 에이전시한테 맡겨라

정부조달 사업은 한국의 정부조달 사업과 성격은 유사하다. 하지만 운영은 차이가 많다.

연방정부 조달 관련 웹사이트는 다음과 같다.

- http://www.usaspending.gov
  연방정부의 과거 계약업체, 정부부처 및 에이전시 등 검색 가능
- www.fpds.gov
  연방정부 기관 계약정보 연방조달 보고서 제공, 시장 및 지역 분석
- https://www.sba.gov/learning-center
  미국 중소기업청 마케팅, 세일즈 교육자료 제공

낙후지역HUBZone**, 여성 오너, 소수민족, 상이군인 소유기업 등은 입찰 시 가산점**

주정부, 카운티 정부도 사회적인 약자 낙후지역, 여성, 소수민족, 상이군인, 군복무자 등가 운영하는 기업에는 입찰 시 연방정부에서 제공하는 것과 같은 유사한 혜택을 준다.

물론, 미국 정부의 조달시장은 연간 5,000억 달러 이상의 시장으로 엄청나게 크고, 종류도 다양하다. 한국 중소기업의 경우 대부분 제품을 판매하는 부분에 초점이 맞춰져 있지만, 실제 정부조달 분야는 화장실 청소 용역에서부터 첨단제품 구입까지 정말 다양한 분야로 이루어져 있다.

정부조달 시스템을 익히고 조달프로세스를 따라가기 위해서는 상당한 교육과 경험이 필요하다. 뿐만 아니라 매일 나오는 조달 정보를 검색해서 응찰을 해야 하므로 많은 시간 투사와 전문성을 가진 인력도 필요한 것이 사실이다.

또한, 미국에 있는 미국인 기업이 아니면 위에서 언급한 혜택을 누릴 수 없는 것도 많다. 따라서 현지 조달전문 에이전시와 협력하는 것이 반드시 필요할 것으로 판단된다.

현지 조달전문 에이전시 이용할 때는 대금 수령에 주의

조달전문 에이전시의 대부분은 자신들이 한국 중소기업들의 제품을 직접 구입해서 정부조달 입찰에 들어가는 경우는 거의 없다. 즉, 에이전시가 프로세스만 진행하고 입찰이 되면 한국 기업이 제품을 조달하게 된다. 이 경우, 입찰하는 기업과 제품을 납품하는 기업이 달라 문제가 발생할 수 있다. 한국 기업이 제품을 납품하지만 실제적으로 계약을 하는 주체는 에이전시가 운영하는 회사가 납품하는 형식이 되기 때문이다.

이와 같은 경우에는 미국 정부에서 대금을 지불할 때, 입찰받은 주체인 에이전시에게 대금을 지불하게 된다. 만약 에이전시가 나쁜 마음을 가지게 되면 납품대금을 중간에서 가로챌 수 있다. 이 사실을 염두에 두고 계약을 진행하면 문제를 방지할 수 있지 않을까 한다.

나의 경우에도 아래와 같이 LA 카운티 정부조달 기업으로 등록하고 직원들과 함께 수차례 교육을 받았다. 그럼에도 실제적인 입찰과

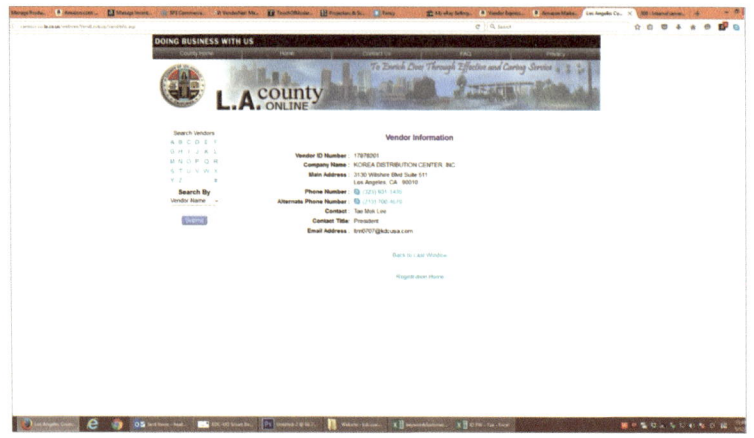

LA 카운티 정부조달사업 관련 화면

낙찰을 진행하는 데 많은 어려움이 있었다. LA 카운티 조달을 위해 LA 카운티 조달 관련 커미셔너를 통해 정부조달 담당자들에게 UO 빔을 데모하고 정부조달 품목 채택을 제안했었다. 결과는 6명의 실무담당자들 가운데 2명이 좀 더 좋은 성능의 제품이 필요하다는 의견을 내는 바람에 수요를 만드는 데는 실패했다.

일반적으로 내가 만난 정부조달 담당자들은 아주 친절하였고, 분기별로 한 번 이상의 공식적인 교육과 상담이 있었으나, 실적을 만드는 데 큰 도움은 되지 않았다.

무엇보다도 본 정부조달 사업을 위해서는 적극적인 학습과 매일 입찰이 올라오는 것을 확인할 수 있는 담당자를 두고, 정부조달 담당자와 수시로 협의해야 할 것으로 생각되었다.

한국의 중소기업이 미국 정부조달 사업을 하려면, 다음과 같은 사항을 기억하자.

- 믿을 수 있는 에이전트와 협력하여 제품을 공급해 주는 방법
- 미국에 법인을 설립하고, 법인장의 신분이 최소한 영주권 이상 가능한 시민권 소지자
- 법인장이 여성이고, 베테랑(예비군 또는 상비군 등)이면 더 경쟁력이 있음

이런 점을 사전 준비하여 정부조달 사업에 접근하고, 지속적인 학습과 정부조달 사업을 잘 익히면 좋은 성과를 낼 수 있지 않을까 한다.

LA 킹스 스포츠 마케팅, 모든 것을 기회로 만들자

세상에서 가장 비싼 광고가 무엇일까? 그것은 두말할 것 없이 미식축구 결승전 경기인 슈퍼볼 광고다. 2022년 슈퍼볼 광고는 180개국 10억 명에게 생중계되었고, 미국에서만 1억 명 이상이 시청했다고 한다. 광고료도 30초에 650만 달러 약 78억 원라고 하니 정말 대단하다. 이렇듯 미국에서 마케팅 중 최고의 마케팅은 스포츠 마케팅이라고 한다.

물론, 스포츠 마케팅은 슈퍼볼이 아니더라도 투자비용이 워낙 커서 중소기업들은 엄두를 내기가 어렵다. 하지만, 나는 2018년부터 스포츠 마케팅을 시도해 볼 생각으로 대학 풋볼, LA 레이커스 LA Lakers 농구 등을 검토하였는데, 이들은 담당자 연결이 잘 되지 않아

LA 카운티 정부조달사업 관련 화면

망설이고 있었다. 그런데 마침 LA 아이스하키 팀인 LA 킹스LA Kings의 담당자와 연결이 되었다.

LA 킹스는 당시 LA에 있는 스테이플 센터Staples Center(1999~2021년)를 임차하여 입주해 있었고, 홈경기는 이곳에서 열렸다. 스테이플 센터는 실내에 약 2만 석 가까운 좌석을 가지고 있고, 160개의 럭셔리 스위트Luxury Suites와 15개의 이벤트 스위트Event Suites가 설치되어 있는 초대형 실내 경기장이었다. 가끔은 복싱이나 공연 등도 하지만 많은 시간은 NBA농구와 LA 킹스 아이스하키 경기장으로 사용된다.

나는 아이스하키에 큰 관심은 없었는데, LA 킹스 담당자의 초대로 경기장 1층에 있는 VIP 식당에서 저녁을 먹고 럭셔리 스위트에서 아이스하키 경기를 보았다. 스테이플 센터는 공연을 할 때 한두

번 관람한 적은 있었지만, 운동경기를 보러 온 것은 처음이었는데, 정말 대단했다.

2만 석 가까운 좌석에 빈 공간이 없었다. 내가 광고주가 되면, 경기가 열릴 때 고객을 초대하여 럭셔리 스위트에서 관람하면서, 식사나 와인 등을 즐길 수 있다고 했다.

이것이 거래처의 고객들에게 자연스러운 로비를 할 수 있는 공간이구나 하는 생각이 들었다. 좌석의 가격을 보면, 맨 위층은 20~30달러면 구입할 수 있는데, 럭셔리 스위트는 한 좌석에 2천~3천 달러였다. 비슷한 공간에서 관람을 하는데, 가격 차이가 100배가 된다. 개인적인 돈으로 이렇게 비싼 좌석을 구입하는 것은 쉽지 않을 것으로 생각되었다.

만약에 LA 킹스와 정규시즌Regular Season에 대한 계약을 하면 1) 공식 파트너로 LA 킹스 로고를 사용할 수 있고, 2) 스테이플 센

터 내부에 판매할 수 있는 부스가 제공되고, 3) LA 킹스 팬들과 상호작용할 수 있는 팬페스트Fan Fest 부스, 4) 중앙 LED 전광판에 로고와 제품 광고, 5) 럭키 섹션 기브웨이Lucky Section Giveway, 6) 피에이 앤 로고 레코그니션PA & Logo Recognition, 7) 브이아이피 이-뉴VIP E-New 및 이메일 발송 등 마케팅 서비스를 받을 수 있다.

물론 계약금액에 따라, 위의 것들에 대한 회수는 조금씩 달라진다. 한 시즌 30경기 동안 다양한 마케팅을 하기 위해서는 10만 달러 정도는 마케팅 비용으로 투자해야 하지 않을까 하는 생각이 들었다.

2018년부터 이 마케팅을 생각했던 것은 한국에서 제품을 공급하는 파트너인 크레모텍이 미국을 제외한 다른 시장에서 판매망을 만들지 못해 매우 곤란한 상황인 것 같았기 때문이다. 내가 미국에서 판매하는 물량만으로 전 세계시장의 물량을 충분히 기버하지는 못했다. 따라서, 대대적인 마케팅을 통해 새로운 활로를 개척해 주고 싶은 마음에서 비용이 많이 드는 스포츠 마케팅까지도 생각하지 않을 수 없었다.

하지만 2019년 3월 한국을 방문하여 크레모텍 대표와 심도 있게 논의를 하였으나, 이미 회사의 회생은 어려운 상태였다. 협력 방안 또한, 원만하게 진행되지 않아, LA 킹스와 수차례 협의하였던 스포츠 마케팅은 시도해 볼 수 없어 매우 안타까웠다.

에필로그

사장님도 아마존 1등 할 수 있습니다!

자, 이제 나의 이야기를 마무리해 보고자 한다.

나의 이야기가 미국에 수출하고자 하는 중소기업들에 도움이 되는 부분도 있을 것이고, 전혀 도움이 되지 않는다고 생각하는 독자들도 있을 것이다. 물론 전자의 경우라면 이 페이지까지 오지 않았을 테니까, 이 장을 읽고 있는 분이라면 그래도 조금은 도움이 된다고 생각할 것 같아 안심이 된다.

아무튼 지금까지 내가 왜 이 글을 쓰게 되었는지, 내가 사업 준비를 하면서 가졌던 다양한 경험과 생각들이 무엇이었는지 적어 보았다. 무엇보다 미국에서 내가 경험했던 다양한 유통채널과 관련된 이야기는 한국의 중소기업인들에게 참고가 될 것이라고 생각한다.

우리 중소기업인들은 하루하루 닥쳐오는 일들을 처리하기에도 바쁘고 벅차다. 해외 진출에 대한 강한 의지는 갖고 있지만, 사업 진출을 위한 전략을 수립하고 해외 진출에 필요한 것들을 체계적으로 정리하여 체크리스트를 가지고 섬세하게 챙기는 것은 쉽지 않다.

그런 이들을 위해 지금까지 내가 이 책에서 이야기해 온 것들, 그리고 이야기는 하지 않았지만, 기본적으로 필요하다고 생각하는 내용을 정리해 보았다. 단, 내가 수행했던 유통방식이 미국에서 유통사업을 하는 한인기업인들과 조금 다른 부분이 있었다.

일반적인 유통기업은 통상적으로 한 제품에 집중하는 것이 아니라, 여러 가지 종류의 제품을 유통하게 된다. 나처럼 한 제품에 대해 집중하기는 쉽지 않을 것이다. 나의 경우에는 UO 빔 한 제품에 올인하여 영업 마케팅을 함으로써 온라인, 오프라인의 다양한 유통채널을 구축하였고, 다양한 홍보마케팅을 실행하면서 어느 정도 깊이 있게 유통과정을 경험할 수 있었다.

다품종을 유통하는 것과 단일 품종을 유통하는 것은 장단점이 있다. 대부분 유통기업은 경영 리스크를 줄이기 위해서 다품종을 취급하는 경우가 많다. 단일 품종을 유통하는 경우에는 취급하던 품목에 문제가 생기면 경영의 연속성에 치명적인 타격을 주기 때문이다.

하지만, 다품종을 취급할 경우에는 내가 했던 것처럼 한 품목에 대해 다양한 마케팅 전략이나 다양한 유통채널을 구축하기는 쉽지 않다. 내가 생각하기에 가장 이상적인 경우는 한 품목으로 다양한 유통채널을 구축한 후, 그 제품과 유사한 제품들을 추가하여 다품종을 취급해 나가 그 분야의 전문 기업이 되는 것이 아닐까 한다.

다음 페이지에 내가 총판 유통사업을 하면서 수행했던 핵심적인 사항들을 간단히 정리해 두었다. 한국의 중소기업들이 해외로 수출함에 있어, 내가 했던 것과 유사한 일들을 하는 것은 아니겠지만, 항목별로 세부 점검사항들을 참고로 활용하면 좋을 것으로 본다. 특히 취급하는 제품이 다른 경우에는 점검항목도 다를 수 있으므로 아이디어를 얻는 참고용으로 활용하기 바란다.

01 | 총판 유통사업 수행 시 부문별 체크리스트

1. 제품
1) 제품명: 기본적으로 제조사 제품명 사용, OEM 및 ODM 요청 대응 책 준비
2) 제품가격: 유통채널별 판매가격 설정, 글로벌 가격정책 Global Price Policy 수립
3) 기술적 평가: 기본성능 밝기, 화면사이즈, 배터리 충전 및 사용시간, 110V 전원 등
4) 운영상 평가: 필드성능 Wi-Fi 연결 지속성, 연결 가능한 디바이스, Hot spot 이용, 관련
5) 제품인증: FDA, FCC, CE 등 필요한 인증 획득, 인증서 제출 준비

2. 제품 박스
1) 단품 판매 또는 세트 구성 판매 여부 결정 박스 디자인 이전에 결정 필요
2) 액세서리: 파우치, HDMI, C-type Adaptor, 삼각대, 홀더, 전용 충전기, 케이스 등
3) 박스 디자인 및 재질: 제품 박스는 사람의 얼굴, 제품단가에 걸맞은 디자인과 재질 사용
   - 진열대 걸이 여부 결정 중저가 진열대 걸이 필요, 고가 제품은 진열대 전시 어려움
4) 박스 사용 언어: 국가별 언어 직구, 역직구 방지, 미국은 영어만 사용
5) 매뉴얼: 국가별 언어 미국은 영어/스페인어/불어, 다른 국가별 언어 사용
6) 기타 박스 내부 자료: 간편사용설명서 Quick Guide Book(연락처 포함), 리뷰용 쿠폰, 제품보증 Warranty 카드
   - 리뷰용 쿠폰: 소형 스피커 외 원가 10달러 판매가 50달러 전후 액세서리 세트 등

3. 홍보 마케팅
1) 제품 특성 정의: 내 제품이 어떤 특성을 가졌는지, 어떻게 마케팅할 것인지 결정
2) PT 자료: 판매망 구축을 위해 가장 먼저 우선적으로 작성
3) 브로슈어: 컨벤션 전시 및 파트너 기업에 제공
4) 동영상: 제품개발 동영상 및 광고 동영상 유튜브 및 파트너 제공, 라이프스타일로 제작
5) 인플루언서 Influencers 마케팅: 인플루언서 운영 등급 결정, 일정 및 자금 계획
6) SNS 유튜브, 페이스북, 틱톡 등 마케팅: 운영, 일정 및 자금 계획
7) 컨벤션 마케팅: 부스 운영 및 단순 방문 전시회 구분, 일정 및 자금 계획
8) 페어 Fair 마케팅: 지역별 일정관리 부스 운영 여부 결정, 운영팀
9) 스포츠 및 매스미디어 마케팅: 마케팅 비용 산출 및 효과 분석
10) POP 디자인: 스탠드형, 테이블용 설치 장소에 따라 결정
11) 웹사이트: 메인 웹사이트, 보조 웹사이트 쇼피파이, 마젠토, 전용프로그램 등 결정
12) 웹사이트 마케팅: 기념일 이벤트, 쿠폰 발행, 침프 Chimp 메일 발송 등
13) 제휴 Affiliate 마케팅: 웹사이트와 연계한 개인 및 기업 제휴 활용
14) 기타 마케팅 재료: 네모 제품 세트, 대형 배너 전시회용, 스탠드 배너 소형, 전시대 등

4. 영업
1) 제품 출시 전 판매: 킥스타터 Kickstarter 등 제품 출시 전 예약 판매
2) 온라인 판매망: 아마존, 이베이, 라쿠텐 Rakuten 및 중소형 온라인 판매
3) 오프라인 판매망: 대형 도매유통기업 및 소매유통기업 오프라인 판매 드롭십 포함
4) 해외판매망: 아마존 해외채널 및 해외파트너 유통
5) 정부조달 군, 학교, 시티, 카운티, 주(States), 연방(Federal) 등: 사내 담당자 선정 및 파트너
6) 특판: 호텔 특히, 카지노 VIP고객용 및 대형기관 선물용 판매
7) 페어 Fair 판매: 실내 부스 유용 UO 빔의 경우, 사전 부스 준비 및 운영팀 또는 파트너
8) 제휴 판매: 개인 및 기업 제휴 조사

5. 포장 및 포장박스

1) 드롭십_{Drop ship}, 직배송 및 일반 배송: 소량~다량 배송 박스 준비, Papermart.com, Uline.com 품목별
2) 아마존 FBA 배송: 다량으로 보낼 수 있는 박스 준비
3) 기타 포장 재료: 완충제, 파손주의 스티커_{Fragile Sticker}, 포장 테이프, 저울, 선물포장지 준비

6. 배송방법

1) USPS: 미국 내에서는 가장 저렴하고, 전국 운송요금이 유사하다.
2) UPS: 미국 내 가장 신뢰성, 경쟁력 있는 운송기업, 장기계약 및 배송량에 따라 DC
3) Fedex: 해외운송 시 경쟁력 있는 경우가 있음
4) DHL: 중국 운송 시 경쟁력 있음

7. C/S(Customer Service)

1) C/S용 매뉴얼
2) 튜토리얼 비디오 Tutorial Video(웹사이트와 유튜브 리스트업)
3) 상황에 따라 리뷰 요청 매뉴얼 리뷰용 선물 준비

8. A/S(After Service)

1) AS 프로세스 매뉴얼
2) 제품보증 기간_{Warranty} 내: 제조사 부담 및 유통기업 부담 구분, 입고일자 통보
3) 제품보증 기간_{Warranty} 외: 소비자 부담
4) 오픈박스 및 리퍼_{Refurbish} 등 교환제품 준비
5) 레이블, 실링 테그, Extra 제품 박스

9. 기타준비물

1) 회계사 CPA: 법인 운영 회계 보고
2) 변호사: 회사 운영 및 거래처 계약서 관련 자문변호사
3) 미국 법인: C-corporation 권장
4) 일반 보험회사: 법인 책임보험 Liability 100만 달러 가입, 직원보험, 건강보험
5) 신용평가 보험회사: 거래처 신용평가 및 보장보험
6) D&B: 법인 등록 & 신용평가 번호 획득 파트너 기업 요구
7) 팩토링회사: 자금 조달 대규모 거래 시 자금 조달 방법, 이자율 높음으로 주의
8) 은행 법인계좌: 법인계좌 BOA 등 대형은행 권유 및 신용카드
9) 사무실 및 비품: 창고형 사무실 이용할 경우, 창고도 해결 고가제품 취급 시 안전성 고려
10) 물류창고: 드롭십을 위한 재고 관리
11) 결제수단: 모바일 Square 등 준비
12) QR code: 기업 및 제품 정보용으로 준비
13) UPC code: 정품 UPC 코드 구입
14) 데모용 키트: 샘플, 보조배터리, 핫스팟, 케이블, 소형 스피커 등

위의 항목들 가운데, 홍보마케팅, 영업 등과 같이 앞에서 상당히 구체적으로 설명한 것도 있고, 일부는 전혀 언급을 하지 못한 부분도 있지만, 이 책에서는 이 정도로 마무리하고자 한다. 대부분 기업을 하시는 이들은 제목만 있어도 자신의 제품이나 기업 운영에 대해 너무 잘 알고 있어 충분히 이해할 수 있을 것으로 본다. 또한, 일반적인 준비사항은 대부분 법인들이 준비해야 하는 사항들이므로 상식적인 수준에서 차근차근 준비하면 된다.

하지만, 미국에서 발생하는 사항이므로 혹시 추가적으로 알고 싶으신 것이 있으신 분은 개인 이메일 ltm0707@hotmail.com로 연락을 주셨으면 한다.

02 | 한국 중소기업 수출지원시스템에 대한 두 가지 제언

　맨 앞장에서 나의 이력을 밝혔듯이, 나는 삼성이라는 대한민국 최고의 기업에서 엔지니어로 시작하여, 생산관리, 신규사업, 방위산업영업, 인사, 노사, 총무, 산업보안, 홍보, 녹색경영 등 다양한 경험을 했다. 또한, 국회 4급보좌관으로 입법을 경험했고, 경기도 3급대우 투자유치자문관으로 행정을 경험할 수 있는 행운을 얻었다. 그리고, 이곳 미국에서 경기도 북미사무소장으로 중소기업 해외수출 지원업무를 수행하면서 중소기업의 어려움을 이해하였고, 내 자신이 중소기업 사장이 되어 미국시장을 열어가는 과정에 다양한 경험을 쌓았다.

　이런 과정에 나는 중소기업이 해외시장 진출을 위해 무엇이 필요한지, 어떻게 하면 되는지, 국가조직이 무엇을 중소기업들에 지원하면 좋을지 어렴풋이나마 알게 되었다. 이에, 나에게 돌아올 수 있는 위험을 무릅쓰고 과감하게 공공부문에 대해 한두 가지 변화를 위한 제안을 하고자 한다.

60년 된 오래된 시스템·수출지원 조직으로는 새롭게 성장하는 중소기업의 수출을 지원하는 데 한계가 있다.

　한국의 중소기업 수출지원이라고 하면, 단연 대한무역투자진흥공사 KOTRA가 생각난다. 1962년 6월 21일에 설립되어 지금까지 대한민국 중소기업들의 수출지원을 위해 정말 많은 노력을 했고, 참 잘해 왔다고 생각한다.

하지만, 세상은 급변하고 무역환경도 엄청난 변화를 하였는데, 우리 코트라는 제대로 변신을 해 왔는지 의문이 가는 것도 사실이다. 1,200명 가까운 인력에 연간 5,000억 원의 매출액 자금 집행, 미국에만 10개의 사무소, 전 세계 10개 지역본부, 84개국에 125개 해외무역관을 거느리고 있다. 정말 엄청난 조직이다.

코트라의 주요기능과 역할을 크게 요약해 보면, 해외시장 개척, 외국인 투자유치, 국가브랜드 제고 등 세 가지다. 이 가운데 가장 큰 부분이 국내 기업을 위한 해외시장 개척이 아닐까 한다.

그러면, 우리 중소기업들의 수출현황은 어떤지 다음 표와 함께 한번 살펴보자.

수출규모	기업수	20년	21년	증가분	기업당 증가분	증감률
100만 달러 미만	39,129	604,937	623,994	19,057	0.5	3.2
100만~500만 달러	7,549	202,200	208,868	6,668	0.9	3.3
500만~1,000만 달러	1,940	90,743	95,406	4,663	2.4	5.1
1,000만 달러 이상	2,003	177,579	190,961	13,382	6.7	7.5
1,000만~5,000만 달러	1,787	136,711	144,999	8,288	4.6	6.1
5,000만~10,000만 달러	162	25,951	28,997	3,046	18.8	11.7
1억 달러 이상	54	14,917	16,965	2,048	37.9	13.7
합계	50,621	1,075,459	1,119,229	43,770	0.9	4.1

2022년 중소기업청이 발표한 자료에 따르면, 한국의 수출 중소

기업 가운데 고용보험 정보가 있는 기업은 50,621개라고 한다. 이 가운데, 수출 규모가 100만 달러 이하가 39,129개로 약 77%이고, 500만 달러 이하가 46,678개로서 전체 수출을 하는 중소기업의 92.2%에 이른다.

여기서, 500만 달러 이하 수출기업과 500만 달러 이상 수출기업이 어떤 기업들인지 한번 생각해 보는 것이 필요하다는 생각을 한다. 500만 달러를 하나의 기준으로 삼아 구분해 보면, 500만 달러 이상을 수출하는 기업들 가운데 대기업과 관련되어 있는 협력기업이나, 독자적인 전문성을 가지고 해외기업과 협력하는 기업이 많다는 생각을 해 볼 수 있다. 사실, 이 기업들은 대부분 국가수출 지원 조직의 지원이 거의 필요 없는 기업들이다.

이에 대한 근거자료로 2021년 수출품목을 한번 살펴보자.

중기 수출 10대 품목(억 달러 %)

	구분	수출액(억)	비중(달러)	증감률(%)
1	플라스틱 제품	57	4.9	10.1
2	화장품	53	4.5	5.1
3	자동차부품	41	3.5	6.0
4	합성수지	41	3.5	46.4
5	반도체 제조용 장비	40	3.4	25.7
6	의약품	33	2.8	46.6
7	반도체	33	2.8	44.7
8	철강판	32	2.7	41.9
9	자동차	26	2.2	42.9
10	계측제어분석기	25	2.2	3.2
	상위 10대	382	32.6	22.5
	전체	1,171	100.0	16.2

중소기업부가 발표한 2021년 중소기업들이 수출한 10대 품목을 보면, 옆의 표에서 보는 바와 같이 2위를 차지한 화장품을 제외하면 거의 대부분이 플라스틱 제품, 자동차 부품, 합성수지, 반도체 제조용 장비, 의약품, 반도체, 철강판, 자동차, 계측제어분석기 등이다. 이 품목들은 일반적인 공산품이라기보다는 대기업이 해외로 진출함에 따라 같이 진출하거나 그와 관련하여 중소기업들이 수출하는 품목일 것으로 추정된다. 아니면, 국내 전문성 있는 중소기업들이 해외의 전문기업들과 협력하여 지속적으로 거래하는 품목들이 아닐까 한다. 이들 품목들은 사실상 수출을 지원하는 국가조직의 지원이 거의 필요 없는 것이 대부분이지 않을까 여겨진다.

사실, 2번 화장품의 경우에도 아모레퍼시픽 등 국내 화장품 관련 대기업이 해외로 수출하는 금액이 워낙 높아 중기수출 10대 품목 가운데 2위를 차지했지만, 이 금액 가운데 국가 수출시원 조직의 지원을 받아 수출한 중소기업의 수출금액은 얼마나 될까 의문이 든다.

내가 이렇게 지적하는 것은 코트라가 잘못하고 있다는 이야기가 아니다. 앞에서 언급했듯이 코트라는 1962년도에 설립하여 지금까지 기존의 틀 속에서 열심히 일해 왔다고 생각한다. 조직원들은 주어진 틀 내에서 움직여야 하고 그렇게 하지 않으면 안 된다. 그리고 사실, 중소기업의 수출을 지원하는 조직이 코트라뿐인가. 중소기업부가 그 중앙에 있고, 지방자치단체도 지역사무소를 가지고 내가 했던 것처럼 중소기업들의 수출을 지원하고 있다. 이외에도 중소기업

에필로그

중앙회 등 다양한 민간단체도 있고, 여기저기 참으로 많은 조직이 중소기업 수출지원이라는 명분을 가지고 다들 열심히 하고 있다.

그런데 내가 하고 싶은 이야기는 많은 조직들이 어떤 기업을 대상으로 무엇을, 어떻게 해야 하는지 잘 모르고 있다는 것이다. 그것은 어쩌면 당연한 일이다. 수출을 지원하는 공조직의 담당자들은 기업을 해 본 적이 없고, 특히 해외수출조직에서 직접 뛰어 본 경험도 없다. 작은 중소기업들은 자신들이 해외유통을 제대로 해 본 적이 없어, 무슨 도움을 받아야 수출을 원활하게 할 수 있는지도 잘 모르고 시간과 자원을 쏟으며 헛고생을 하게 된다.

앞서와 같은 중소기업부 자료에 의하면, 2021년 중소기업 온라인 수출액은 3,148개의 기업이 6.7억 달러를 기록했다고 한다. 전체 중소기업 수출액에서 차지하는 비중이 0.6%에 불과한 실정이며, 주요 품목은 K-뷰티화장품, K-패션의류, K-팝음향기기이고, 수출국은 일본, 미국, 중국, 싱가포르 등에 집중되어 있다고 한다.

왜 이런 현상이 발생했을까? 시간이 지나면 이런 현상이 자연스럽게 해소될까?

나는 그렇게 생각하지 않는다. 지금과 같은 중소기업 수출지원시스템으로는 달라질 것이 없을 것이라고 생각한다. 왜냐하면, 현재 중소기업 수출지원시스템으로 수십 년간 똑같은 형식을 반복하고 있기 때문이다. 나도 지난 2009년부터 2014년까지 5년 6개월간 경기도의 중소기업 수출지원을 위해 과거 노력해 왔던 것처럼 똑

같이 수출지원을 했을 때는 거의 효과가 없었던 경험이 있다. 만약에 온라인 수출액이 늘어난다면 그것은 기업의 자생적인 노력의 결과이지, 국가 수출지원 조직의 수출지원 노력 덕분이 아닐 가능성이 높다는 것이다.

새로운 시대, 새로운 형태의 중소기업 수출지원시스템이 필요하다.

현 시점은 온라인시장이 오프라인시장보다 더 커진 상황이다. 그렇다면 코트라가 시행하고 있는 현재의 중소기업 수출지원시스템이 지금도, 향후에도, 효과적이고 효율적으로 작동되고 있는지 의문을 가져 봐야 하는 것은 아닐까. 어쩌면 한참 이전에 이런 논의가 심각하게 되었어야 하지 않았나 하는 생각이 든다.

일반 공산품의 경우, 우리 중소기업들이 만드는 제품 수출은 아주 미미하다. 그러면, 수출시장에서 우리 중소기업들의 일반상품이 완전히 경쟁력이 없다는 뜻인가?

나는 그렇게 생각하지 않는다. 완전히 경쟁력이 없다기보다는 가격경쟁력이 많이 떨어지는 것은 사실이다. 하지만, 좀 더 체계적으로 지원하고, 단가 경쟁이 아닌 품질 경쟁, 아이디어 경쟁으로 접근하면 충분히 경쟁력을 가지고 있는 제품들도 분명히 많이 있다고 생각한다.

그렇다면 잠시, 과거에는 우리 중소기업들이 어떻게 수출을 잘할 수 있었는지 한번 생각해 보자.

30~40년 전 산업화 시대, 한국의 중소기업 제품을 누가, 어떻게, 수출했던가?

그것은 비교적 간단하게 답을 구할 수 있다. 당시에는 삼성물산, 대우, 현대상사 등과 같은 수출을 담당하는 큰 기업들이 있었고, 이들 상사들이 해외망을 구축하고 중소기업들의 제품을 해외로 수출하는 역할을 해 주었다. 전부는 아니지만, 많은 중소 제조기업들은 제품만 열심히 만들면 이 제품들을 대기업 상사맨들이 해외판매망을 구축하고 수출해 주었기 때문에 중소 제조기업들은 이들과 함께 협력해서 큰 수출을 할 수 있는 부분이 많았다.

하지만 지금은 어떠한가. 대기업의 상사들은 대부분 업종을 바꾸었다. 더 이상 중소기업의 제품을 수출해서 충분한 수익을 올릴 수 있는 구조를 만들 수가 없다고 판단했고, 주력 사업을 해외 대규모 자원개발, 대규모 지역개발 투자사업 등으로 업종을 바꾸었다. 따라서 중소 제조기업들을 대신해서 수출해 주는 부분은 극히 적은 부분이 되었다. 이제 중소 제조기업들은 스스로 수출길을 찾지 않으면 자신들이 만든 제품을 수출할 수 없는 처지에 놓이게 되었다.

그런데 제조업은 제조업이다. 제조기업이 해외의 유통망까지 구축한다는 것은 정말 어려운 일이다. 물론 해외수출도 한국에서 아마존과 같은 해외 온라인 마켓에 직접 리스트를 올리고 판매할 수도 있다. 특히, 아마존 프라임과 같이 제조기업에서 제품을 아마존 창고로 한꺼번에 배송하고 아마존이 자신들의 창고에서 소비자들에게 배송해 주는 방법을 이용하면 해외 배송에 따른 물류비용을 절감할 수 있으므로 직접 판매도 가능하다. 하지만 반품, 부담해야 하는 관세, 부가세, 소득세 등 해결해야 할 과제도 많다. 무엇보다도 기업들이 기대하는 충분한 판매량이 관건이다.

그럼, 과거의 대기업 상사와 같은 역할을 해줄 수 있는 새로운 지원체계시스템를 어떻게 만들 수 있을까? 앞에서 내가 미국에서 추진해 왔던 유통망 구축을 위한 지원시스템과 더불어, K-Alibaba와 같은 시스템 구축을 건의하고 싶다. 크게 두 가지 방향으로 중소기업 수출지원 시스템을 새롭게 구축하는 방법을 제안해 보고자 한다.

> # 첫 번째 방법
> 우리 중소기업들이 해외의 유통채널을 쉽게 활용할 수 있도록 수출지원체계를 완전히 바꾸어 주자.

이 방법은 바꾸겠다는 의지만 있으면 그렇게 어려운 것은 아니다. 바로 앞에서 정리해놓은 '총판 유통사업 수행 시 부문별 체크리스트'를 여러 개의 기업들이 모두 필요한 공통부분과 제품별, 산업별 필요로 하는 부분으로 나누어 각각을 지원할 수 있는 체계적인 조직을 만들어 주면 된다. 가장 중요한 것은 중소기업들의 역량을 강화시키는 부분이다. 그 다음은 해외의 온라인 유통기업과 오프라인 유통기업 및 다양한 판매채널들을 쉽게 접근할 수 있다는 중소기업인들의 마음자세와 능력을 갖출 수 있도록 공공지원 시스템을 만드는 것이다.

그렇게 중소기업들의 역량 강화와 자신감을 가질 수 있도록 지원하는 시스템을 구축하면 기업들이 역량 강화가 되는 한편, 해외시장을 이해하고 접근하는 데 자신감을 갖게 되면서 자연스럽게 거래는 활발해지고 수출량은 늘어나게 될 것이다.

여기에서 가장 큰 장애는 첫째, 거래할 기업들에 대한 정보이고, 둘째는 자신감을 가지고 PT 자료도 만들고 거래할 기업들을 접촉할 수 있도록 하는 것이며, 세 번째는 현지 공동 물류창고를 만들어 드롭십을 할 수 있도록 지원하는 것이다.

> **# 두 번째 방법**
> K-Alibaba와 같은 중소기업 수출지원시스템을 만들어 우리 중소기업들의 제품을 해외의 중소기업인들에게 직접 연결해 주자.

K-Alibaba는 중국의 Alibaba에 비해 상당히 쉬운 과제라는 생각이 든다. 그 이유는 중국의 제조기업 수에 비해 한국의 중소기업 수는 극히 적다는 것이다. 한국 중소기업을 모두 다 합해도 5만 개 정도에 불과하다. 이 기업들 가운데, 대기업과 관련되어 있는 협력기업 등을 제외하면 실제적으로 지원을 필요로 하는 중소수

출기업은 4만 개 정도에 불과할 것이다.

  4만 개의 기업을 큰 카테고리 20개 정도로 나누고 큰 카테고리를 각각 중간 카테고리 20개로 나누면, 중간 카테고리 안에 들어가는 작은 카테고리에 속하는 기업들은 평균적으로 100개에 불과할 것으로 판단된다.

  K-Alibaba 구축은 언급한 대·중·소로 카테고리를 나누어 주고, 아마존이 셀러들에게 제공하는 것과 같은 기본 템플릿K-Template과 업그레이드된 템플릿K+Template을 제공해 준다. 각 기업들이 자신의 회사 소개와 제품 소개에 맞는 것을 선정하여 스스로 올리고 이를 승인하면 제품 등록이 완료되고 판매를 할 수 있도록 하는 것이다.

  사실, 이러한 K-Alibaba시스템을 구축하는 데 얼마나 큰 자금이 필요할 것인지 나도 잘 모른다. 대략적으로 몇 백억 원이면 가능하지 않을까 하는 생각이 든다. 구체적인 것은 시스템을 구축하는 전문가들과 세부적인 협의가 필요할 것이다.

  내가 조사한 바에 따르면, 코트라는 직원수가 대략 1,200명에, 1년 예산 5천억 원으로, 사실상 몇 백억 원을 투자하여 K-Alibaba를 구축하고 수출을 지향하는 중소기업들을 지원할 수 있다면 남는 장사가 아닐까 하는 생각이 든다. 물론 이를 유지하고 관리하기 위해서는 새로운 인력의 충원이나 기존 인력의 재교육 등이 필요할 것으로 생각된다.

  K-Alibaba에 한국 특유의 기업평가시스템, 보증시스템과 제

품 품질인증시스템을 탑재한다면, 명실상부 K-Alibaba는 중국의 Alibaba와는 차원이 다른 한국 고유의 중소기업수출 지원시스템이 될 것이다.

사실, 중국의 Alibaba에서 제품을 구입할 때, 가장 걱정이 되는 것은 돈은 지불하고 오더를 했는데 원하는 품질의 제품이 제시간에 도착할 것인가 하는 문제다. 만약에 도착한 제품의 품질이 설명된 내용과 달랐을 때, 얼마나 신속하고 편리하게 반품할 수 있고, 돈을 돌려받을 수 있을 것인가에 항상 신경 쓰게 된다.

중국의 Alibaba에서 구입할 경우에는 대부분 B2B로, 대량으로 구입하는 경우가 많으므로 중국에서 미국으로 운송에 상당한 운송비를 지불하고 구입하는데, 배달된 제품이 샘플과 달랐을 경우에도 반품을 하고, 대금 환불을 위해 많은 시간적 비용과 복잡한 절차를 거쳐야 가능하므로 항상 불안함이 상존해 왔다.

만약에 대한민국 정부가 한국의 중소기업을 위해 만든 K-Alibaba에서 품질인증시스템을 적용하고 문제가 생겼을 때, 정확하고 신속하게 환불처리 보증시스템을 도입해 준다면, 다소 가격이 높아도 전 세계 고객들이 편안한 마음으로 K-Alibaba를 통해, 우리 중소기업 제품을 구입할 수 있을 것이다. 이렇듯 구체적인 검토와 체계적인 프로세스를 만들어 K-Alibaba 시스템을 구축한다면 그렇게 어려운 일은 아닐 것으로 생각된다.

물론, 민간기업의 영역을 정부조직이 너무 깊이 개입하는 것은 결코 좋지 않다. 하지만, 수출을 지향하는 중소기업들이 역량을 갖추고 걸음마를 할 수 있을 때까지는 충분히 지원해 주는 것은 당연히 정부가 해야 할 일이다.

우리 중소기업의 수출지원을 위해, 60년 묵은 조직에 새로운 바람을 불어넣는 것이 필요한 시점이 아닐까 한다.

새로운 중소기업 수출지원 조직체계와 K-Alibaba 시스템 구축을 제안하며, 우리 중소기업들의 역량 강화와 수출 증대가 신속하게 실현될 수 있기를 기원한다.